地球社会の人権論

芹田健太郎 著

信 山 社

はしがき

人はひとりひとりが尊く、人は人であるという事実によってのみ生まれながら当然に一定の権利をもつ。これは価値あるいは信念の表明としての人権宣言である。過去、現在、未来の我々ひとりひとりが表明することのできるものである。しかし、現実には、人権保障は、「とき」と「ところ」によって制約されている。

以上は一九九一年の『永住者の権利』（信山社）の書き出しであり、今でも思いは変わらない。ひとつ付け加えたいのは、人はひとりひとり異なるからこそ尊い、ということである。前著では、人権の国際的保障の生成など一般的な問題に触れながらも、日本における人権問題に国際法を適用して解決できることはないのか、日本が法的に拘束されている国際法は何か、を基本的には追求した。

前著の双生児とでも言える本書では、まず、日本における研究状況を踏まえて「国際人権」あるいは「国際人権法」は何か、を明らかにしようとした。もっとも、私自身本格的にこの問題に取り組んだというにはほど遠く、折々に発言してきたものを、恥ずかしながら、ごった煮のように、集めてきたに過ぎない。しかし、来春には、いわゆるロースクールが発足する。そして、国際法は新しい司法試験科目からはずされたとはいえ、いくつかの法科大学院のカリキュラムに「国際人権法」講義が顔を出し、重要な科目と位置づけられている。また、日本でも国際人権法という法分野が固まりつつあり、そろそろ体系化が必要な時期に来ていると思われる。そこで、体系化をにらんだ習作として提示しておくこととした。

また、国際社会において現在生じている多くの事柄について理解するには、歴史的に振り返ることが不可欠であるので、本書には国際社会からみた一般的な問題についてやや歴史的に記述したものを収録し、現在の状況を十分に理解できるようにした。そして、日本が国際社会で果たすべき役割、とくにアジアにおける役割について明確に考えてみたものを収録した。当然ながら、日本における「国際人権」にかかわる諸問題についても、国際人権規約発効以降のこの二五年間に状況は大きく変わったとはいえ、基本的な法的課題は依然として残されたままであることを指摘せざるを得なかった。この点では法科大学院の登場により実証的な研究が一段と進むことを期待したい。本書は私もそれに参加することの意思表示として世に送り出すものである。

なお、書名を『地球社会の人権論』と銘打った。本書中には、その意味での論稿はわずかであり、羊頭狗肉の感は免れないが、二一世紀の初頭の今こそ、課題としての地球社会の人権を論じなければならないし、論じたい、と思ったからである。

二〇〇三年六月六日　　六甲台にて

芹田健太郎

目次

目　次

I　国際人権の意義

〈ひとこと〉

本章には、「人権保障の国際義務の成立」「国際人権の意義について」「国際人権保障―ヨーロッパの視点から―」の三点の論考と四点の書評を置いた。

先ず最初の「人権保障の国際義務の成立」は、一九七九年に書いたものであるが、人権の国際的保障というものがどのようにして生まれ、どのような基盤に立っているか、そして、どのような内容のものかを知るための基本的論点を提供している点で、現在でも価値があると思われる。また、国際人権保障の周辺とでもいう難民保護や労働立法や人道法との関係、さらに、国際法学や憲法学における一般理論の中における位置づけ等は、現在でも、解決されるべき課題として残っている。

次に置いた「国際人権の意義について」は、一九九四年の論考である。当時、「国際人権」という言葉のみが一人歩きしているような焦燥感に囚われて、学界における研究が深まるように一石を投じるべく、日本の研究状況を凝視し、国際人権の意味を明らかにしようとしたものである。研究状況には二〇〇三年現在で補論を加えた。国際人権の法理は、いわば国家と対抗的な人権保障を国家間の約束である国際条約の締結という国家の行為に委ねるというジレンマを本来的に抱えており、このジレンマの認識とこれを解くための方策の探求が不可欠である。このジレンマを解く最重要なものは人々の国際連帯であり、この点を明確にしているのが一九八七年の「国際人権保障―ヨーロッパの視点から」という講演である。現在、国際連帯は強まりこそすれ、その意義に特段の変化はなく、国際社会での人権保障には国際連帯は欠かせない。

書評は、一九七〇年代後半、八〇年代半ば、そして九〇年代後半の各国際法学者等の問題意識を知る格好の素材として、収録した。「国際人権の意義について」の中で論じた研究状況と互いに補い合えればよい。

1　人権保障の国際義務の成立

一　国際的人権保障の意味

人権の国際的保障の問題は、経験的に、第二次大戦の人権侵害が契機となって生まれたものである。国際連合憲章以前には、人間の基本的、不可譲の、または自然的権利としばしば表現されるものを国際法は認めていなかった。このことは内外の多くの国際法学者（たとえばオッペンハイム＝ローターパクト、ウォルドック、横田喜三郎、田畑茂二郎など）が指摘するところである。言いかえれば、人権の国際的保障の必要は、人権の国内的つまり憲法的保障だけでは十分でなかったという第二次大戦の経験に基づいている。したがって、人権の国際的保障の特色は、第二次大戦前にみられたトルコ等中近東・東欧の諸国の少数民族の保護とか、人道的性格をもつ植民地原住民の保護（奴隷貿易の禁止等）や難民の保護や人道的労働条件の設定とか、在外自国民の保護にあるのではなく、伝統的な外国人・

内国民という分類の上に立って論じれば、国内の自国民の人権の保護を国際的に負うという点にある。このことは、第二次大戦後ドイツをヨーロッパ社会に復帰させるための条件の呈示ともなった一九五〇年のヨーロッパ人権条約がその実体規定の実に三分の二を人身の自由に関する規定にさき、また市民的および政治的権利に関する国際規約（以下自由権規約。日本ではなぜか未だにB規約）も約二分の一をこれにあてているという事実からも、明らかであり、第二次大戦の反省の上に立つからこそ、かえって、人身の自由や表現の自由などの自由権に大きな重心がかかっているのである。ヨーロッパ人権条約が一九五〇年、自由権規約が一九六六年というように一見年月に隔りはみられるが、国連の人権委員会による国際人権規約の最終草案は一九五四年に国連総会に提出されており、こと個人の人権に関するかぎり、両者とも、世界人権宣言の草案から生まれ出た双生児ということができる。その意味では、これらは、ファシズム・ナチズムといった全体主義の人権抑圧への反発から、戦後のいわば熱狂的な熱気の中でとりあげられたものであって、ジェノサイド条約もその中に位置づけられるのである。

　ところが、一九六〇年代、人々の関心は全体主義に対する闘争という意識から、反植民地主義・反人種主義へと向けられ、人々はこれとの関連で人権を論じ始める。つまり、ナチズム・ファシズムが人権の国際的保障の必要性を自覚させ、植民地解放闘争やアパルトヘイト政策が人権伸張の要求への刺激を創り出しているのである。このことを明確に示すのは、一九六三年の国連総会決議によって世界人権宣言二〇周年の一九六八年が国際人権年に指定され、同年テヘランで開催された国際人権会議の議題とそこで採択された決議（拙稿「国連における人権問題の取扱い」国際問題一九六八年一〇月号〔本書Ⅲ11〕参照）であろう。それのみならず、このことは、人権差別撤廃条約からアパルトヘイト罪の鎮圧と処罰に関する国際条約の系譜からも理解されるところである。こうした流れを一口で言えば、人権についての理解が、戦後すぐの反ファシズムを梃子《てこ》にした西欧的な個人本位的理解から、民族の権利の十分な保障のないところに個人の権利の保障なしとする反植民地主義を梃子にした第三世界的な団体本位的理解へと動いていることである。国際人権規約はこの両者が融合したものと考えられるであろう。

さて、今日の人権保障は、伝統的分類の上に立てば、自国内の国民の人権の保障を主眼目とするが、しかし、今日の人権保障の特色は、個人を国籍によって区別して保障することからは遠く、外国人・内国民という区別をやめ、すべて「人間」として取り扱おうとする。これは第二次世界大戦後の憲法において自然法思想の復活と自然権への帰依の傾向が指摘されることに対応し、国際法も人権保障の分野では、国民の権利保障から、国籍を問わない内外人平等を基礎とする人間の権利の保障について語ることになった。これは最も大きな特色である。こうして、戦前の国際的人権保障が、人権の内容においても、適用される地域においても、限定的であったのに対し、戦後のそれは、双方において、全般的となった。第二次大戦後は、その意味で、戦前の部分的人権保障または少数者保護の時代に対し、全般的人権保障または基本的人権保障の時代として位置づけることができるであろう。

なお、人権の国際的保障は、人権の憲法的保障だけでは十分でなかったという第二次大戦の経験から生まれたことから、人権保障の担保を一国の国内法制とその価値・思想の担い手たる国民の監視に委ねるにとどめず、これを積極的に国際連帯のもとに置いた。また、人権と平和とは密接不可分な関係にあることが認識され、人権保障は諸国に共通の、国際関係の基本的なものと考えられるようになったのである。そこで、人権の国際的保障は、ここでは、人権の国際標準設定の意味と、国家的保障の国際的チェックの意味をもつこととなる。

二　人権の一般法

国民はその属する国家の主権のもとに立つので、国家が国民の地位や権利義務を自由に決定することができるという国際法原則に従って、多くの国は、伝統的に、自国民に対し自国の憲法によって基本的人権を保障してきた。わずかな例外は、すでに触れた少数者保護条約の存在であった。そして、外国人の取扱いについては、国際法は外国人法制度をもっている。これらの周辺に、人道的な性格をもつ奴隷貿易の禁止等の植民地原住民の保護や難民の保護や人道的労働条件の設定といった、条約による特別国際法の制度があったのである。

さて、すでに触れたように、第二次大戦後、基本的人権の憲法的保障のみならず、国際的保障の考え方があらわれた。一九四八年の米州人権宣言や国連の世界人権宣言がそうであり、ジェノサイド（集団殺害）禁止の条約が結ばれ、伝統的国際法の関心事項でもあった難民・無国籍者・奴隷についての人道的条約が締結された。そして、ヨーロッパでは、世界人権宣言を条約化して一九五〇年にヨーロッパ人権条約が締結された。こうした事実から、一般国際法のもとで国家は基本的人権を保障する国際的義務を負っているのではないかと論じられるようになった。少なくとも、たとえば、ジェノサイド条約締約国が同条約一二条に従って廃棄手続をとれば同国は条約義務を免かれることになるのであるが、だからといって集団殺害が許されるわけではなく、一般国際法上、集団殺害を行わない義務は残り、ウォルドックによれば、同条約の廃棄は同条約の手続的義務を廃棄国に免除するのみであり、その限りで、国際慣習法上の義務が国家にあるといえる。さらに、一九六〇年以降になると、一九六三年に人権差別撤廃の国連宣言が採択され、アパルトヘイト政策非難の決議が相次いで行われ、一九六五年には人種差別撤廃条約が採択された。一九六八年の国際人権会議においても差別を強く断罪する決議が出されるなどのほか、イギリスは一九六五年に人種関係法（六八年に改正）をつくり、これらをさらに徹底した七六年人種関係法（現在二〇〇〇年改正人種関係法）を制定して広範に差別を禁止するのみならず、人種平等委員会（Commission for Racil Equality）を設立しかなりの権限をもたせており、フランスも人種差別禁止法を一九七二年に成立させるなど国内法を整備する諸国がみられ、差別撤廃義務も慣習法化しているとみることができよう。

　こうしたジェノサイドの禁止とか奴隷貿易の禁止などは、違法な武力行使の禁止等と並んで、一般国際法上、ユス・コーゲンス（jus cogens）にあたると論じられることが多い。従来、当事国が納得づくで取決めをした場合は、その合意と一般国際法とが内容的に齟齬《そご》していても、当事国間では有効であると考えられ、いわば当事者自治の原則が徹底した形で主張されていた。しかし、こうした自由な契約の名のもとで種々の圧迫・被害を受けてきた国や民族の側から、たとえ当事国が互いに納得して結んだ合意であっても、いわば公序に反すれば無効であるとする考え方が強く主張されるようになり、一九六九年のウィーン条約法条約の中にユス・コーゲンスの規定として結実したものである（もっとも学説の上では両大戦間にすでにユス・コーゲンスが論じられている）。この国際法の構造にかかわるユス・コーゲンスの内容として人権保障義務が国家にあるとの論もあるが、国際法の現段階ではそこまではいえまい。せいぜい、人権を否定または毀損することは許されないという限度で、一般国際法が成立しているといえよう。その方向性は明白であるとはいえ、一般的な人権保障義務の成立は、したがって、人権諸条約の成立を待たねばならない。

　こうした風潮の中で、しかしながら、人道的性格の条約とみられている難民条約三三条の追放・送《ノン・ルフ》還《ールマン》禁止の原則は、同条約を離れ、人権として、一九六七年の領域内庇護宣言や一九七七年の領域内庇護条約に関する全権会議の全体委員会の採択した条文の中にも盛り込まれ、慣習国際法化していると捉えることができる（拙著『亡命・難民保護の諸問題Ⅰ（庇護法の展開）』（北樹出版、東京、二〇〇〇）参照）。また、第一次大戦後の特殊な雰囲気の中でいわば資本主義擁護のため数々の人道的労働立法を生み出してきたＩＬＯも、フィラデルフィア宣言によって目的を明らかにし、第二次大戦後、四八年の結社の自由・団結権保護の八七号条約、四九年の団結権・団体交渉権の九八号条約、五一年の同一報酬の一〇〇号条約、五七年の強制労働廃止の一〇五号条約、五八年の雇用・職業における差別禁止の一一一号条約という人権条約を採択する等、伝統的に人道的観点から捉えられることの多かった条約も、人権法の中に位置づけられるようになってきた。

なお、外国人の地位については、通常、相互主義に基づいて、たとえば日米友好通商航海条約にみられるように、互いの国民の入国・在留、労働者保障・社会保障等を取り決める。外国人の享有する権利については、国際法上一般的に確定したものはないが、一九二八年の外国人の地位に関するハバナ条約に規定するような権利が慣習法的に認められている。ただ、これは、通常の外国人に関するものであって、旧植民地国民のその旧本国との関係では、たとえば日韓法的地位協定（その内容の当否は別として）のように、特別の取扱いがなされるのでその分析が不可欠である。

なおまた、戦争は人権を否定する最たるものであり、戦争の防止のためすべての努力が払われるべきであるが、不幸にして武力衝突が生じた場合には、そこでもなおかつ最低限度の人権保障はなされるべきであり、そうしたものとして国際人道法の体系がある。

三　人権諸条約による発展

世界的・地域的人権条約は、日本政府も一九七九年五月三〇日に調印し、日本につき同年九月二一日に効力を発生した国際人権規約を頂点に、数多く存在する。国際人権規約や欧州人権条約・米州人権条約は人権についての総合条約であり、ジェノサイド条約や人権差別撤廃条約等は単一の人権の保障を目的とする条約である。人権条約は、いずれにしろ、国家が基本的人権を個人に保障する旨の国際的約束を表示した文書である。つまり、すでに触れたように、人権保障の担保を一国の国内法制とその国民の監視とに委ねるにとどめず、これを積極的に国際連帯のもとに置くというのが国際的保障の考え方であり、人権の国際的保障には、人権の国際標準設定の意味と、国家的保障の国際的チェックの意味がある。国連は、人権諸条約の採択に、直接・間接に、かかわっており、人権の国際標準設定者としての役割を常に果してきている。しかし、国家的保障の国際的チェックの面からはいまだしの感は拭えない。すでに一九六八年の国際人権会議で、今や「定義の時代」は過ぎ、「実施の時代」である、と言われていたことである。

さて、人権条約で保障する人権の違反は、伝統的な国際法の枠組では、締約国による条約義務違反としてとらえられ、したがって、国際的チェックは、この条約義務違反の国際責任を問うことがその本質となる。このことは人権条約に限らずすべての条約に共通する原則であるが、人権条約の場合は、ヨーロッパ人権委員会のオーストリア対イタリア事件にみられるように、締約国の義務は本質的に客観的性格のものであり、また、締約国のもつ訴権も、条約が締約国のために主観的相互主義的権利を創設したというよりいずれかの締約国による侵害から人権を保護する目的に出たものであるので、自国の権利を強制するためのものではなく、国際公序違反の申立とみなされるという点で、国家責任の一般法とは大いに異なる。外交的保護権にみられる国家的性格は消え、明確に国家の機能変化が読みとれる。また第二に、国家責任の一般法に従えば、人権条約違反という国際違法行為は、原則としてこれが国家機関の行為の場合国家に帰責されるが、国家責任の一般法は外国人の法的地位にリンクしているのに対し、人権条約違反の国家の国際責任を問うているのは主として自国民であることを忘れてはならない。ヨーロッパ人権条約の経験では、個人の申立のうち自国政府を被告政府とするものが実に八〇％にものぼる。このことは、人権条約が、国内では、まさに憲法と同じ立場にあることを示している。ここから更に一歩を進めると、国家責任の一般法によれば、私人の行為は国家に帰責されないのであるが、人権条約については、憲法学にいういわゆる第三者効力（Drittwirkung）やアメリカの国家行為（State action）の法理にまで分析の手を伸ばすことが必要とされよう。

ところで、国際的チェックは、国際機関によるコントロールという形をとるが、これを受け入れる国には国際機関が介入する。国際機関は、ヨーロッパ人権条約の経験では、個人というより国家に有利にと思えるほど慎重な態度を持してきており、いわゆる「評価の余地」(margin of appreciation) 理論も、拡大の傾向がみえる。もっとも、評価の余地理論は、国家のもつ一次的判断権、裁量の範囲を国際機関がコントロールするという意味では、国際的統制につながっている。なお、国家の人権条約違反という人権侵害を国際機関に持ち出すためには、すべての国内的救済手段を完了していなければならない。こうして人権条約の実施は、いつにかかって国内的実施如何によるとさえいえる。

四　おわりに

国家の人権保障義務の成立の方向は、すでにみたところから、国際的に十分に確認されるが、おわりに、シャルル・ド・ヴィッシェールのいう権力の人間的目的 (les fins humaines) に触れておきたい。経済活動が一変し、国家がこれの調整に追われる結果、社会に非人間化 (dépersonalisation) の傾向が顕著にあり、すべてが曖昧模糊としてきているからである。一九六〇年以降の反植民地主義、反人種主義は、まさに人間復興の主張に他ならない。これは、大戦後に言われた人間的目的――人権保障――が国際秩序の基礎をなすとする考え方と同一線上にある。さらに、権力についての目的論的、機能的考え方にも触れねばならない。これは人間の価値を平和と法の終局的収斂点にするのである。そして、この萌芽は、国家が内外人平等に自国管轄下のすべての人間に人権を保障すること、人権条約違反についての国際的請求から国家的性格が失われていること等から、国家を国民共同体としてとらえるのではなく、いわば住民共同体としてとらえ得る要素があることの中にみられる。ヨーロッパ人権条約の経験では、締約国に対する個人の申立の約二割は外国人からのものであり、そこでは、国家は人権保障機能を果す存在として、機能的に、捉えられはじめているといえるであろう。植民地からの独立を達成し、新たな勢力として主権を強く主張する新興諸国の存在も、これらの国々が民族自決権を核にしているかぎり、以上の考え方と何ら矛盾するものではない。とくに非植民地化が静止状態に達し、変動期を過ぎ安定的国際法時代の幕開けが告げられようとしている今日、このことを特に指摘しておきたい。

〔原題「『国際人権条約・資料集』解説」(有信堂、一九七九)所収〕

2　国際人権の意義について

一　はじめに

時代をとくに近代に限ってみても、一九世紀末には欧米諸国によってトルコ等に対して人道や文明の名において干渉が行われた例を引くまでもなく、人道や人権が外交において用いられた歴史は我々のよく知るところである。しかし、基本的人権と自由が国際的に保障されるように制度化が始まったのは第二次世界大戦後のことである。このことは周知のことであり、今さら言うまでもない。しかし、現在、新たな勢いをもって人権が外交の場に登場し、援助や協力の促進要因としての人権保障が語られ、その法的・政治的保障の意味が問われているように思える。また、国内においても、国際化が日本のキーワードとなり、日本を外に向けて開放し、人や物や資本の流れを解放し、また、多くの外国人が来日することにより我々は新たに多くの問題に直面している。こうした中で、「国際人権」はひとつの重要な手がかりを我々に与えてくれるように思える。そこで、本稿では、日本においてこれまでどのようにこの問題が論じられてきたのかを素描し、少しでも議論を深めておきたいと思う。

二　国際人権法学会の発足

日本におけるこの問題を取り上げるについては国際人権法学会にまず言及するのがよいであろう。この学会は、実務家としての弁護士のほか、研究者としては国際法学者を中心に、憲法学者、刑事法学者、国際政治・国際関係論学者、国際経済学者などが集まって設立したものであり、一九八八年一二月の国際人権法学会設立趣意書では次のように言っている。

本年一九八八年は世界人権宣言四〇周年にあたり、日本が国際人権規約に調印して一〇年になる。この一〇年に日本は国連人権委員会の委員国になり、差別防止・少数者保護小委員会に専門家を送り、国際人権規約委員会や女子差別撤廃委員会に委員を送った。また、国内においては裁判所その他で人権条約が援用されることが多くなり、いわゆる国際化とともに人々の「国際人権」についての関心も高まりを見せている。

国際人権保障の研究は、戦後の先駆的研究から難民問題研究などを経て若い世代に引き継がれ、国際連合等国際機関の実態や、ヨーロッパ、アメリカ、アフリカの各人権条約の研究へと、国際法研究者を中心にして、裾野を広げてきた。しかし、国際人権条約の国内的実施の段階を迎えると、憲法その他の国内法研究者や法律実務家などの参加なくしては、多くの実りを期待できない。のみならず、一国における人権保障は、人々が世界の人権状況に絶えず目を配っていることによって担保され、世界の人権問題への関心と関与は、不可欠である。そのため、各種の情報を求め、これを伝え、普及活動を行うことも、これまで以上に必要とされる。また、世界の人権秩序の形成も、真に学際的研究によってこそ、その基盤が整えられる。

国際人権保障やその国内的実施さらに人権外交の諸問題は、これまで、国際法学会、公法学会、国際政治学会など関連学会等でそれぞれに研究報告として取り上げられ論じられてきた。しかし、もはや個別学会や単発的な研究会・シンポジウム等では十分ではなく、今こそ、より系統的より学際的に、内外の連絡を密にして、情報や知識や研究や持てる力を交換し、研究者も実務家も共に、一つのものを築き上げるべきときであると信じる。来年一九八九年は、ともかくも日本が近代的憲法をもってから百年になる。新しい時代に向けて、国際的なかかわりの中の人権を考えるため、われわれは、ここに、広く世人に訴えて、国際人権法学会を設立するものである。

一九八八年一二月一〇日

さて、現在までの研究状況を単行本に代表させて拾い出してみると次のようになる。なお、一九八〇年までの単行本・論文・座談会記事など、国際人権規約及び人権の国際的保障に関する参考文献については、後掲の芹田（一九八一、二七四―二七六頁）を参照されたい。ここでは単行本のみ一九八一年以降今日までのものを追加した。

一九五一年、田畑茂二郎『世界人権宣言』〈アテネ文庫〉（弘文堂、東京、一九五一）
一九五二年、田畑茂二郎『人権と国際法』〈法律学体系第二部法学理論編一三〉（日本評論社、東京、一九五二）
一九六八年、宮崎繁樹『人権と平和の国際法』（日本評論社、東京、一九六八）
一九七二年、小谷鶴次編『基本的人権と国際平和・資料と研究』（有信堂、東京、一九七二）
一九七五年、野村敬造『基本的人権の地域的・集団的保障』（有信堂、東京、一九七五）
（一九七六年三月　国際人権規約発効）
一九七七年、和島岩吉編『国際人権規約と人間解放』（解放出版社、大阪、一九七七）
　　高野雄一『国際社会における人権』（岩波書店、東京、一九七七）
一九七九年、宮崎繁樹・笠原桂輔他『国際人権規約』（法学セミナー、一九七九年五月臨時増刊）
　　金東勳『人権・自決権と現代国際法』（新有堂、東京、一九七九）
　　芹田健太郎編『国際人権条約・資料集』（有信堂、東京、一九七九）
　　日本平和学会編『平和と人権』（早稲田大学出版部、東京、一九七九）

一九八一年、芹田健太郎編訳『国際人権規約草案註解』（有信堂、東京、一九八一）
一九八二年、芹田健太郎編『国際人権条約・資料集［第二版］』（有信堂、東京、一九八二）
一九八三年、高野雄一・宮崎繁樹・斉藤恵彦編『国際人権法入門』（International Human Rights Law）（三省堂、東京、一九八三）
一九八四年、斉藤恵彦『世界人権宣言と現代』（有信堂、東京、一九八四）
一九八六年、久保田洋『実践国際人権法』（International Human Rights Law in Practice）（三省堂、東京、一九八六）
一九八八年、田畑茂二郎『国際化時代の人権問題』（岩波書店、東京、一九八八）
宮崎繁樹編『現代国際人権の課題』（Global Problems of Human Rights）（三省堂、東京、一九八八）
一九九〇年、久保田洋『入門国際人権法』（信山社、東京、一九九〇）
国際人権法学会『国際人権 Human Rights International』創刊号（信山社、東京、一九九〇）
一九九一年、芹田健太郎『永住者の権利』（信山社、東京、一九九一）

一九七六年までは、世界人権宣言を中心に、野村（一九七五）を除くと、国際人権規約草案や欧州人権条約の紹介がなされていたといってよいであろう。一九七六年三月二三日国際人権規約が完全に発効した。これを記念して大阪では国際人権規約発効記念講演会（講師筆者）が開催され、この前後から各種団体から批准要望決議が国会に提出され、批准運動が強まった。そして、ちょうど一年後、国際人権規約批准促進大阪府民会議が結成された。こうして、これ以降国際人権規約についての各種論稿の発表が相次いだ。

ところで、国際人権規約の翻訳そのものは、一九六八年三月の拙訳がはじめてである（芹田「国際人権規約」神戸商船大学紀要第一類文科論集一六号、昭和四三年三月）。これは田畑茂二郎・高林秀雄編『国際条約・資料集〔改訂版〕』（有信堂、東京）の第三刷（昭和四四年五月一〇日）の採るところとなり、一九七六年三月に国際人権規約が完全に発効したのを契機に国際連合広報センター（東京）は翌七七年一〇月一日に前掲拙訳を利用して広報資料「国際人権規約　世界人権宣言」を発行し、広報に努めた。また、日本平和学会は一九七八年秋の研究大会での報告等を翌年秋に『平和と人権』（早稲田大学出版部、東京、一九七九）と題して発刊し、末尾の資料に前掲拙訳を掲載した。そして同年九月に日本について国際人権規約が発効し、いわゆる公定訳が日本で用いられるようになったのである。

三　国際人権規約発効後の研究状況

国際人権規約発効後の研究書にしぼると、その第一のものは高野（一九七七）である。高野教授は、周知の通り、わが国における難民問題に世の関心を高めるために、宮崎教授とともに積極的な取組みをされる（『世界』昭和三八年六月号）と同時に、わが国における最初の政治亡命事件判決である尹秀吉事件東京地裁判決を導き出した鑑定（法セ・一九六九／五）を出され、その同じ鑑定を基礎にした柳文卿事件東京地裁判決をくつがえした東京高裁判決を「残念な判決」と痛烈に批判し（ジュリ・一九七二・三・一五）、最高裁が尹秀吉の上告を棄却するや、ただちに「政治犯の本国送還は裁量行為か」（法セ・一九七六／四）と題する強い批判をこめた論文を発表され、さらに、また、一九六五年の日韓協定による協定永住権者の退去強制事例の最初のものとして東京地裁に継続中の申京煥退去強制事件（昭和四八年（行ウ）第一四八号、昭和四九年（行ウ）第九五号事件）にも、一九七七年九月上旬鑑定書を提出されるなど、外国人の出入国や犯罪人引渡の分野で学界にも問題を提起し続けてこられた。

ところで、高野（一九七七）は、八章および結びからなるモノグラフィーであるが、「人権と国際社会」「人権と外交的保護」「労働権、人権の国際的保障と国際平和」「植民地人民の自決の権利――人権回復の前提的権利として――」「人権保護の伝統的国際秩序を越えて」を扱う第一章から第五章までが、いわば総論部分であり、本書のモチーフは、総論の結論部分である第五章にいう「外交的保護を乗り越えて」と「人道的干渉を乗り越えて」であるといえよう。第六―八章は各論であり、国際労働機構ＩＬＯと欧州協議会と国際連合を取り上げる。第六章「労働の権利に関するＩＬＯの国際的保障」、第七章「人権に関する西欧機構の国際的保障」、第八章「国際人権規約と国連体制」の三章で、本書の六割を占める（なお、本書の紹介について、拙稿、高野雄一著『国際社会における人権』〈紹介〉国際法外交雑誌七七巻一号〔本書Ｉ４〕参照）。以上でも分かるように、ここにはまだ「国際人権」の語は登場しないし、また、国際法学者としてきわめて制度的に捉えられており、国内法学や国際政治学へのインパクトは少ないと言えよう。

次に取り上げるべきは、高野・宮崎・斉藤（一九八三）と宮崎（一九八八）とであろう。高野・宮崎・斉藤（一九八三）では、高野「人権の国際的保護と国際人権法―世界人権宣言三五周年」、伊藤「日本国内における人権、平和」および宮崎「国際人権法の過去、現在、未来」を除くと、以下の二八の論題からなる。国連による人権の保護として、「国連人権委員会とその差別防止・少数者保護小委員会」「国際人権規約と人権専門委員会」「国連における人権侵害通報申立てシステム――一五〇三手続とＢ規約選択議定書による手続」「人民の自決権と植民地独立付与宣言、非植民地化委員会」「南部アフリカ問題――アパルトヘイトとナミビア問題」「人権調査のためのアド・ホック機関」「人権差別撤廃条約と人種差別撤廃委員会」「婦人差別撤廃条約」、人権の地域的保護として、「アジア」「欧州㈠」「欧州㈡」「米州」「アフリカ、アラブ」、専門機関等による人権保護として、「難民の国際的保護と庇護」「国際労働機関による人権保護」「ユネスコにおける人権保護」「国連NGOにおける人権保護」「国連人権センターの活動と国連による人権保障の将来」、人権の特殊問題として、「武力紛争における人権保護」「外国人の人権」「開発と人権――人権としての発展の権利を中心として」「平和・軍縮と人権」「宗教的寛容に関する国連の宣言」「国家非常事態と人権」「東西関係と人権――ヘルシンキ宣言をめぐって」「人権・平和教育」である。

これに対し、宮崎（一九八八）は、「従来の研究は、概して、これまでの国際人権保障の進展や枠組を紹介、説明することに重点がおかれ、わが国の国内法制や行政慣行を国際基準に照らして検討するという啓蒙をめざし、国内での国際人権の論議に資料を提供するという、いわば受信型のものだったように思われる」ので、「現在われわれの前に立ちはだかっている新しい人権の問題を、開発と人権の関係、第三世界の政治体制と人権、発展の権利をめぐる南北の主張、巨大化、複雑化して発達した科学技術の人権への影響、国際社会における新しい人権活動のあり方、国際人権保障における日本と日本人の役割、アジア太平洋圏における国際的人権保障、日本が当面する外国人流入問題などをとりあげながら、いわば、発信型の国際人権法学を模索してみたい」（はしがき）として、世界人権宣言四〇周年に編まれたもので、次の八編からなる。「現代における国際人権保障」「開発活動における人権侵害」「科学技術の発展と人権の保障」「人権としての発展の権利」「国際社会における人権活動」「アジア地域における人権保障体制」「日本における外国人の人権状況」「人権外交の憲法理論」である。

このように、この二著は「国際人権」を正面に据えている。もっとも、後者は書名の英語訳を逆に日本語に直訳すると、世界的人権問題となり、そこにいう「国際人権」はまさに国際社会の直面する人権課題の意味であることを示している。

「国際人権」の表現を用いないものとして田畑（一九八八）と芹田（一九九一）とがある。人権研究をもリードしてきた国際法学者の手になる田畑（一九八八）は、序章と七章からなるモノグラフィーであり、「人権問題が国際的に大きく取り上げられるようになったこととともに、やや人間不在のきらいがあった従来の国際法の体制の中に、……一つの重要な新しい要素を加えたものということができるであろう」として、「今日人権問題についてどのような国際体制が作られているか、人権を伸長し保護するために、どのような機構が設けられ、運用されているかを、主として制度的な側面から考察しようとするものである」（序章、五頁）。「人権問題の国際化」「国連憲章から世界人権宣言へ」「国際人権規約」の第一章から第三章までがいわば総論部であり、本書の二割弱を占め、すぐれて現代的な問題である「人種差別」「女子差別」の各条約を扱う第四章「人種・女性差別の撤廃へ向けて」を挟んで、ヨーロッパ・米州・アフリカの人権保障の第五章「地域的人権保障機構」、国家報告制度・個人申立制度・NGOを扱う第六章「人権の国際的実施措置」と、機構、手続、制度の解説・説明に本書の約四割を割き、本書の四分の一を当てて第三世代の人権と発展の権利および人権と自決の原則を説く第七章「国際社会の構造変化と人権問題」で結んでいる。

これに対して芹田（一九九二）は、第一章「人権と国際社会」に、「人権と国際法」「国際人権規約の意義と概要」「人権尊重義務とその保障制度」の論稿と、追補として「国際人権小史・社会権規約委員会の設立・人権条約の現状」、第二章「人権としての国籍」に、「国籍単一の原則に対する疑問」、第三章「永住者と一般外国人」に、「外国人の国際法上の権利・義務」「内外人平等と品位を傷つける取扱の禁止」「『自国』に戻る権利」「永住者の再入国の自由」「永住権の確立」の五つの論稿、そして、最後の第四章「新しい外国人論議」に、「外国人労働者問題の一断面」「公務就任権・選挙権」の合計一一の論稿からなっている。「本書の関心の中心は、日本における人権問題に国際法を適用して解決できることはないのか、もしあるとすれば、それはどのようなものか、という点にある。従って、人権論を扱いながらも、憲法論を徹底的に離れて、たとえ不十分ではあっても、日本が法的に拘束されている国際法は何であるのかを基本的に、追求している」。そのため、「現実の国際社会には、難民、飢餓、拷問、失踪、差別など、どれをとっても難問が山積しているにもかかわらず、これらの問題を全く取り上げていない」。

四　「国際人権」の登場

さて、「国際人権」なる言葉はいつ頃から用いられるようになったのであろうか。いまだに明確には掴みきれていないが、一九八〇年代に入ってからのことであろう。国際人権法学会はその学会誌名を「国際人権」としている。これには次のような経緯があった。一九八九年四月四日夕刻、私は国際人権法学会事務局長として、また、五月の第一回理事会まで学会運営を任された代表理事の一人として代表理事会の意を受けて、芹部信喜教授を学習院大学の研究室に訪問し、初代理事長就任を要請し、就任の内諾を得た。その際、学会誌の名称に話が及び、私から「国際人権」ただし英語訳は、Human Rights International を提案。International Human Rights としないで、Human Rights International とするのは、単に国際法として人権を捉えるのではなく、また、国内で語られる人権を国際的視野から捉えるというだけでもなく、国際的関連の中でこれを捉え、あるいは、国際社会にある人権問題そのものをも捉えるということが学会の目指すところであるので、したがって、自国や外国の国内人権問題も当然に視野に入るが、ただ従来のように一国の憲法の枠内であるいは数国の憲法の比較という方法で人権を捉えるのとは異なり、国際的にこれを捉えるという意味で、Human Rights の後に International を付け加える、という主旨であった。こうして学会誌名案もできあがり、第一回理事会で理事長ともども学会誌発行も決定され、学際的・総合的研究の促進を目指して、創刊号が翌九〇年秋に発刊された（芦部理事長の「創刊のことば」参照）。

ところで、「国際人権 Human Rights International」創刊号の編集後記は、国際人権法学会の欧語訳について次のように言っている。

国際人権法学会の英訳名は、International Human Rights Law Association であり、仏訳名はない。これは、「国際人権」の法学会なのか、「人権法」の国際学会なのかについて断を下さないための方策である。この年報の書名は「国際人権 Human Rights International」である。つまり、自由権や社会権のように「国際人権」という人権のカテゴリーがあるかどうかについての論争はともあれ、今日、人権は国際的な文脈抜きにはもはや語れない。ヒューマン・ライツ・インターナショナルはそのことの宣言である。

この後記では若干説明不足の感を免れないが、言葉を足せば次のようになる。つまり、従来から国際法においては、International Law of Human Rights, Le droit international des droits de l'homme（人権の国際法）という表現が、たとえば、International Law of the Sea, Le droit international de la mer（海洋の国際法すなわち国際海洋法または海洋国際法）のように、用いられてきた。これは、海洋に関する国際法の一群の法規則を海洋法と呼んだのと同じように、人権に関する国内法ではなく、人権に関する国際法の一群の法規則を特に人権国際法または国際人権法と呼んだことを示しており、あくまでも国際法の一分野であることを示す表現である。言いかえると、International Human Rights と呼ばれる人権のカテゴリーが特にあるわけではない。International Human Rights Law Association という学会名の International が Human Rights を修飾するか、それとも、Association を修飾するかは、まさに決定的な論点なのである。もしフランス語訳を作るとすれば、この点を英語のように曖昧なままに済ますことはできない。なぜなら、学会を意味するフランス語の association は女性名詞であり、他方、権利を意味する droit は男性名詞（人権の場合は droits de l'homme となり複数）であるから、人権を修飾するには、internationaux としなければならず、internationale であれば、学会を修飾することは一目瞭然だからである。いずれにしろ、人権が国際的側面を持つことについては異論はなく、そのことが、人権を国際的な視野から見ることの必要を示す学会誌の書名 Human Rights International となっているのである。

五　「国際人権」の意義

それでは「国際人権」あるいは「国際人権法」とは何であるのか。高野雄一「人権の国際的保護と国際人権法」（高野・宮崎・斉藤（一九八三）所収）は次のように言う。

こうみてくると、世界人権宣言や国際人権規約を中心にして、現在では、二〇をこえる人権保護の国際条約が存在することになる。これら条約の一つ一つをその実体に即して、また相互の関連のなかで、その関連性と全体の体系を、そして人権の国際的保護の法の意義と問題を考えるのが、『国際人権法』であるといえるだろう。（同上二頁）

もしこの定義に従えば、「国際人権」は人権条約で守られる人権であり、その内容は平等権、自決権のほか、自由権であり社会権ということになるであろうか。しかし、人権に関する国際法、人権国際法の法源は何かと問えば、それは「国際慣習法、国連憲章、人権条約および各種国際機関（人権委員会等を含む）の決定・事例」となるであろう。そうでなければ、たとえば人権条約を批准していない国による大規模人権侵害に対して他国が介入することを合法的に根拠づけることはできない。人権外交も単なる政治的言いがかりの域を出ないかもしれない。また、一国の国内法の体系としての人権法の法源は、憲法や国際慣習法のほか、同国によって批准された特定の人権条約や二国間条約である（これにはいわゆる外国人法が含まれる）。国内裁判での裁判規範性の論議を深めるべきである。

さて、こうして論じてきて日本の現在の研究の状況に戻ると、少なくとも、二つのことに気づく。一つは、「国際人権」という言葉のみが一人歩きをしていて厳密な議論がなされていないことである。何が国際人権なのか。何が国際人権法なのか。これからの時代はますます人権の時代となる。まず、日本の国内社会において、日本人も外国人も国際人権条約からの利益を十分には受けていないように思われる。これも「国際人権」の言葉のみが一人歩きしていることからきているように思えてならない。国内法学者の研究は著しく遅れていると言わざるを得ないであろう。次に、国際社会において、人権外交が良いか悪いかはさておき、現実に国際協力や援助に際して人権基準が用いられているので、これが恣意的あるいは選択的にならないためには、一層の明確化が必要である。また、人権外交が多くの場合、自由権に関連してこれの侵犯を非難する形になるが、社会権つまり飢餓等に関連してこれを非難することはなく、もし社会権の侵害に関して介入するとすれば介入する側の義務は何なのか（拙稿「地球社会の人権論——国民国家的人権論の克服」国際人権創刊号〔本書Ⅱ10参照〕。ここでも明確化が必要である。二つ目には、国際法学者は国内法を知らず、国内法学者は国際法を知らない、という現実である。また、外交も基本的には法に基づかなければ安定・永続したものにならないのであるが、政治学者にこうした感覚が欠けている。時代の変革期には総合的・学際的・戦略的思考が必要である。あやふやな足場には立てないことを肝に銘ずべきであろう。「国際人権」に関する議論が沸騰することを期待したい。

六　「国際人権」再論

さて、一九九四年に以上を執筆してから現在までの研究状況を同じように単行本に代表させて拾い出してみると次のようになる。なお、翻訳やブックレットのようなもののほか、難民や外国人関連のものは除いた。しかし、トーマス・バーゲンソル著・小寺初世子訳『国際人権法入門』（東信堂、東京、一九九五、原著第二版の翻訳一九九九）やL・ヘンキン著・小川水尾訳『人権の時代』（有信堂、東京、一九九六）のような優れた著作が日本語で読むことができることは付言しておかなければなるまい。

一九九三、久保田洋『国際人権保障の実施措置』（日本評論社、東京、一九九三）

一九九四、初川満『国際人権概論』（信山社、東京、一九九四）
多谷千香子『ODAと環境・人権』（有斐閣、東京、一九九四）
山本武彦・藤原安信・ケリー＝ケネディ＝クオモ編著『国際化と人権』（国際書院、東京、一九九四）

一九九五、宮崎繁樹編集・翻訳代表『国際人権規約先例集（第二集）』（東信堂、東京、一九九五）

一九九六、北村泰三『国際人権と刑事拘禁』（日本評論社、東京、一九九六）
宮崎繁樹編著『解説国際人権規約』（日本評論社、東京、一九九六）
阿部浩己・今井直著『テキストブック国際人権法』（日本評論社、東京、一九九六、第二版二〇〇二）
宮崎繁樹先生古稀記念『現代国際社会と人権の諸相』（成文堂、東京、一九九六）
五十嵐二葉『テキスト国際刑事人権法総論』（信山社、東京、一九九六）

一九九七、田畑茂二郎編著『二一世紀世界の人権』（明石書店、東京、一九九七）

畑博行・水上千之編『国際人権法概論』（有信堂、東京、一九九七、第二版一九九九、第三版二〇〇二）
渡邊昭夫編著『アジアの人権』（日本国際問題研究所、東京、一九九七）
五十嵐二葉『テキスト国際刑事人権各論』（信山社、東京、一九九七）
阿部浩己『人権の国際化――国際人権法の挑戦』（現代人文社、東京、一九九八）
大沼保昭『人権、国家、文明』（筑摩書房、東京、一九九八）
申惠丰『人権条約上の国家の義務』（日本評論社、東京、一九九九）
国際法学会編『人権』（三省堂、東京、二〇〇一）
齋藤正彰『国法体系における憲法と条約』（信山社、東京、二〇〇二）
江島晶子『人権保障の新局面』（日本評論社、東京、二〇〇二）
北村泰三・山口直也編『弁護のための国際人権法』（現代人文社、東京、二〇〇二）
初川満『ヨーロッパ人権裁判所の判例』（信山社、東京、二〇〇二）
阿部浩己『国際人権の地平』（現代人文社、東京、二〇〇三）
寺谷広司『国際人権の逸脱不可能性――緊急事態が照らす法・国家・個人』（有斐閣、東京、二〇〇三）
戸塚悦郎『国際人権法入門――国連人権NGOの実践』（明石書店、東京、二〇〇三）

大まかに特徴を言えば、入門的なもののほか、日本の国内裁判を念頭に置いた著作が多くなってきており、なかでも刑事弁護にかかわるものが刑事法学者から生み出されていることと、人権条約の判例や国内法との関係をより具体的に分析したものが齋藤、江島という若い憲法学者から生まれているのが心強い。また、二一世紀をにらんだ議論もあり、研究者の層が確実に広がってきていることを感じさせられる。これには国際人権法学会およびその機関誌『国際人権』の貢献が大きいものと思われる。

ところで、国際人権ないし国際人権法の意義についてはどのような議論がなされているのであろうか。

おおよそ年代順に見ていくと次のようになる。先ず、初川満（一九九四）は、序文で、「人権保護はあくまでも、国内法体系における保護が主であり、国際人権法は、いわば各国の国内事情に影響されない国際基準というものを樹立しようとしているにすぎないと解すべきことは、言うまでもあるまい」。極めて明確な主張であるが、初川はしかしそのことを論じているわけではない。

国際人権法の意義を正面から論じたのは、北村泰三（一九九六）である。同著は被疑者・被告人の権利、受刑者の権利、死刑廃止の問題を扱ったものであるが、その前提として国際人権法の基本原則をその意義・法源・解釈原理から論じている。「あえて定義を試みるならば、国際人権法とは、人権に関する国際慣習法規と人権諸条約等に具現化され（た）実体的人権規定とそれらの諸権利の履行確保のための規範より構成される一連の規範体系といえよう」（六頁）。北村は言う「国際人権法の実体は国際慣習法及び条約が中心であるので、国際人権法は国際公法の一領域」であるが、ただし、「国際人権法は各国憲法の枠のなかで、条約として適用される場合には、国内法との関連においても理解する必要があるので、国内関連法との連携のなかで解釈が行われることがある」ことを指摘する。国際人権法の法的性格として、第一に、国際人権法は人権の普遍的性格を前提にしている。第二に、国際人権法における国家の義務は客観的かつ万人に対する義務を基本としている。第三に、履行確保の面では、国際人権法は、超国家的な法ではない（二三—二四頁）、とまとめている。北村は、法源として、国際慣習法、人権諸条約、人権に関する一般法原則、国際機関の人権関係決議をあげる。

多くの執筆者を揃え、版を重ねている畑博行・水上千之（一九九七）には特段の定義はない。阿部浩己（一九九八）は「国際人権法自立への本格的歩みは、一九七〇年代の終わりから始まりました」（三〇〇頁）、「国際人権法は国境を越えた客観的な法制度あるいは法秩序としての様相をますます強く帯びてきました」（三〇〇頁）という認識を示し、同（二〇〇三）では、「グローバル化する国際人権法」のなかで、「人権は、規範としての明確性を装填し国際法学のメインストリーム化することで、そうした秩序志向の法衣を羽織り、生来の社会変革志向性を喪失するどころか、社会の矛盾を指摘する批判的な言説を抑圧する側にまわるかもしれない」（一一頁）ことを意識しながら、「国際法における劣性的位置を解き明かすとともに、人権の優先的な実現に向けて、……『国際人権法の主流化』という課題」（一三頁）を追っており、国際法に対して「批判的視座」を維持するものとして国際人権法を捉えている。国際人権法の意味するものとして「人間の価値」の実現をあげる阿部は、もっとも、国際法学会編（二〇〇一）では、人権条約を中心とする……国際人権法は、「国家（政府）と市民」あるいは場合によっては「市民と市民」の間の関係を規律するもの（二六七頁）、とも述べており、北村（一九九六）のようなことを暗黙に当然の前提にしているようにも思えるが、力点はそこにはない。

弁護士であった戸塚悦郎（二〇〇三）は、序文で、国際人権法のことを明確に「人権を保障するために活用できる国際法」と言い切り、そのなかに含まれるのは、代表的なものとして人権を保障する諸規定（実体法）を含む国際条約があり、さらに、これを起草・制定し、実施する権限をもつ国際機関に関する国際的な定めと慣行、これらを活用して実効的に人権を実現しようとするための過程に関する国際的な定めと慣行（手続法）があることを指摘する。弁護士の五十嵐二葉（一九九六）は、「国際人権 Internationally recognized norms relating to Human Rights つまり国際的に承認された人権に関する基準は、国際文書によって保障された人権のカタログだといってもいい」（一七頁）といい、「国際人権」という新しい「権利」が、国連（国際社会）～単位国家～個人という三つの主体の間に新しい関係を作り出した、という認識を示している（一一頁）。そしてきわめて具体的に論を進めている。

さて、こうした研究動向から言えることは、何か。

日本では、「国際人権」という言葉は一九八〇年代に入ってから用いられるようになったと先に述べた。しかし、厳密に言えば、これは間違いであり、たとえば一九六九年四月の『法律時報』は「国際人権の法理」という特集を組んでおり、そこには宮崎繁樹「国際人権の法理」、萩野芳夫「外国人の出入国」、小田滋「亡命論ノート」、齋藤一好「祝賀団再入国事件と渡航の自由」、藤本時義「政治亡命事件について」の各論説が並び、資料が添えられている。ここでの「国際人権」は、言うまでもなく、出入国の権利のことである。そもそも、世界人権宣言の起草の時においても、国際的人権とは出入国に関する権利として了解されていた。その意味では、現在用いられているような「国際人権」の理解は当時はなかった、といえるのであり、現在の用法は全く新しいものである。したがって、八〇年代に入ってから新展開が見られることには間違いはない。

国際人権とは、結論的に言えば、国際慣習法や人権条約によって明定される人権のことであり、その内容は平等権、自決権のほか、自由権であり社会権であり参政権ということになる。六〇年代までに論じられたように実体的権利としての出入国にかかわる権利のみを指すものではない。

国際人権法の法源は何か、と問えば、それは国際慣習法、国際連合憲章、人権条約および各種国際機関の決定・事例・決議ということになろう。したがって、国際法で論じられる慣習法論や条約の解釈・留保の意義などの条約法論、国連等の決議の効力論、さらには国家責任論など論じるべき課題は多い。

国際人権の実施措置としては、国内的なものと国際的なものとに分かれる。国内的なものは各国毎によるが、基本的には、一国の国内法体系としての人権法の法源が憲法や判例や国際慣習法のほか、同国によって批准された特定の人権条約や二国間条約である以上、とくに国内裁判での裁判規範としてこれらの法源が同時に機能することを指摘しておかなければならない。なお、その際たとえばヨーロッパやアメリカ大陸のように国際人権裁判所の判例も国内裁判所で拘束的になることがあることを肝に銘じておかなければならないし、規約人権委員会のような国際的実施機関の判断が国内裁判における単なる指針にすぎないのか等いかなる意義を持つのかを見極めなければならない。

なお、国際場裏においては、民主化や人権尊重を強く主張しているのは、周知のように、先進諸国であり、現在の国際政治状況はいわば寡頭制の様相を呈しており、上からの民主化と人権尊重の強要とでもいえるジレンマをかかえている。歴史的に見れば、人権の思想はいわば下からの少数者の叫びとして生まれてきたと言えるので、世界の多数を占める途上国の人々の下からの動きに共鳴しこれを励ます仕組みを考える必要がある。

また、国際条約は基本的に国家間のものであり、国際人権の法理はいわば国家と対抗的な人権保障を国家に委ねるというジレンマを本来的に抱えており、このジレンマを解くためには、したがって、人々の国際連帯が不可欠であり、最重要となることを指摘しておかなければならない。

〔山影進編『新国際法秩序の構想』（南窓社、東京、一九九四）所収、補遺（六）二〇〇三年〕

3　国際人権保障——ヨーロッパの視点から——

昨日今日（一九八七年一一月二〇～二一日、第二東京弁護士会　国際人権法研究会）の中でも「国際人権」という言葉が出てまいりました。国際人権というものはあるのかないのか。単純に言えば国際人権というのはないと私は思っております。実は国際人権という言葉——英語で言えばインターナショナル・ヒューマン・ライツなんですけれども——が語られたことがございました。それはどういう権利か。国際人権というのは、国家間に跨る特に出入国管理の関係の権利、入国権であるとか出国権であるとか、あるいは亡命の権利、この類いを国際人権というように言って議論したことがございました。それ以外に国際人権というようなものはない。ですから自由権であるとか社会権であるという権利のカテゴリーがあるにしても、国際人権というカテゴリーはない。

ただ、なぜ「国際人権」という言葉を使っておられるのか、高野雄一先生の基調報告にもありませんでしたし、実は私もわからないのです。私は一度も使ったことがありません。さらに、国際人権法というのはあるのか。国際人権法という日本語は「国際人権の法」という意味で言えばそれはない。

人権に国際がくっついているのではなくて、法に国際が付いているのであれば人権に関する国際法だろうと思います。英語でいえばインターナショナル・ロー・オブ・ヒューマン・ライツというのがヒューマン・ライツに関しての国際法であるわけです。

そういう意味でいえば、国際法の中で人権を語るようになったのは第二次大戦後で、通常私どもはこれまで国際人権保障というふうに言ってまいりました。もちろんその国際人権保障というのは国際人権の保障ではなくて人権の国際的保障、インターナショナル・プロテクション・オブ・ヒューマン・ライツのことであるわけです。

それでは、なぜ人権の国際保障なのか。要するに、人権というのは国内保障、憲法保障であったところ、それでは不十分であったという歴史を我々は持った。そこで国民の力による担保、もちろん国内法でいえば最後は裁判所の司法的な保障が担保になるわけですけれども、国民の監視というんでしょうか人権運動というんでしょうか、そういうふうなものを担保にする国内保障では不十分であるということから、国際的な保障というのが出てきた。つまり、国内の人民というんでしょうか、国内の我々の連帯の上に乗っかった保障ではなくて、それだけでは不十分であったので、手を広げて国際的な連帯の上に人権の保障を持ち込むというのが国際的な人権保障、人権の国際的保障の基本的な考え方であるというふうに私は理解をしてまいりました。ですから、たまたま与えられたテーマは『ヨーロッパにおける国際人権保障』ということでありますが、それは人権の国際的な保障、今、申し上げたようなことのヨーロッパ版であったわけです。

さらに、実は人権の国際的な保障の場合に、私はヨーロッパを与えられたことから言えることではありますが、ヨーロッパ人権条約は一九五〇年一一月四日に調印され、その前文では「政治的伝統・理想・自由及び法の支配について共通の遺産を持つ西欧諸国、締約国」と言っておりますが、共通の遺産を持っているということがとくに謳われているわけです。

もちろん現在、このヨーロッパ人権条約にはトルコなども入っておりまして、ヨーロッパ的な伝統・理想・自由・法の支配とは必ずしもしっくりしないというんでしょうか、そういう国もありますけれども、基本的に西ヨーロッパと言っていいだろうと思います。その西ヨーロッパの共通の遺産の上にヨーロッパ人権条約が出来上がりました。そこで、人権の国際的保障、国際保障の場合には価値の共通性、あるいは価値の共同体というんでしょうか、コミュニティ・オブ・バリューズ（community of values）というのが基本的に重要性を持っていたわけです。過去形で申しますが、価値の共通性ということがあってその上に乗っかることができた。

ドイツがヨーロッパの中で第二次大戦を引き起こし人権侵害を起こした。そしてそのドイツが戦後、西ドイツ・東ドイツに分かれてしまいますけれども、そのドイツを西ヨーロッパの国際社会に受け入れるということの中に共通性を見い出す。そして、そういう形で西欧の復権を図るというのがヨーロッパ人権条約の基本的な考え方であり、人権の国際的保障の最初の考え方であったというふうに思われます。

そういう中で、一九五三年にヨーロッパ人権条約が発効いたしました。そのヨーロッパ人権条約はしたがって国際連帯を示すものとして、ヨーロッパ人権委員会と裁判所というのを作りました。ドイツはもちろん過去を持っておりますから人権条約には参加いたしましたし、もちろん人権委員会にも裁判所にも直ちに参加するということをいたしました。そこでは各国の人権の履行状況を国際機関がチェックする、そこに具体的な国際連帯の現れがあったと見ていいだろうと思います。

ただ、出発は共通のものということから出てまいりましたから、それぞれの国の法を前提にすると、ヨーロッパ人権条約でもちろん共通のものを取り上げたわけですけれども、しかし、直ちに各国ともそれに合致するような国内法制を持っていたわけではないので留保というのが認められました。幾つかの留保が行われ、そして徐々にその留保をなくして、そして人権条約のそのものというんでしょうか、理想を実現するというシステムをとったわけです。

ただ、そういうふうにいたしましても大変抵抗がありました。結局約二〇年間、七〇年代の初めぐらいまでは初代のヨーロッパ人権委員会の委員長はイギリスの国際法学者のウォルドック先生で国際司法裁判所の所長のときに亡くなられましたが、そのウォルドックが率いた運営のやり方というのは、人間の権利の保障というよりはむしろ国家の保障ではないのかという皮肉が言われたぐらいの運営の仕方でした。約二〇年、その方式を取ってきて、七〇年代に入ってやっとヨーロッパでも新しい動きが出てきたと思えます。七〇年代からヨーロッパ人権委員会あるいは裁判所の判例で、もともとからいくとこんなことではなかったのではないかという意見を巻き起こしたほどの決定、あるいは判決が出るようになりました。

ヨーロッパ人権条約が変質したというようにさえ思えます。最初はもちろん価値の共通性ということを基盤にいたしました。そして七〇年代からは、「あるいは」と思えるのは志向性としての共通性、理想に向かっていくという意味の共通性を追い求め始めたのではないか。もちろんヨーロッパの場合にはトルコであるとか、あるいは政治制度の面からいいますとギリシャが独裁で途中、出たり入ったりということがありました。ギリシャ事件の中でヨーロッパ人権条約が非常に危なかった時期があるのではないかと思われるのです。そのときにヨーロッパ人権条約の運営では、もちろん大変慎重に処しましたが、方向性としての共通性というのを打ち出して、ギリシャをいわば弾劾するような形を取りました。つまりヨーロッパ人権条約で意図する政治的な伝統であるとか理想であるとか自由とか、あるいは法の支配というものを断固守る、それをヨーロッパの大きな目玉として行くんだという、方向としての共通性ということも打ち出してきたのではないかと思われます。

もっとはっきりいたしますのは、今回の国際人権法研究会の中に出てまいりませんが、米州の場合には基盤としてはラテンアメリカの国々はカトリックの国であって共通性を持っておったわけですけれども、しかし、キューバの革命であるとか、今のような中米のような揉め方をしているので大変変わってきました。その中で米州の人権条約、あるいは米州の人権委員会が活動しておりますのは、ヨーロッパのように共通なものを土台にしたのではなくて、価値に向かって行く、将来われわれが到達する価値としての共通性ということを基盤に据えたように思えます。

しかし、ヨーロッパの場合にも米州の場合にも非常に似たというのでしょうか、類似した同質的な国々がこれを作っているという点ではたぶん変わりがないであろうと思われます。ところが、国際人権規約の場合には実は社会は決して同質ではない。国際社会は同質ではないわけで、異質なものをそのまま盛り込んでいる。そこで、国際人権規約についてはこれが実効性を持ち得ないのではないか、あるいは条約自体が発効しないのではないかということが当初から危惧されてきました。

そして、さきほどの委員を務められる安藤仁介先生のご報告にありましたように規約人権委員会が大変慎重な運営をしているというのは、人権規約というのが国際社会の一つの方向性を示すもの、国際社会というのが異質でありますから、あえて押しつけるということをしない、そういうふうなものとして理解され運営されてきているのではないかと思えるわけです。

そこで、国際的な保障というのは、そういうようなものとして理解できるんだろうと思います。

国際人権法というのは、人権に関する国際法だと申しました。その点から言いますと、もちろん個々的なプロテクション（protection）、個人の保護という意味での国際保障の問題と同時に、条約があってあるいは国際機関があっても人権が保障されるというようには必ずしも言い切れないわけで、より重要な、もし国際人権法という意味でのインターナショナル・ローというのが語られるとすれば、その周辺的なとでも言うんでしょうか、プロモーション（promotion）と我々が呼んでいる分野でインターナショナル・プロモーション・オブ・ヒューマン・ライツというのがあります。プロテクションと違ってプロモーション、つまり人権伸長の問題が当然そこに出て来るわけで、そういうものをひっくるめますと、例えば国連総会が働いている役割だとか、あるいは国連の人権委員会の果たしている役割は、プロテクションでは決してありません、プロモーションの果たしている役割、あるいは民間団体のたとえばアジア人権委員会の果す役割というのがここに現実に出て来るのだろうと思います。

そういうものの中で基本的に重要な点というのは、国際保障というのは国際連帯というのが基礎になっておりますので、だから、今の日本ではまだ人権規約は発効して一〇年もたたないわけで、もしヨーロッパが二〇年たって運営がうまく行き始めたということを念頭に置けば、あるいは一五年とかいうのは必要なのかもしれませんが、その国際連帯というのは我々が、実は、他の地域の、あるいは他の国の人権状況に目を光らせているということがあって、こちらももちろん守られているということになるわけです。言葉としてはずいぶん議論されて報告がありましたけれども、国際人権法のそもその基盤になっているのですから、国連が「人権駆け込み寺」風に日本から持って行くだけというのでは、とても国際人権法を語る、つまり国際連帯が人権を支える基盤にあるという意味で、国際人権法を語る資格は、どうもないのではないかというような気がいたします。

そういう保障の問題とそれから伸長、プロモーションのお話というのは、このテーマからしますと国連人権担当官の久保田洋さんのところの課題のような気もいたします。ですから基本的なことだけで終えますと、伸長ということで議論する場合には、法律家として何が実定法であって、何がそのプロモーションに関わるのかということの詰めというのも、我々として必要でないのかなという気がいたします。

ヨーロッパ人権条約のほうに話を戻しますと、ヨーロッパ人権条約では現在一万を超す申立がございます。そして、その中で国民が自国政府を訴えるというのが約八割、あとは外国人が訴えております。判例もたくさん出ております。そして、実はヨーロッパ人権条約の経験は一定の留保をしなければならないけれども、というのは同質的な社会が生み出したものであって判例もそうであるわけですけれども、とはいえ、文言としては国際人権規約はこれと大変よく似たものを持っております。我々日本社会はヨーロッパ社会に、ひょっとしたら法の面では近いのでヨーロッパ人権条約の判例の研究とは国際人権規約の判例、我々が日本で裁判をする場合に大変役に立つものではないかと思います。

〔原題「ヨーロッパにおける国際人権保障」第二東京弁護士会人権擁護委員会編『国際人権と日本』（第二東京弁護士会、一九八八）所収〕

4 （書評）高野雄一著『国際社会における人権』（岩波書店、東京、一九七七年）

一

本書は八章と結章から構成され、はしがきやあとがきはない。はしがきやあとがきによって筆者の意図を読むことに慣れている者には、その意味では、辛い。また、教授の年来の、政治亡命や退去強制に関する仕事から推して、本書に亡命や難民に関する記述を期待して本書を手にする者は裏切られた思いがするであろうし、「国際社会における人権」という書名から、国内法とくに憲法で語るような人権の内容についての議論が語られているものと速断して本書を繙《ひもと》く者は、本書に何か異質のものを感じるであろう。本書で高野教授が扱おうとされるのは、人権の内容ではなく、「国際社会における人権保障の履行確保の諸問題」いわゆる実施措置（implementation measures）の問題であり、これは、一九六八年のテヘランにおける国際人権会議において、今や、人権の「定義の時代」は過ぎ、「実施の時代」を迎えようとしている、ということが言われ、実施措置の問題の再検討が行われたことに通じる、といえようか。それはともかく、ひとまず、本書の構成を紹介し、順次問題を掘り下げてみたい。

第一章　人権と国際社会
第二章　人権と外交的保護権
第三章　労働権、人権の国際的保障と国際平和
第四章　植民地人民の自決の権利
第五章　人権保護の伝統的国際秩序を越えて
第六章　労働の権利に関するＩＬＯの国際的保障
第七章　人権に関する西欧機構の国際的保障
第八章　国際人権規約と国連体制
結びの章　総括と展望

二

本書の第一章から第五章まではいわば序論であり、第五章はその序論の結びとして、本論たる第六、七、八章で分析する視点を示している。曰く、「国際社会の組織化は進んでいるとはいえ、外交的保護権（あるいは人道的干渉権）の背後にある国家権力のようなものは、今日いかなる国際機構にも

備ってはいない。そこで現代における新しい人権の国際的保護がどのように行われようとしているのか、また行われているのか、どんな問題がそこにあるのか、それを次章以下ですこし分析し検討してみなくてはならない」（一〇二頁）と。つまり、高野教授の主要なモチーフは、「外交的保護を乗越えて」「人道的干渉を超克して」である。なぜそうであるのか。教授によれば、「一九世紀における国際社会に展開した個人の生活上の利益や権利の保護は」……「相手国の国民、つまり相手の外国人に権利を認め保護するというものから、一定の生活利益をひろく個人に対して認め保護するという方向へ進んでき」、「さらに、二〇世紀に入って、なかんずく第二次大戦後に個々の生活上の権利から進んで、基本的人権一般が各国国法による保護の体制から国際的保障を求めて、国際社会の場合に登場してきた。国際社会に人権価値の認識と人権尊重の意識が滲透し拡大し定着してきた」（六〇頁、同旨九九頁）からである。

ところで、人権の国際的保障とは何であるのか。高野教授は『国際法概論（補正版）』（弘文堂新社、東京、一九六五）第六章個人と国際法では、国際的保護を、㈠個人の利益・権利・地位の国際行政的保護、㈡少数民族の保護、㈢基本的人権の保護と分けて論じ、外交的保護を別に扱っておられる。ところが、本書では、個人の権利の保護も、人権の保護も、同列に論じておられるように思えてならない（とくに第一章）。そもそも個人の権利については、国際法は、外国人制度の中で、扱ってきており、たとえば、一九世紀来の国際慣習を成文化したにすぎないとされている一九二八年の外人の地位に関するハバナ条約五条にみられるように、国家は、生命・身体の安全や名誉の維持等のいわゆる人格権については、外国人にも自国民と平等の保護を与えるものとされ、その他の私法上および公法上の権利については国家間の特別条約に委ねられており、ただ私権については、多くの国家は、特別の立法（わが国の例として、船舶法、航空法、水先法、鉱業法など）によって外国人に禁止する権利のほかは、すべて享有を許しているのである。しかし、これらは外国人法の原則であって、これらの権利侵害は、国家責任―外交的保護、とつながる一連の国際法制度の問題である。ところが、人権の国際的保障の問題は、経験的に、オッペンハイム＝ローターパクト、ウォルドック、横田喜三郎、田畑茂二郎など多くの学者が指摘するように、第二次大戦の人権侵害が契機となって生まれた。オッペンハイム＝ローターパクトは、「国連憲章以前には……人間の基本的、不可譲の、または自然的権利としばしば表現されているものを国際法は認めなかった」という。人権の国際的保障の必要は、人権の国内的つまり憲法的保障だけでは十分でなかったという第二次大戦の経験に基づいている。したがって、人権の国際的保障の特色は、トルコ等中近東諸国の少数民族の保護とか、植民地原住民の保護とか、在外自国民の保護にあるのではなく、国内の自国民の人権の保護を国際的に負うという点にあるのではないであろうか（なお、人権は、私権ではなく、公権であってそのうちの最も重要なものである）。戦後ドイツをヨーロッパ社会に復帰させるための条件の呈示ともなったヨーロッパ人権条約は、その実体規定の実に三分の二が、人身の自由に関するものであり、市民的・政治的権利に関する国際規約も約二分の一がこれであるという事実が、第二次大戦の経験に由来するということを如実に示しているように思えてならない。

三

さて、序論につづく本論にあたる第六、七、八章は、それぞれＩＬＯ、欧州審議会（Council of Europe）、国連に、あてられている。人権の国際的保護の制度化の観点からは、米州制度も見逃せないように思える（とりあえず、拙稿「米州における人権の保護」法学論叢八六巻二号参照）が、これへの言及はない。紙数の関係ででもあったのであろうか。

一　ＩＬＯの部分は、ＩＬＯの国際的保障、労働条約の遵守に関する争訟、ＩＬＯの国際的保障の分析と評価、の三節からなるが、その力点はケースの紹介と保障方式の分析・評価にある。ケースの紹介はＩＬＯ憲章二四条および二六条にもとづく申立・苦情にかぎられ、国際法学者の手によるものとしては初めてであるが、それ以上に特別の意味は見い出せない。ＩＬＯの国際的保障の分析と評価としては、申立・苦情の憲章上の基礎、苦情の審査、争訟処理の二つの基本方式を一瞥《べっ》したのち、人権に関する国際的争訟、外交的保護・人道的干渉を越えて、ＩＬＯ保障秩序の存在理由、ＩＬＯ保障機構の存在理由、労働権に関する部分的共同体秩序へ、と説き進め、「それなり」のものがあり、「個人の権利の確保のためにまともに国家の外交的保護権が行使される場合……のように、人権を確保する現実の力は強くない。その点では、ＩＬＯが国際機構として労使の代表のような非政府的要素を構造的に取込んだ独自の特色を示すにかかわらず、その構造の中心に伝統的な政府代表の要素を維持していることが、まだしもその国際的な保障に実効性を賦与することになっている」（一八八頁）と述べられている。

さて、ここでも一つ疑問があるので、次に簡単にこれに触れてみたいと思う。高野教授も引用されるランディの著が公けにされた一九六六年までにＩＬＯが採択した労働条約は一一九を数える。ランディはＩＬＯの三〇年の経験から、これら条約の国際的監視の実効性を問題にしている。しかし、労働条約一一九のうち、ジェンクス等の学者が、人権の保護に関係するものとして通常あげるのは、一九四八年の結社の自由・団結権保護の八七号条約、四九年の団結権・団体交渉権の九八号条約、五一年の同一報酬の一〇〇号条約、五七年の強制労働廃止の一〇五号条約、五八年の雇用・職業における差別禁止の一一一号条約である。これらのうち八七号・九八号の両条約（一〇五号条約も含められるのであろうか）のいわゆる労働組合権の侵害事件で、結社の自由委員会が扱ったものは、「一九七六年現在までに、八〇〇を越えている」（一二三頁）。ということは、ＩＬＯの人権保障の活動の中核には、ＩＬＯ憲章上の基礎はあいまいであるが、結社の自由委員会が据えられていると言ってもいいのではないであろうか。その点で、結社の自由委員会について語られることの少ないのが寂しい。もっとも、この点は、戸田義男が夙にその著『ＩＬＯにおける労働組合権の保障』（日本評論社、東京、一九七一）

で約一四〇頁を費して論じ、その後も憲章上の基礎のあいまいさをめぐって執拗に追及している（神戸商船大紀要・文科論集二三号、二五号、二六号）ことがあってのことかも知れない。

二　欧州審議会の部分は、西欧機構における人権争訟——ケース——、西欧機構の国際人権保障——分析と評価——、西欧人権機構の構造、西欧機構による人権保障の機能、の四節からなる。前章と同じ構成にすれば、本章第三節が前章第一節に、本章第一節は前章第二節に、本章第二節と第四節が前章第三節に相当し、配分された頁数も同じになる。しかし、高野教授の意図は、一九七五年末まででで欧州人権委員会に受理された国家の申立一三件と個人の申立のうち既決の六、三四七件中受理された一三一件（二二七頁）をあくまでも実証的に「原資料」にあたって検討し、「欧州人権保護条約、欧州人権保障機構の作動の諸側面を可能なかぎりよく代表するものを取出し」て（二二八頁）全体像を描くことにある。ヨーロッパ人権条約については、わが国には宮崎繁樹の先駆的研究があり、私も一二年前に論文を書いた。そして憲法学者野村敬造が一九七五年に浩瀚な著作を世に送り出した。こうしたことを念頭に置いて、本書のこの部分を読むと、高野教授の関心は、どちらかといえば、人権というより、むしろ国際組織にあるように思えてならない。このことは、本書が人権の内容ではなく、実施措置の問題を扱おうとしていることの当然の帰結のようにみえるかも知れないが、少し違うように思える。一般国際法上、たとえば、調停は条約の適用・解釈をめぐる紛争のような典型的な法律紛争には用いられず、非法律紛争のために用いられるのが原則である（一般議定書参照）が、人権諸条約では調停に大きな力点がおかれている。これはなぜなのか。また、高野教授は、欧州人権委員会の成功が、「西ヨーロッパの社会的基盤と伝統……に密着した地域的国際社会の組織化をこの欧州人権委員会が基盤としていることに由来する」（二五三頁）とされるが、国際人権規約の場合はどのように考えるべきであろうか。また、外交的保護権の発動を抑止する機能をもっている国内的救済原則が、外交的保護権を乗り越えてこれとは無縁な筈の人権諸条約に導入されているのはなぜなのか。もし国内的実施が第一であるとすれば、それはどのようであるのか。こうした問いも実施措置の問題に含まれるように思われるからである。ともあれ、総合的評価として、高野教授は、「国家主権（権力）構造にかかわらず統合への過程を生みだしている西欧社会の伝統と基盤の上で、人権の国際的保障に現実の成果をもたらしていることには、充分注目する必要がある」（二六五―六頁）とされる。

三　国連の部分は、国連体制における人権、国際人権規約――AとBと――、社会権の国際的保障――A規約――、自由権の国際的保障――B規約――、の四節からなる。高野教授の問題関心は、「人権全般について普遍的な国際的保障を期するこの秩序と機構は、どのような手続・方法をもって人権の国際的保障を確保しようとしているか」（二八四頁）という点にある。そして国連憲章五六条や二条七項から世界人権宣言まで「国連体制における人権」が一瞥《べつ》されている。しかし、これまでのところ国連関係の人権条約は一八の多くを数えるのであるが、この事実には全く言及されていない。人権の国際的保障は、戦争直後はナチズム・ファシズムといった全体主義の人権抑圧への反発からいわば熱狂的にとりあげられ、世界人権宣言、ジェノサイド条約を生み出し、その後植民地解放との関係で論じられ、さらにアパルトヘイト政策との関連で論じられてきた。こうした中で多くの宣言・条約（ST/HR/1参照）を採択してきた国連は、人権に関する国際標準設定者としての役割を常に果してきたと考えられる。このことの意味を大家の口から聞きたいという気持が私には強い。

さて、国際人権規約については、その分析と評価の問題意識として高野教授は次のように語られる。「この国際社会に特別の法秩序、組織が設定されないならば、人権の国際的保障は、国際社会に伝統的な外交的保護ないし人道的干渉の機能に頼るほかない。ところが、人権の国際的保障に関して、これらの国家間の政治的外交的手段に伴う制約あるいは弊害は、すでに充分にみたところである。一九世紀に擡頭し、二〇世紀に現実化した人権の国際的保障の要求は、それらの伝統的手段では対応しえないものを含んでいる。そこには新たな意味をもつ秩序と機構の対応が要求されている。国連は、すでにその憲章で、国際平和機構、政治機構として、それ自らが人権の国際的尊重の秩序・機構でもあることをあきらかにした。しかも、国連は人権そのものの普遍的価値に基づいて、その国際的保障の特別の秩序を創設することを予定し、それを実現した。それが国際人権規約なのである」（三二〇頁）。そして、この国際人権規約の実施措置が、第三節と第四節で、ほぼ条文に従って、ＩＬＯおよび欧州審議会のそれとの比較で論じられている。ただ、ここでも欲を言えば、当事国数が一〇〇に迫ろうとしている人権差別撤廃条約（さしあたり金東勲「人権の国際的保護と人種差別撤廃条約」大阪経済法科大学法学論集二号参照）の実施措置は、国際人権規約のそれをモデルに作成されたので、これとの比較でもみられれば、なお一層論点が明確になったであろうにと惜しまれる。

四

高野教授の著作の紹介といいながら、書き連ねてきたことは、結局、亡命や退去強制問題で常に学界をリードしてこられた教授に一度お尋ねしたいと思っていた私の心の中に巣くう疑問ばかりであった。私としてはここでもやはり疑問が残るが、高野教授は、「ＩＬＯ、西欧機構、国連（とくにＢ規約）体制の人権保障秩序のなかに認められる構造変革的な、歴史的社会的発展の要素を、これらの制約要因の冷徹な現実認識のなかで、われわれとしては、理論的にも実践的にも将来にむかって評価していくべきものと思う」（四〇二頁）と述べて擱筆された。

〔国際法外交雑誌（一九七八）〕

5 （書評）土井たか子編『「国籍」を考える』（時事通信社、東京、一九八四年）

――人権問題も鋭く突く――

自分の国籍について考えたことがあるだろうか。少なくとも私は、何度かの在外経験でも、「私は日本人です」という会話には記憶があるが、「私は日本国籍をもっています」とか、これに類似した会話をかわしたことがない。ましてや、日本に住んでいて自分の国籍について考えたことはない。

ところが、自分の国籍について、深刻に考えざるをえない人たちが、きわめて少数だが、いる。沖縄で、米国籍男性と結婚した日本国籍女性を母として生まれた子どもたちのなかには、日米の国籍法のはざまで、国籍を全くもてないものがいる。本書の第二章「沖縄からの報告」はこうした約八〇人の子どもたちの報告である。

また、この一〇年ほどの間に、国籍法について深い関心と利害関係をもつ人たちが、これも少数だが、増えてきた。「国際結婚を考える会」とか、「国際児母の会」として活動をする外国人と結婚した女性たちである。彼女たちは自分の血をわけた子が日本国籍をとれない現実に衝撃を受け、しかも、夫や子が一般外国人としてしか処遇されないことに憤った。

少数者の人権は声をあげなければ守られない。多数者は、人権が踏みにじられていることさえ気がつかないのだ。多数者は自己の人権を少しも否定されていないからだ。全く眠りこけている。

こうした事態に衝撃を与えたのが、土井たかさん、と親しみを込めて呼ばれる現社会党副委員長である本書の編者の国会質問であった。国籍法における女性差別についての質問は、大きな反響を呼び起こした。編者のまわりに集まった人々の、一層の調査・研究・議論のなかから本書が編まれた。

日本近代史のなかから、国籍にほんろうされた人々として、「内縁結婚」とその子どもたちのことが報告され、植民地統治を支えた国籍の問題が論じられている。日本の戦後の国籍処理はいまにまで問題を残し、この点での戦後はまだ終わっていない。

このほかにも、在日韓国、朝鮮人の年金問題をとりあげ、最後に、現在改正※が論じられている国籍法の望ましいあり方を示している。本書は、国籍問題から、鋭く、人権問題に目を向けさせるものとなっている。

※　国籍法は一九八四年五月二五日に改正された。

〔一九八四年三月共同通信社配信、熊本日日新聞、茨城新聞、新潟日報等に掲載〕

6　（書評）久保田洋著『実践国際人権法』（三省堂、東京、一九八六年）

——現職の国連担当官の経験随所に——

著者久保田洋は、物静かで穏やかな青年である。しかし、心のうちは熱く燃え、人々の人権に尽くすためには世界のどこへでも飛んで行くエネルギーを秘めている。これが久保田に会ったときの私の印象である。私たちは一九八六年の夏、国際法協会（本部ロンドン）という国際学会の二年に一度の大会で初めて顔を合わせ会場のソウルのホテルで、国際人権保障のかかえる内外の問題について語り合った。本書には、久保田の現職の国際連合人権担当官としての経験がちりばめられており、その熱気があふれている。

人権問題はすぐれて国内問題である。「いじめ」の問題、「差別」問題、あるいは、「公害」問題など、いずれをとっても、私たちは、これを国内の問題である、と思ってしまう。ややもすれば、国内だけの問題である、と思ってしまいがちである。

しかし、いわゆる知識水準発言が国際的な反発をかったように、人権の問題は国際的なつながりを持っている。国内問題でありながら、国際問題なのである。人権が人々の連帯のうえに保障されていることは誰もが知っている。しかし、この連帯は国際連帯をも意味するのである。

国際連合で働く久保田はそのことを膚で痛いほど感じている。だから我々がそのことにやや鈍感であることに苛立っている。否、いらいらしているという表現は久保田にはふさわしくない。我々が鈍感であり、日本における情報も十分でないからこそ、久保田は奮い立って、「実践」と冠して、本書を世に送り出したのである。

本書は、国連人権委員会の役割、人権侵害に関する国連への申立、自由権規約選択議定書（日本未加入）による通報手続、国際人権保障とNGO、平和と人権の五部から構成され、序に、実践国際人権活動、終わりに国際人権保障体制の再構築、の章が付け加えられている。

本書の圧巻は、何と言っても、実践の意識に貫かれ、我々が国連に人権侵害を訴える場合の英文モデル様式まで例示され、その流れが明示されていることである。

著者久保田は世界の人権問題で何らかの行動をとりたく思っている市民や学生、また人権侵害を国連等で主張したい人々に向けて本書をつきつけたが、本書を契機に新たな議論や行動、また第二・第三の久保田の登場は、著者のみならず私の願いでもある。

〔公明新聞一九八六年一二月二九日〕

7 （書評）大沼保昭著『人権、国家、文明』（筑摩書房、東京、一九九八年）

本書は著者がこの一〇年ほどの間に人権について様々な角度から考え、一部は英語や日本語で公表していたものを、二一世紀の人類社会全体に妥当し正統性をもちうる人権観は何か、という主題を中心にまとめたものである。全体は七章三五〇頁にもなる大部なものであり、読破するには相当のエネルギーが必要である。

本書の構成は次の通りである。序　問題の所在。第一章　国際秩序を揺るがす三つの相剋と文際的アプローチの必要性。第二章　国際社会における自然権思想。第三章　人権は主権を越えるか――不干渉原則と「普遍的価値」との相剋。第四章　人権の普遍性対相対性論争と現行人権基準の問題性。第五章　欧米中心主義、自由権中心主義、個人中心主義の問題。第六章　人権の普遍化と非欧米諸国。第七章　文際的人権観の模索。

著者はこうした本書の構成について次のように言う。まず、人権をめぐる基本的な三つの相剋、㈠経済、情報の国際化と主権国家体制との相剋、㈡人間尊厳の世界的希求と途上国の被害者意識との相剋、㈢経済力と知的覇権との国際的亀裂、を概観し、この相剋を克服する文際的視点の必要性を述べる第一章、次いで、人権思想の先行観念である自然権思想とその発想枠組が国際関係においてもつ意味を、人民の権利、国家平等原則、「権利」のもつ訴求力などの観点から考察する第二章、第三に、人権の国際的保障の意味を一般的に検討するとともに、「人権対国家主権」の極限状況ともいうべき大規模かつ深刻な人権侵害阻止のための国際的干渉の正統性と合法性の問題を考察する第三章、さらに、第三章で示唆した人権評価基準の正統性の問題を旧来の「人権の普遍性対相対性」の枠組で概観し、問題を指摘する第四章、続いて、欧米中心主義・自由権中心主義・個人中心主義という三つの位相において、これまで「普遍的」とされてきた人権基準の問題性を明らかにする第五章、他方で、こうした人権の疑似普遍性に抵抗してきた途上国を中心とする非欧米諸国の主張の問題性を、ある時期・社会に支配的な宗教や文化の解釈の絶対化の誤謬および国際公共秩序への積極的参与の不在という点から指摘する第六章、そして、最後は、こうした議論を踏まえて真に地球的規模の正統性をもつ文際的人権の手がかりを示唆する最終章である。

二

本書の神髄を手っ取り早く知るには、第一章と第七章を読むのがよい。第一章において「文際的人権観 (an intercivilizational approach to human rights) が語られる。著者のいう「文際的人権観」は、人権の押しつけへの途上国の反発、法と個人を中心とする発想とは異なる文化、宗教、社会的慣習と人権の普遍化との関係をどのように考えていくか、という課題に応える一つの試みであり、人権を単にそれが生まれ育った近代の欧米中心の文明の枠組で考えるのではなく、歴史的にそれと並列し、二一世紀には近代文明の行き過ぎと限界を克服するために求められるであろう東アジア文明、イスラーム文明などの他の文明の観点からも捉えることを意味する。なぜなら、人権の理念と人権保障のメカニズムがアジア諸民族を含む人類に実際にもたらした、また今後もたらしうる利益は巨大なものであり、その点は評価しなければならないからである、と。著者にとって、人権は、なによりも自らの切実な要求を自らの知恵と力で実現していくところにその根本的意義があり、途上国における深刻な人権侵害とそれへの先進国中心の対症療法的対応という図式が続く限り、人権の地球的規模の普遍化と浸透には巨大な障碍が残り続けるからである。著者のいう文際的視点は、イスラーム圏や儒教圏、キリスト教圏など、そもそも国家を越えた地域的広がりをもつ存在、活動に着目し、その意義を強調する。また、文際的視点は、文明の複数存在に着目し、支配的文明の過大な影響力を制約するものであり、「国際的」問題を考察する上で、「民際的」(transnational) 視点とともに、有用な是正的・補完的機能を果たしうるものである。なおまた、著者によれば、文際的アプローチは今後安全保障、環境、経済等の諸分野で試みられなければならず、またその過程で方法として批判され、確立されるべきものであり、本書はそうした国際問題一般に適用されるべき文際的アプローチの人権分野における試みである。

第七章において著者は文際的人権観を模索する。まず、著者は、人権が社会権や自決権を含む包括的人権に変容することによって初めて地球的規模の普遍的人権となりえた、と言う認識を示す。そして、世界人権宣言、国際人権規約、ウィーン人権宣言を中心とする国際人権規範の総体は、今日国際社会の圧倒的多数を占める国々の明示的・黙示的承認を受けたものであり、国際的正統性をもつが、そのままでは民際的・文際的正統性をもつものではなく、民際的・文際的正統性は別個に検討し抽出しなければならない、と言う。具体的作業は、したがって、現行の国際人権文書を手がかりに文際的視点から補完是正するという方法によることになる。その際、個別文化・宗教による人権の基礎づけが必要とされるが、単に生きた宗教・社会規範の共通性を探るにとどまらず、その共通性の背後にある根本理念や体系性との関連で考察しなければならない。また、国際公共的視点が不可欠である、と言う。そして、国際人権文書は「国家間の inter-state」人権観であり、「政府間 inter-governmental」の人権観であるので、民際的視点からの批判的検討が必要とされるが、国家や国際組織と並んで一定の公共性を担うものと性格づけられるＮＧＯの活動が重要である、と言う。この第七章の著者の比較文明論的記述は圧巻である。ただ、著者は支配文化の中における批判検討の必要をも説いているので、武者小路公秀の政治文化論から提唱する文化的共鳴の理論とは必ずしも同じではないが、文明の共存の世界での方法論としては、文化を支配文化・残存文化・新興文化に分ける論も一考に値するように思える（同「人権概念の普遍性と多元性」国際人権創刊号参照）。現在の国際社会について、私は一九六〇年の植民地独立付与宣言によっていずれかの文明が優位するというのではない対等な多様な文明からなる普遍的国際社会の成立が確認されたとの認識をもつ（拙著『普遍的国際社会の成立』（有斐閣、東京、一九九六））ので、著者の指摘は私には大いに刺激的である。

二

第二章は国際社会における自然権思想を取り扱う。著者のビトリア、グロティウス、ホッブス、ヴァッテル論には聞くべきものが多い。著者の国際人権保障に関する基本的認識は、国際人権保障が現代国際法の最も顕著な特質の一つであるとするが、国際人権保障の確立が以前から進行していた各国憲法による自然権の実定化の国際社会への波及という性格をもっている、とするものである。第二次大戦前後の悲惨な体験を経て戦後の各国は戦前よりはるかに徹底した人権保障規定をもつ憲法を制定した、と言う。しかし、私などは、国際人権保障の契機については、単に「国際社会への波及」というにとどまらず、第二次大戦が民主主義や人権保障というイデオロギーを正面に出した戦争であった点に求める（拙稿「世界人権宣言採択の経緯と意義」国際問題一九九八年六月四五九号〔本書III12〕参照）ので、著者のこの認識は若干奇異な感じを受ける。第三章は、人権は主権を超えるか、という問いに答えるには、どのような人権侵害に対して、どのような主体が、どのような方法で関与することが認められるか、を具体的に考察する必要があるとして、人権の国際的履行確保制度と現行制度の欠陥を埋めるための道、とくに人道的干渉を論じる。第四章では、人権の普遍性対相対性の議論を踏まえつつ、そうした議論の枠組自体を対象化し、各国の人権状況を客観的に評価して、国際社会の限られた資源を最大効果的に人権状況の改善に投入することの重要性を指摘する。ところが、人権評価基準にも問題があり、とくに主要人権ＮＧＯは社会権への関心をほとんどもたず、自由権中心であることを指摘する。

第五章は、欧米中心主義、自由権中心主義、個人中心主義批判である。もっとも、著者は言う。確かに、人権は「国家権力による侵害から個人を保護するもの」として近代欧州に誕生したが、次第に自由権のみならず、社会権も包摂するようになり、とくに、八〇年代以降は多くの学者・実務家が、権利として実質化することに努力を払っており、その努力は欧州を中心に実りつつある、と。そして、著者は、自由権中心主義とその歴史的背景について、経済的に十分「先進的な」状態となった二〇世紀後半に至って初めて、欧米諸国は自由権的人権を体制維持の重要なシンボルとして掲げ政府も一般市民も重大な関心をもつようになった、と言う。そして、自由権中心主義克服の動きでは、途上国による生存権の主張と先進国の人権理論における社会権の重要性認識の高まりを指摘する。

第六章では、途上国の相対的人権論の問題性を「主権国家、民族主義と人権」「不干渉原則と人権」「国際人権文書の文際性と途上国における社会権の重要性」「人権の普遍化と途上国の課題」に分けて論じ、さらに、国際人権保障と日本を取り上げ、「日本における国際人権への関心」「日本における国際人権観の問題性と可能性」「文際的人権観からの眺め」に分けて論じている。著者は、日本の国際政治学や国際法学について、とくに人権理論について日本の研究者の自由権中心主義には、研究者にも共通する欧米中心主義、学問における脱亜入欧的発想、とくに「人権先進国米国」への過度の思い入れといった要素があったのではないか、と言う。そして、国際法学は憲法学などに比較してさえ自由権・社会権の峻別論と自由権中心主義が強かった、と断定する。

三

以上が私の本書の大まかな読みとりである。以下、私の読みとった限りで、こうした著者の認識について、いくつかの問題を指摘しておきたい。たとえば、第二次大戦後ベトナムがその独立宣言の中で引用したアメリカ独立宣言やフランス人権宣言から人権の歴史を始めるとして、こうした一八世紀、一九世紀に見られる古典的な人権宣言が自由権を中心にしたのは、産業革命がはじまり商品経済の自由競争になると、この社会を担った新興勢力にとって自由と財産こそが最大の要求物であり、したがって、国家からの自由が必要とされたからである、と通常は理解されているように思われる。そして、自由に物を所有し、自由に契約を結び、自由に経済活動を営むことのできる経済社会に入り込んだところに、今日の資本主義社会の出発点があったのである。しかし、歴史が示すように、経済的自由の無制限な行使の結果、生産と富の著しい増大をもたらすと同時に貧困と飢餓とに追い詰められた人々を生み出し、近代国家の基礎となっている所有権の絶対性と契約の自由に制限を加えて国家が積極的に国民生活を規制し、国民生存に配慮することが要請され、現代の福祉国家ないし社会国家が芽生えるのである。これは、一言で言えば、経済的自由の保障の相対化である。もっとも、こうした社会権的基本権の本格的展開は、周知のように、第一次大戦後のことである。この場合、自由権と社会権とは、権利の形式的法構造の相違からではなく、むしろ目的と結びついた実質的な法構造の違いという面から理解しなければならない。つまり、自由権は、平等な個人の存在を前提として、その自由な活動を保障することを目的としているのに対し、社会権は個人と個人との間には社会的な地位に実質的な違いがあることを前提として、強い個人の自由権に対して一定の制限を加えるとともに、弱い個人に対して、単純な自由の保障にとどまらず、かえってその生存を保障するために、国家が一定の保護を与えようとするのである（拙著『憲法と国際環境』（初版・有信堂、東京、一九七六）参照）。こうしたことは、すでにラートブルフが指摘したように（ラートブルフ著作集第五巻『法における人間』（東大出版、東京、一九六二）参照）、人間観をいわゆる抽象的人間から具体的人間へと転換したことによって克服されてきたものである。自決権によって独立を達成した諸国との関係では、こうした人権をめぐるこれまでの学問の知的蓄積は大きな意味をもっていると思われる。現代の日・米・欧の国家を考える場合、したがって、それぞれの社会の経済的自由の保障の相違、資本主義の有り様が異なることを念頭に入れなければなるまい。

また、途上国の貧困や教育の問題が解決しないのは、先進国において自由権ばかりが強調され社会権に目がいかないことが問題なのではなく、現在の人権保障が国家単位であることが問題なのではないであろうか。国際共同体（International Community 国際社会）に基礎をもつ国際連帯が社会権に関して機能していないことが問題であり、国家単位であれば、人権に社会権が含まれたとしても、さしたる資源もなく一人あたりGNPが五〇〇ドル以下の国々にとって、その国民に十分とまでは言わずとも、「人間に値する」衣食住や教育など保障することは不可能に近い（拙稿「地球社会の人権論の構築――国民国家的人権論の克服」国際人権創刊号〔本書Ⅱ10〕および前掲拙著参照）。

四

個人中心主義について、著者は、支配的人権観において「人＝個人」という発想が支配的であったため、植民地支配下にある人々、さまざまな少数者、女性、先住民、農奴・隷農的地位にある人々などの尊厳に対する集団的・構造的抑圧の問題は長い間人権の問題として意識され、定式化されることがなかった、と言う。しかし、法思想における個人主義の問題は、著者も指摘するように、国家と個人あるいは国家と社会と個人の関わりの中で論じられる（たとえば著者引用の樋口陽一『権力・個人・憲法学』（学陽書房、東京、一九八九）参照）。樋口の見地は、無頓着な「法人の人権」論によって個人の尊厳を後退させる論法が採用されている日本国では、中間団体の敵視の上にあえて「アトム的個人」を析出させたジャコバン型個人主義の問題意識を、少なくとも一度は本格的に追体験することの方が重要ではないか、という点にある（同書三五頁）。もっとも、個人の人権としての人権の基本的性格を徹頭徹尾重視するという見地を貫くと、著者の指摘のように、マイノリティ集団の権利保障には問題が出ることは確かであろう。私のように、いわゆるアファーマティヴ・アクションというものを、これまで不均等な取扱いを受けてきた集団に対し集団そのものを権利主体として認めるという立場をとり専ら平等を実現するための制度とすれば、肯定的になり、単純に個人主義対集団主義の問題として捉えることはできない。

なお、人類の歴史のなかで現在ほど国家権力が強大であったことはなく、それだけに自由権のもつ重要性は強まっていること、また、著者も引用するように、一九九八年度ノーベル経済学賞を受賞したアマルテイア・センは貧困撲滅には公共行動が必要であり、それには表現の自由や報道の自由、自由選挙の保障が必要であること、つまり自由権の重要性を強く主張していることも指摘しておこう（『貧困と飢餓』（岩波書店、東京、二〇〇〇））。

また、途上国が自由権ではなく生存権を主張する、という著者の認識について、自由権と社会権の関係について論じた伊東すみ子が次のように言っていたことを紹介しておきたい。「開発途上国にとって人権とは、個人よりは人民の問題であり、西洋的伝統と法思考により概念規定された市民的、政治的権利というよりは、先進国にとって不当に有利な現行経済構造の変革を通じての富の再配分であり、市民的、政治的人権の侵害は、それが大規模かつ重大と呼べる域に達するものでない限りは問題として取り上げる必然性は乏しく、逆に内政干渉の性格を帯びることになるというのが、開発途上国の切実かつ赤裸々な訴えであるとみてよいと思われる。」（同『女性・人権・ＮＧＯ』（尚学社、東京、一九八九））。

さらに、一般的に説かれているように、国際人権保障は第二次大戦から始まると考えると、五〇年の歴史の中で「人権」を捉えなければならず、そうであれば国際人権保障の中での「人権」は、まず、第二次大戦の前後に自由権が侵害されていたので「自由権」であり、六〇年代に四十余の独立国が誕生し「自決権」であり、次いで「社会権」となるのではないであろうか（拙稿「国家主権と人権」国際問題二七九号（一九八三・六）〔本書Ⅱ８〕参照）。各国の人権保障も歴史的に観察するときにその変容が明らかになるように、国際人権保障も歴史的に検討されなければならない。

欧州諸国が一九五〇年の欧州人権条約に見られるように自由権を重視したのは、経済的に豊かになったからではなく、戦争による荒廃と東西対立という状況に直面して、第二次大戦中に表現の自由や人身の自由などの自由権が徹底的に蹂躙されたからこれらの保護が最優先であったのであり、欧州諸国のシンボルとなったのは共産主義に対抗する理念を自由として掲げたからに他ならない（拙稿「ヨーロッパ人権委員会の活動とその性格——人権の国際的保障と国家主権の問題をめぐって——」法学論叢七九巻一号および二号参照)。

五

以上いくつかの論点をあげてみた。著者の文際的人権論はきわめて重要な問題提起であり、刺激的であるだけに、人権論そのものの一層の深まりを期待してのことであり、また、伝統的な学問的営為のなかに多くの良いものを見いだし得るように思えるからである。

〔国際法外交雑誌(二〇〇一)〕

Ⅱ　地球社会の人権

＜ひとこと＞

本章は、「地球社会の人権」と題し、「国家主権と人権」「国際関係における個人の権利と『人民』の権利」「地球社会の人権論の構築—国民国家的人権論の克服」の三点の論考を配した。

本章のみならず本書全体としても「地球社会」について論じることが少ない。現在の「国際社会」をどのように見るかによって議論のあり方は大いに分かれる。国際社会が依然として伝統的な主権国家からのみ構成される社会とする見方は、現在ではもはや少ない。しかし、国家間の相互依存関係がさらに進み、国家の壁が低くなり、人や物や資本などの移動が国境を越えて激しくなり、相互浸透現象が広まり、地球の一体感が強まりはしても、国家社会と比肩できるような地球社会は登場していない。

現在でもなお、形骸化したとはいえ、基本のところでは主権国家中心のウェストファリア体制が崩れておらず、その中で、新秩序形成要因としての人間中心の体制を打ち立て、ひとりひとりが尊いということを現実化すること、つまり個人の人権を実現することが必要である。そのためには人権の発展とともに国家主権との関わりを歴史的に先ず見ておかなければならない。それを先ず論じてみた。

次に、ヨーロッパでは国家に対して「個人」が対置されたが、ヨーロッパの影響下に置かれ、あるいはその植民地であったところでは「人民」が主張された。この人民と個人の関係を整理しておかなければならない。それを試みたものが第二の論考である。

そして、現実には人権は国民国家においてのみ実現されており、しかも、そうしたモデル国家は地球上には一握りの欧米諸国にしか見られない。この現実から出発して、何らかの新しい道を探らなければならない。それを試み提言するのが第三の論考である。

8　国家主権と人権

一　人権の国際的保障の必要性

国際法は、国際連合憲章によってはじめて、人間の基本的権利、譲ることのできない権利、自然的権利としばしば表現されるものを認めた。このことは内外の多くの国際法学者が指摘するところである。

伝統的国際法のもとでは、国内にいる自国民の人権の保障については、国民がその国家の主権のもとに立つので、国家が国民の地位や権利・義務を自由に決定することができるという国際法の原則に服していたのであり、多くの国は自国の憲法によって基本的人権を保障してきた。わずかな例外は、自国内の少数者の保護を国際的に約束した少数者保護条約の存在であった。なお、在外自国民の取扱いについては、国際法は外国人法制度をもっており、外国人の法的地位―国家責任―外交的保護、とつながる一連の国際法制度のなかで論じられてきた。そして、これらの基本枠組の周辺に、人道的な性格をもつ奴隷貿易の禁止等の植民地原住民の保護や難民の保護や人道的労働条件の設定といった、条約による特別国際法の制度があった。

さて、国際法が基盤とする国際社会の成立は、一六四八年のウェストファリア条約によって確認されたが、人権は近代諸国において宣言された。人権宣言の原型は、古くは、イギリスの一二一五年のマグナ・カルタ、下っては、一六二八年の権利請願ないし一六八九年の権利章典まで遡ることができるといわれる。マグナ・カルタは近代的意味の人権の保障を目的としたものでないことは言うまでもない。しかし、権利請願や権利章典で宣言された自由や権利は、イギリス人が古来もっていたものと考えられていたものであり、人間として当然に有する権利という意味の人権ではなかったが、国王の絶対主義的権力による侵害から国民の権利を守り、保障することを目的としている点で、近代諸国の人権宣言の先駆をなすものと考えられる。近代諸国における人権宣言という考えは、基本的人権という考えとの関連において成立したと見るべきであり、人間が人間であることに基づいて当然有する人権を、国家権力によって侵害することの不当を主張するのが、人権宣言の狙いであった（宮沢俊義『憲法II』、有斐閣法律学全集4）。そこで、こうした意味の本来の人権宣言が、それとして整った形をもってあらわれたのは、一八世紀の終わり、成文憲法がはじめて作られたときのことである。

一八世紀の終わりに成立したアメリカの権利章典やフランスの人権宣言は、周知のとおり、信教の自由、言論・出版の自由、集会・結社の自由、住居の不可侵、不法に逮捕・拘禁されない自由などの自由権を中心とし、それに財産権の不可侵と法の前の平等原則を含んでいた。一九世紀に入っても、基本的には、諸国の憲法が保障した基本権は、一八世紀人権宣言の流れにみられる自由権的基本権と、その保障のための手続的権利や参政権を内容とするものであった。そして、近代国家における資本主義が発展し、高度化すると、富の偏在、労働者の貧困、失業などの深刻な社会問題が生まれ、階級対立を含む資本主義社会の諸矛盾が激化した。そこで、近代社会の基礎となっている所有権の絶対性と契約の自由に制限を加え、国家が積極的に国民生活を規制し、国民の生存に対して配慮することが要請されることとなり、市民法の体系からはみだした労働立法や経済立法が形成され、社会権が登場した。こうした社会権的基本権が本格的な展開をみせるのは、第一次大戦後のことである。

こうした基本的人権の保障の問題は、労働運動などに国境を越えた連絡があったとはいえ、徹頭徹尾各国の国内問題であった。第一次大戦後に、歴史上はじめての平和機構として誕生した国際連盟の規約にも、人権への言及はまったくない。わずかに二三条において人道的、社会的、経済的国際協力を定めるのみであり、少数者保護の問題に国際連盟の集団的保障が予定されたのみである。伝統的国際法は、基本的人権保障にはまったく関知しなかった。言いかえれば、人権問題は、国際法の術語でいう「国内管轄事項」（国内問題）としてとどまっていたのである。こうした状況は、第二次大戦まで続く。

なぜ、それでは、人権の「国際的」保障なのか。ここで「なぜ」と問うことは、現実に人権の国際的保障が語られているという事実が先行していることを認めたうえで、その事実に説得力ある説明を試みようとすることである。

人権の問題を単なる国内問題から国際法の当然に関心をもつべき問題、つまり、国際関心事項（matter of international concern）にまで高めることに決定的に貢献したのは、第二次大戦である。このことは大方の認めるところである。第二次大戦において連合国は戦争目的に民主主義の擁護、人権の尊重を掲げていた。一九四一年一月六日のアメリカ大統領ルーズヴェルトの有名な「四つの自由」（信仰の自由・言論の自由・欠乏からの自由・恐怖からの自由）の宣言、同年八月一四日のルーズヴェルト米大統領とチャーチル英首相が出した大西洋憲章、さらに翌年一月一日の「生命・自由・独立および宗教の自由を防衛し、自国および他の国々において人権と正義を保持するために完全な勝利が不可欠である」と宣言した連合国宣言などがこのことを示している。これらは、ナチス・ドイツの暴虐や南京市民三〇万人を虐殺したといわれる南京事件などの人権侵害に対する闘争宣言であった。連合国は、すでに大戦の進行中に、戦後の平和維持機構の構想を練り、その主要目的の一つとして人権保障を掲げていた。そして、大戦末期一九四五年四月から六月までサンフランシスコで開いた国際機構に関する連合国会議（United Nations Conference on International Organization）で、「われら連合国の人民は、われらの一生のうちに二度まで言語に絶する悲哀を人類に与えた戦争の惨害から将来の世代を救い、基本的人権と人間の尊厳および価値と男女および大小各国の同権とに関する信念をあらためて確認し」という言葉ではじまる国際連合憲章が採択された。国際連合憲章は、前記前文二項のほか、一条三項、一三条一項b、五五条c、五六条、六二条二項、六八条、七六条c、の計八ヵ所において、人権の保障に言及している。

大戦後の平和条約、たとえば一九四七年二月一〇日の対伊平和条約（49 UNTS 3）では、「イタリアはその管轄に属するすべての者に対し、人種、性、言語または宗教の区別なく、表現の自由、出版の自由、宗教の自由、政治上の意見の自由および集会の自由を含む人権および基本的自由の享有を確保するために必要なあらゆる措置をとる」（一五条）ことを約束し、また、イタリアは、「人民からその民主的諸権利を奪うことを目的とする政治的、軍事的または半軍事的団体の復活を許さない」（一七条）と定めている。一九五一年九月八日の対日平和条約では、日本は「あらゆる場合に国際連合憲章の原則を遵守し、世界人権宣言の目的を実現するために努力し」、「国際連合憲章第五五条……に定め」る、人種、性、言語または宗教による差別のないすべての者のための人権および基本的自由の普遍的な尊重および遵守を促進することを約束している（前文二項）。

こうした平和条約の規定は、大戦中の諸文書の当然の帰結であるが、人権問題を国内管轄事項から国際関心事項にしようとする明確な表れである。

第二次大戦後に特徴的なことは、第一次大戦後の少数者保護問題が、戦勝国内部の問題にまで広がりをもつものとしては捉えられなかったのとは異なり、人権問題が、戦敗国のみならず戦勝国も含むすべての国の問題として、共通の関心事とされたことである。一九四八年三月から五月にかけて、米州二一ヵ国が参加して開催された第九回米州諸国国際会議は、人の権利および義務についての米州人権宣言を採択した。これは最初の国際的な権利宣言である。また同年一二月一〇日、連合国五一ヵ国を原加盟国とする国際連合の総会は、世界人権宣言を採択した。この両文書は、ほぼ同時に起草されたので、双方に共通な内容および文体がみられる（芹田編『国際人権条約・資料集』有信堂参照）。さらに、西欧諸国は、戦後ドイツをヨーロッパ社会に復帰させるための条件の呈示ともなった、ヨーロッパ人権条約に一九五〇年一一月四日調印した。

こうした一連の文書によって、人権の国際的保障が国際社会に一般的な共通の問題として定着した。これら一連の文書の採択を促した理由は何であったのか。その理由をきわめて雄弁に語っているのは世界人権宣言前文である。「人類社会のすべての構成員の固有の尊厳と、平等で譲ることのできない権利とを承認することは、世界における自由、正義及び平和の基礎である」ことをまず掲げている。平和と人権が不可分であることが第一の理由であった。「人権の無視及び軽侮が、人類の良心を踏みにじった野蛮行為をもたらし」、平和を破ったのであり、西欧が築き上げてきた人権の憲法による保障だけでは不十分であるので、これに加えて人権の国際的保障が必要とされた。そこには国際連帯の思想が脈打っている。

こうして、人権保障は国内問題であると同時に国際問題となった。ここに、人権保障をめぐって国内管轄事項と国際関心事項との線引きの相克がみられることとなった。これがまず国家主権と人権のテーマで理解されているものである。

二　戦後人権保障関係小史（一九四五―一九八〇）

人権の国際的保障をすすめるにあたっての人々の関心や動機、あるいは、人権保障をめぐる争点は、第二次大戦から今日まで、いくつかの変遷を経てきている。大きく時代を分ければ、第一は戦中・戦後から一九五〇年代の時期、第二は、植民地独立付与宣言が国際連合総会で採択された一九六〇年から一〇年、第三は、第二次国連開発の一〇年が宣言され、「国際開発戦略」が採択された一九七〇年から一九八三年の今日まで、である（一九八〇年代以降の第四の時期について、簡単に「環境保護の闘い―持続的発展を求めて」と特徴づけた記述について、拙著『永住者の権利』参照）。第一の時期には、ナチズム・ファシズムといった全体主義の人権抑圧への反発から戦後のいわば熱狂的な熱気のなかで人権の国際的保障が取り上げられた。ところが、一九六〇年代、人々の関心は全体主義に対する闘争という意識から反植民地主義・反人種主義へと向けられ、これとの関連で人々は人権を論じはじめる。つまり、ナチズム・ファシズムが国際的人権保障の必要性を自覚させ、植民地解放闘争やアパルトヘイト政策が人権伸張の要求への刺激を創り出したのである。しかし、一九七〇年代に入ると、途上国なかでも最貧国（国際連合の用語では、the least developed among the developing countries：後発的開発途上国または後発発展途上国であるが、最近では the least developed countries が用いられることが多い。the poorest of the poor などと言われる）問題によって異なる様相がみられるようになった。

(1) 全体主義に対する闘争——平和と人権の不可分性の認識

戦中から戦後にかけての各種の国際的文書が、人権尊重を平和の基礎と認識していることは、すでにみたように、明らかである。この時期には、人権条約としてはほかに、一九四八年に集団殺害罪の防止および処罰に関する条約、一九五一年に難民の地位に関する条約があるほか、人身売買および他人の売春の搾取の防止に関する条約、婦人参政権条約、一九二六年の奴隷条約改正議定書、無国籍の地位に関する条約、無国籍の減少に関する条約、既婚婦人の国籍に関する条約、国際訂正権に関する条約、奴隷制、奴隷貿易および奴隷制類似の制度・慣行の廃止に関する補充条約、婚姻の同意、婚姻最低年齢および婚姻届に関する条約（一九六二年一一月七日に国際連合総会によって採択されたが、第九総会の決議に基づくものであり、部分的に一九五六年の奴隷制等廃止補充条約と関連するものでこの時期に入れた）がある。また、ＩＬＯも、一九四四年五月一〇日、ＩＬＯの目的と加盟国の政策の基調をなすべき原則に関するフィラデルフィア宣言を採択し、四八年に結社の自由・団結権保護の八九号条約、翌年団結権・団体交渉権の九八号条約、五一年に同一労働・同一報酬の一〇〇号条約、五七年に強制労働廃止の一〇五号条約、五八年に雇用・職業における差別禁止の一一一号条約という人権条約を採択している。

しかし、この時期に国際社会が最も力を注いだのは集団殺害罪の防止及び処罰に関する条約、いわゆるジェノサイド条約であり、何よりも、世界人権宣言と国際人権規約とから構成される国際人権章典の完成であった。その他の国連関係の条約の内容は、第二次大戦前から人々の関心にあったものである。

国際人権規約は採択こそ一九六六年であるが、最終草案は一九五四年春に完成していた。このとき国際連合加盟国は、第二次世界大戦の連合国である五一原加盟国に第二次世界大戦の中立国・新独立国の九新加入国を加え、六〇ヵ国であった。後に挿入された天然の富および資源の自由な享受・利用に関する規定や、外国人の経済的権利に対する途上国による差別取扱いの許容に関する規定の追加等の修正はあるが、基本構造に変化はない。基本的な政策決定は、一九五〇年、五一年の国際連合総会においてなされたのである。国際人権規約草案は、協定するに至った理由の第一に、「国際連合憲章において宣明された原則によれば、人類社会のすべての構成員の固有の尊厳と平等で譲ることのできない権利とを承認することが世界における自由、正義及び平和の基礎であることを考慮」（前文一項）

したことを掲げている。

世界人権宣言の宣言する人権は、自由権、参政権および社会権の三種に大別できる。国際人権規約の条文のうち最初に取り組まれたのは、世界人権宣言の宣言する自由権と参政権であった。世界人権宣言草案を、起草のために利用した一九五〇年のヨーロッパ人権条約は、自由権のみを対象とし、実体規定の実に三分の二を人身の自由に関する規定にさいている。国際人権規約に経済的、社会的および文化的権利に関する条文を含ませるように決定したのは、一九五〇年の第五総会であった。このように、当初は、人身の自由や表現の自由などの自由権に大きな重心があった。このことは明確に大戦中の人権侵害の再発防止を狙ったものであり、人権抑圧の上に立った侵略による平和の破壊を避けるためであると言えよう。

(2)　植民地解放闘争——自決権は個人の人権享有の前提である

一九六〇年一二月一四日、国際連合総会は「いかなる形式及び表現を問わず、植民地主義を急速、かつ無条件に終結せしめる必要があることを厳粛に表明し、この目的のために、次のことを宣言」した。「一、外国による人民の征服、支配及び搾取は、基本的人権を否認し、国連憲章に違反し、世界平和と協力の促進に障害となっている。二、すべての人民は自決の権利をもち、この権利によって、その政治的地位を自由に決定し、その経済的、社会的及び文化的向上を自由に追求する」（植民地独立付与宣言第一、二項）と。

一九五三年、五四年と朝鮮戦争、インドシナ戦争に相次いで停戦が実現し、歴史上はじめて新興独立国を中心に五五年四月にアジア・アフリカの二九ヵ国を集めたA・A会議がインドネシアのバンドンで開催された。この年の秋、米ソの対立から五〇年以降まったく実現しなかった国際連合への加入が、一六ヵ国の一括加入という形で実現し、以後新独立国は、独立とほぼ時を同じくして国際連合に加入するようになる。翌五六年から五八年にかけて六ヵ国が植民地から独立した。これに対し、一九六〇年には一挙に一八ヵ国が独立し、その秋国際連合に加入した一七ヵ国も加えて植民地独立付与宣言は採択されたのである。一九六〇年代には合計四四ヵ国の新独立国が誕生した（拙著『普通的国際社会の成立と国際法』（有斐閣、東京、一九九六）参照）。

一九六一年九月、二五ヵ国の参加のもとに第一回非同盟諸国会議が開かれ、平和、反帝、反植民地闘争を訴える宣言を採択した。同年秋国際連合総会は六〇年代を「国連開発の一〇年」に指定した。これは途上国の経済開発に計画性と実行性をもたせる新しい試みとして注目されたが、途上国の政治的地位の向上とは裏腹に経済的諸条件は悪化し、途上国人口の増加や先進国の協力の消極性のため、南北格差は拡大する傾向を示し、そこで貿易問題については、天然資源に対する恒久主権を決議した第一七総会の決定に従って、一九六四年に国連貿易開発会議（UNCTAD）が招集された。この会議を機に途上国七七ヵ国グループ（G・77）が誕生した。

さて、人権保障そのものの分野では、一九六三年一一月二〇日に国際連合総会は、あらゆる形態の人種差別撤廃に関する国連宣言を採択し、続いて六五年一二月二一日に、あらゆる形態の人種差別撤廃に関する国際条約（二〇〇二年一二月一日現在当事国一六五。八二年当時は日本未加入であったが、九六年一月に日本につき効力発生）を採択した。そして翌六六年一二月一六日国際人権規約、すなわち経済的、社会的および文化的権利に関する国際規約（社会権規約）、市民的および政治的権利に関する国際規約（自由権規約）ならびに自由権規約についての選択議定書が採択された。国際人権規約が完全に発効したのは約一〇年後の一九七六年三月二三日のことであるが、その時の自由権規約の当事国は、西側が北欧四国と西ドイツ、東側が白ロシア、ウクライナを含む一〇国、その他ラ米七国、アラブ六国、アフリカ五国、アジア二国であった。国際人権規約は、草案起草過程とは異なり、むしろ途上国の肩入れによって成立したのである。一九六七年の第二二総会に提出された国連事務総長の年次報告は、国際人権規約に触れて、「両規約に定められており世界人権宣言に含まれていない最も重要な権利は、民族自決の権利であり、自己の天然の富と資源を自由に処分する権利を含むいずれかの規約第一条に法典化された関連諸権利である」（A/6701, p. 81）ことを指摘した。途上国が重視するのはこの民族自決権規定であり、天然の富と資源に対する権利の優先に関する条文の国際人権規約草案への追加修正も、そうした背景によってなされたものである。国際人権規約は、民族自決権規定を個人の権利である個々の自由権、社会権の規定に先き立って置くことにより、民族の権利の十分な保障のないところに個人の権利の保障なし、とする考えを濃厚に示すものとなった。世界人権宣言が個人本位的構成をとっているのに対し、国際人権規約は、いわば団体本位的構成をとっているといえよう。

ところで、六〇年代には、六七年一一月七日に女性に対する差別撤廃に関する宣言が採択された。また、世界人権宣言採択二〇周年に開催された国際人権会議（イラン、テヘラン）の採択した多くの決議にみられるように（拙稿「国連における人権問題の取扱い」国際問題六八年一〇月号（本書Ⅲ11）参照）、差別を強く断罪し、アパルトヘイト政策を非難する等、反人種主義が強く前面に打ち出されたことは特筆さるべきである。こうして、この時期には、従来の個人の権利の保障が個人をいわば不当に社会的現実から抽象化して行われているのに対し、そうした抽象的人間ではなく、ある一定のカテゴリーに属する具体的人間に注目し、「集団」に着目した権利保障の形が登場したことが、次の時期につながるものとして、我々の注意を引く。

(3)　貧困に対する闘争――発展の権利は人権であり、発展は平和と正義への道である

一九七〇年代に新しく独立を達成した国は二四国を数え、その過半は人口二五万以下の小国である。途上国が、植民地解放と経済発展を関連させ、単に自決権の主張による政治的独立だけではなく、主権獲得後の経済的独立をも目指すのは、一九六〇年代であり、その端的な表明は、一九六二年の「天然の富と資源に対する恒久主権」決議であった。途上国（developing countries：発展途上国または開発

途上国）という言葉自体、従来の後進国（backward countries）、次いで低開発国（underdeveloped countries）にかえて、「南」の諸国が用いるようになったもので、六四年の第一回UNCTAD以来、国際連合において定着したものである。しかし、六〇年代の「国連開発の一〇年」はその控え目な目的の達成にも失敗し、七〇年秋国際連合は「第二次国連開発の一〇年」を採択し、開発目標と具体的措置を内容とする国際開発戦略を決議した。この開発戦略は、一九六六年に経済社会理事会の設立した開発計画委員会が立案したものであるが、その前文で「開発（development：発展）は平和と正義への不可欠の道である」（六項）と宣言し、「より公正かつ合理的な世界経済社会秩序の創造」（一二項）を指摘した。後に七四年四月いわゆる国連資源特別総会は、新国際経済秩序樹立に関する宣言と行動計画を採択し、同年秋の第二九総会は、国家の経済的権利義務憲章を採択するに至った。ここには、途上国の成長を目標とする新しい理念がみられる。

しかし、途上国は等しく経済的後進性という共通の基盤をもち、UNCTADにおいては、Cグループを構成し、行動するとはいえ、種々の発展段階があり、とくにひときわ立ち遅れている国々が存在し、こうした国には特別の取扱いが要求される。一般には、一九七四年、オイル・ショックの折、禁輸措置や石油価格暴騰とそれに伴う不況の影響を最も深刻に受けた国々（Most Seriously Affected Countries：MSAC）との関連で論じられるようになったが、国際連合は、すでに国際開発戦略のなかで最貧国問題を取り上げ、一九七一年には、開発計画委員会がリストアップした"hard-core" LDDC

（中核最貧国）二五国（シッキムを含む）を総会決議〔A/RES/2768（XXVI）, para. 4〕で承認した。その基準は、⑴一人当たり国内総生産（GDP）年一〇〇ドル以下、⑵工業生産が国内生産の一〇％以下、⑶一五歳以上の識学率二〇％以下、であった。その後数ヵ国が追加され、現在も開発計画委員会が検討中である。特別措置の適用を受ける中核最貧国はアジア・アフリカに集中し、その大部分が六〇年代、七〇年代独立国である。

こうした事実を背景に国際連合総会は、一九七四年一一月六日の決議〔A/RES/3221（XXIX）〕さらに一九七五年一二月九日の決議〔A/RES/3451（XXX）〕によって、事務総長に対し、人権と基本的自由の実効的享有を高めるための新しいアプローチと方法と手段、について報告を求め、一九七七年にこれらを審議した総会は、将来の作業へのアプローチの考慮すべきことの第一に、すべての人権と基本的自由が不可分であり相互依存的であることを掲げ、第二に、社会権の享有のない自由権の完全な実現が不可能であり、人権の実施における永続的進歩の達成が健全かつ実効的な経済社会発展の国内的・国際的政策に依存していることを挙げている（A/RES/32/130）。なお、途上国における社会権の実現に対する主要な障害を構成する不公正な国際経済秩序の存在に対し、総会は前文で深い関心を示し、第六に人権および基本的自由の効果的な促進のため新国際経済秩序の実現が不可欠の要素であることを指摘している。この総会決議の要請により、新しいアプローチと方法の全面的分析を行った人権委員会は、一九七九年三月二日の決議で「発展の権利は人権である」ことと、「発展のための機会の平等は国民内の個人の特権であるばかりでなく国民の特権でもある」ことを認め、同年秋の第三四総会も、このことを強調した（A/RES/34/46, para. 8）。ここに「発展の権利」（the right to development）という新しい人権概念が登場したのである。

三　人権概念の多様化とその位置づけ

個々の基本権は、人間および国家に関する一般理論の論理的産物のような顔をしているが、それらは、その具体的な法の規定の仕方において、歴史的にのみ理解されうる、と言ったのは、ゲオルク・イエリネックである。人権は歴史のなかにおいてみなければ十分には理解できない。

まず、第二次大戦の戦中・戦後に人権が語られたのは、繰り返し言われてきたように、全体主義国家による人権弾圧、とくに自由権の侵害が戦争遂行と平行して行われたからであり、このために、自由権の保障が最大の関心事であったことは、当然のこととしてうなずけることである。ここでは伝統的資本主義国家における人権の在り方が、したがって、問題であった。そこで、国際的に保障すべき人権のカタログ――その中心は戦中に侵害された人身の自由や表現の自由などの自由権であった――を作成し、各国がこれを自国憲法によって保障するのみならず、現実に発生した人権侵害が、国内的に救正されない場合の国際的介入の方式も取り決めようとした。そして、実際にこれを最初に実施に移したのが、西欧という同質的社会を背景に結ばれた、一九五〇年のヨーロッパ人権条約である。同条約二四条は、締結国に対し、当然の権利として、他国の条約違反つまり人権侵害につき、国際機関に申し立てる権利を認めている（ただし、旧四八条によるヨーロッパ人権裁判所への訴えの管轄権は任意的である）。しかし、このヨーロッパ方式を一般化する試みは失敗した。西欧的自由権概念を知らない社会主義諸国にとって、こうした試みは西欧的価値の押しつけ、または、西欧の介入と映ったからである。人権保障のために、一定限度の国際的介入を認める形の国家主権の人権への譲歩の一形式としての西欧的方式は、現実の西欧社会がそうであるように、同質的社会を背景にもっているか、少なくとも、同質的社会を形成しようと目指している社会でなければ、根付くことがむずかしいであろう。この点は、つとに、フリードマンが、人権はあまりに価値の共通性に依存しているので世界的基礎では実施できない、と指摘していたことである。しかし、人権の国際的保障の方式、つまり、人権を単なる国内管轄事項から解き放ち、国際関心事項とするやり方は、西欧方式が唯一絶対のものでないことは言うまでもない。国際連合が規範を設定し、広く世界の世論を喚起し、人権の「大規模かつ重大な侵害」を積極的にとりあげることについては、諸国にコンセンサスがあるからである。

さて、伝統的に主権国家であった西欧社会に人権の国際的保障が実現していた時、今日の第三世界、第四世界と呼ばれる地域は依然として植民地にとどまっていた。そこに植民地からの独立を意味する自決権の主張が登場するのは必然であった。自決権の本質は自由権である。自決権によって植民地的桎梏から解放され、自由を得ることのなかに個人の自由も見出される。自決権は人権なのである。自決権が人権であるというのは、自決権が個人の人権享有を保障するという意味においてである。一九六〇年の植民地独立付与宣言は、このことを雄弁に語っている。したがって、近代諸国家の人権宣言において人権が宣言され、今日の人権が自由権・参政権および社会権をその内容とし、自由権・参政権または社会権は、いずれも人がその所属する（または、その関連する）国家に対する関係において有する権利であるとされる、のとは異なる。自決権がそうした意味での人権でないことは明らかである。自決権は何よりも国際場裡において行使され、意味をもつからである。

ところで、植民地がいったん独立すれば、そこにおける人権問題は、近代諸国家が宣言した人権、すなわち、自由権・参政権および社会権の保障の問題となり、自決権は役割を終えて舞台から去ってしまうものなのであろうか。形式論理的にはそうである。主権国家は、領域主権のコロラリーとして、自国領域内にあるものに対して、原則的に人権を保障する義務があるからである。途上国といえどもこの義務を放棄することはできない。したがって、人権侵害が起きる場合に、人権が国際関心事項である限り、国際社会の非難を蒙ることとなるのは必然である。しかし、この結論は短兵急でありすぎる。植民地から独立したばかりの諸国に、自助努力が足りないと批判するのは酷であるばかりでなく、誤りでさえある。人権保障の考え方や法は、一朝にして成り立ったものではなく、「人類多年にわたる自由獲得の努力の成果」であって、「過去幾多の試練に堪え」てきたものであり、いわゆる先進諸国の国民は、その果実を現在楽しんでいるからである。それのみならず、大航海時代以来の植民の歴史をも見忘れてしまっているからである。植民地化の揺れ戻しとして非植民地化の時代には、植民地化の代償は払わねばならない。とはいえ、自決権を口実に、途上国が自国内の人権侵害を放置してはならない。自決権は人権享有の環境づくりが任務であるからである。

途上国の国民にとって何よりも緊急なことは、「信仰の自由」でもなければ、「言論の自由」でもなく、「恐怖からの自由」でさえもなく、「欠乏からの自由」である。絶対的貧困に対しては、社会的連帯を基礎にした福祉しかありえない。主権国家の並存を基盤にした同等者間の調整を図る国際法のもとで考えられる「国家主権と人権」という図式は、ここでは、もはや意味をもたない。生存権的基本権を中心にした社会権こそが、まず重要な意味をもつ。ここで想い起こすべきは、近代諸国における人権の成立過程である。まず人権として登場した自由権の担い手は、食うに困らないブルジョワジーであった。自由はプロレタリアートにとって画餅にすぎなかった。そこに登場したのが「生存」に配慮した法であった。途上国は、こうして、社会権を強調するに至ったのである。社会権は、周知のとおり、国家の国力、経済力に依存するところ大である。植民地から独立した途上国に国力があるわけがなく、政治的独立を支える法理として働いた自決権は、独立を達成した暁には、経済的独立を支える法理として、すなわち、天然資源の自由処分権や国有化の権利などを含む、いわば国家の生存権的基本権として、作用しはじめる。社会権という人権享有の環境づくりに自決権が貢献することとなるのである。

さて、この点では、最後に、発展の権利に言及しておかなければならない。「発展の権利は人権である」といい、「発展のための機会の平等は国民内の個人の特権であるばかりでなく国民の特権でもある」という。発展の権利については議論は区々である。しかし、発展の権利を個人の権利ととらえると、これは幸福追求の権利と置き換えることが可能と思われる。時代に対応した新しい人権を基礎づけるための人権である。日本で、日照権や環境権の憲法上の位置づけのための根拠とされるものである。しかし、「発展のための機会の平等は国民内の個人の特権であるばかりでなく、国民（nations）の特権でもある」という。つまり、発展の権利は個人の権利であるけれども、今、より重要性をもって語るべきは、これが国の権利であるということである。国の発展の権利とは何であるのか。国の経済的発展、政治的発展、文化的発展等の権利である。国のその権利のなかにあって個人の発展の権利が活かされる。こうして、発展の権利は人権である。ここに至って、植民地がいったん独立すると、自決権はその強い輝きをやや弱め、いわば一般向きの顔である発展の権利が正面に出てくると言うことができるであろう。ここでは、国家主権の問題は、もはや後景に退き、国際社会が主権国家の並存する国際社会から、真の共同体である国家社会へと向けて歩きはじめていることを我々は理解できるのである。

〔参考文献〕

田畑茂二郎『人権と国際法』（日本評論新社、東京、一九五二）
宮崎繁樹『人権と平和の国際法』（日本評論社、東京、一九六八）
高野雄一『国際社会における人権』（岩波書店、東京、一九七七）
金東勲『人権・自決権と現代国際法』（新有堂、東京、一九七九）
芹田健太郎『憲法と国際環境〔改訂版〕』（有信堂、東京、一九八〇）
同『国際人権規約草案註解』（編訳）（有信堂、東京、一九八一）
田畑茂二郎監修・金東勲訳『国際連合と人権』（部落解放研究所、大阪、一九八三）
芹田健太郎「ヨーロッパ人権委員会の活動とその性格（上）（下）」法学論叢七九巻一号、二号
同「米州における人権の保護」法学論叢八六巻二号
同「国連における人権問題の取扱い」国際問題六八年一〇月号
同「人権と国際法」ジュリスト六八一号
同「国際人権規約の意義とその概要」法律時報五一巻八号
松井芳郎「人権の国際的保護への新しいアプローチ」『現代人権論』（法律文化社、京都、一九八二）所収。
安藤仁介「国家責任に関するアマドール案の一考察」『変動期の国際法』（有信堂、東京、一九七三）所収。
ほかに資料集として
芹田健太郎『国際人権条約・資料集〔第二版〕』（有信堂、東京、一九八二）
浦野・芹田・中原『国際政治・国際法の基本知識』（北樹出版、東京、一九八二）

〔国際問題二七九号（一九八三・六）〕

9　国際関係における個人の権利と「人民」の権利

一　はじめに

一般に「個人」の語は、国家機関たる個人や国際機関の職員等国際法上特別な地位をもつ個人を除く人をさすものとして了解される。しかし、「人民」については、一般に了解されている共通の理解はない。冷戦終結後の東欧諸国やバルト三国等につき「民族自決」が語られたように、また国際法学や国際政治学において従来「民族自決」が問題とされ、私自身も「人民自決」の用語をせず「民族自決」を用いており、「人民」について一般的に了解される意味づけを引き出すのは必ずしも容易ではない。なるほど、個人の権利と人民の権利というテーマは、今日の国際社会においてきわめて魅力的な、すぐれて現代的な課題をめぐるものであり、それだけに単に国際法学にとどまらず、国際関係論や憲法学、社会学など多方面からのアプローチを必要とする。

しかし、いま全面的に論ずるには紙面も準備も不足であり、ここでは国際法学の立場からできる限り忠実に現時点までの私の思考の軌跡を記すことによって問題の所在なりとも指摘できればと思う。与えられたテーマの「人民」が、英語でいえばpeopleまたはpeoplesであろうことは容易に推測できるので、まず「人民」から始めたい。

二　「人民」の用語の多様性と不明確さ

(1)　訳語としての「人民」

「人民」は、"peoples" の訳語として、日本では戦前から用いられてきた。たとえば、戦争放棄が「各自ノ人民ノ名ニ於テ（in the names of their respective peoples）」（不戦条約一条）宣言され、また「われら連合国の人民は（We, the peoples of the United Nations）」で国際連合憲章が始められていることにみられるとおりである。しかし、これらの人民の語については、不戦条約の「人民」について、周知のように、天皇主権下の日本において問題化され、一九二九年六月二七日批准にあたり、「帝国政府ハ、……『其ノ各自ノ人民ノ名ニ於テ』ナル字句ハ、帝国憲法ノ条章ヨリ観テ、日本国ニ限リ適用ナキモノト了解スルコトヲ」宣言した。当然ながら、国際連合加盟にあたってはこうした問題は起こらなかった。ここでは「人民」の語は「国民」と理解してよいものと思われる。

他方で、すでに触れたように、第二次大戦前から「民族自決」が論じられていた。これは、第二次大戦前には principes des nationalités「民族自決原則」と捉えられるもので、たとえば、一九一八年一月八日のウィルソン米大統領の一四ヵ条の第一二の「現在トルコの支配下にあるその他の民族」(the other nationalities which are now under the Turkish rule) といわれていたものとみることができるのであって、第二次大戦後に植民地解放のなかで語られる民族自決権とは異なるように思われる。そこでいう「民族自決」は、the right of peoples to self-determination, droit des peuples à disposer d'eux-mêmes であり、国際連合憲章の文脈からは「人民」と訳されるものであるが、私もそうしているように、この peoples を「民族」と訳してきた。なお、国際連合 United Nations (日本が第二次大戦を戦った相手側としては「連合国」と訳された) 等にみる nation について一言すると、かつてアメリカの社会学で、文化の共通という紐帯で結ばれた集団をナショナリティ nationality (今で言うエスニシティ ethnicity) と呼び、これが政治的統一や自己の統一を完成したときにネーション nation として区別され、両者はだいたい民族と国民の区分に対応するものと考えられていたようである。

ところで、憲法学では、「人民主権」が「国民主権」との対比で語られてきた。たとえば、フランス革命において成立する「国民」は、参政能力をもたないものまで含めた「全国民」(nation entière) つまり「国籍保持者の総体」(ensemble des nationaux) を意味し、観念的な存在であったのに対し、ルソーの人民主権の「人民」(peuple) は主権の行使に参加する市民 (citoyens) の総体を意味し、それ自体として意思の決定・執行能力をもっている、といわれる（杉原泰雄『国民主権の研究』岩波書店、一九七一）。

また、日本国憲法前文の書出し「日本国民は」の英訳は、国際連合憲章の書出しを彷彿させるもので、We, the Japanese people で始まり、例の「そもそも国政は、国民の厳粛な信託によるものであって、その権威は国民に由来し、その権力は国民の代表者がこれを行使し、その福利は国民がこれを享受する。これは人類普遍の原理」にいう「国民」はすべて the people である。要するに、人民の・人民による・人民のための政治である。そして、「平和を愛する諸国民」（the peace-loving peoples of the world）といい、「われらは、全世界の国民が平和のうちに生存する権利を有することを確認する」（We recognize that all peoples of the world have the right to live in peace……）と謳い上げている。

⑵　国際連合憲章の「人民」

さて、国際法では、まず国際連合憲章を取り上げるべきであろうか。同憲章は国際連合の目的を述べる第一条2において「人民の同権及び自決の原則の尊重に基礎をおく諸国間の友好関係を発展させること（to develop friendly relations among nations based on respect for the principle of equal rights and self-determination of peoples）、ならびに世界平和を強化するために他の適当な措置をとること」と定める。他方、五五条では、「人民の同権及び自決の原則の尊重に基礎をおく諸国間の平和的且つ友好関係に必要な安定及び福祉の条件を創造するために」「一層高い生活水準……」「人権及び基本的自由の普遍的な尊重及び遵守」を「促進しなければならない」と定める。諸国間の関係は友好的であれば平和的であるので、ここでは諸国間の友好関係が人民の同権と自決の原則とのうえに樹立されるべきことをいっているといえよう。

国際連合憲章を審議した連合国のサンフランシスコ会議における了解では、「人民の同権の原則と自決の原則は一つの行為基準の表裏の関係にあること、同原則の尊重は友好関係の発展の基礎であり世界の平和を強化する措置の一つであること、問題の原則の不可欠の要素は人民の意思の自由かつ真正な表明であり、近年ドイツやイタリアが用いたような民衆の意思（the popular will）の表明と称されるものの場合を除くこと」であった。

この「人民」はどのように解釈されるのであろうか。これについて、ハンス・ケルゼンは、前文の「大小各国の同権（equal rights of nations large and small）」の「国」との対比において、ここでいう「国（nation）」が「国家（State）」を意味するので「人民」はこれとは異なる他の意味と思われるが、人民の自決が通常は国内政策上の原則、つまり民主的統治の原則（the principle of democratic government）をさし、第一条2が諸国間の友好関係つまり国家間関係に触れているので、「人民」の語も、同権との関連において、「国家（State）」を意味すると解していた。なぜなら、一般国際法によれば国家のみが同じ権利をもつからである（H. Kelsen, *The Law of The United Nations*, Stevens & Sons Limited, 1951）。

(3)　人権条約の「人民」

人権条約は当然のことながら「個人」の権利としての人権を定める。しかし、国際人権規約は「すべての人民は、自決の権利を有する」(一条一項) と定める。この人民について、国連事務総長の国際人権規約草案註解では、「独立国、信託統治地域または非自治地域を問わず、すべての国および地域 (all countries and territories) における peoples を意味する」と理解される。人民は「大きな密集した民族的集団」(large compact national groups)」や「種族的、宗教的または言語的少数者」や「十分に他と区別できる一定地域に居住する人種的単位 (racial units inhabiting well−defined territories)」等々に適用すべきである、という趣旨の示唆が行われた。しかしながら、「人民」の語はそのもっとも一般的な意味で理解されるべきであり、定義は不必要であると考えられた。さらに、少数者の権利は「きわめて複雑な別個の問題である」とまとめている (A/2929. 芹田健太郎編訳『国際人権規約草案註解』有信堂、東京、一九八一)。

また、発展の権利の国際的側面の研究を促す一九七七年の人権委員会の勧告に応じて、七九年に国連事務総長が提出した報告 (E/CN 4/1334) によると、「自決の文脈において何が人民 (a "people") を構成するかを決定するにあたって、次の基準がこれまで提案されてきた。(1)人民の語は明確な同一性 (identity) とそれ自身の特質を有する社会団体 (social entity) を示し、(2)それはある領域との関係を含意し、たとえ当該人民がそこから不法に追放され人為的に他の住民に入れ替えられていたにしてもそうである、⑶人民は市民的及び政治的権利に関する国際規約二七条でその存在と権利が認められる種族的、宗教的、または言語上の少数者と混同すべきではない」とある。

一九五〇年のヨーロッパ人権条約はヨーロッパの伝統にしたがい人権を保障するが、「人民」について何の規定もおいていない。ただ、五二年に調印された第一追加議定書では自由選挙が保障され、「人民の自由な意見の表明」が謳われた。この人民は、世界人権宣言二一条三項「人民の意思が統治の権力の基礎でなければならない」にいう人民の趣旨であり、日本国憲法の国民と同旨であるといえよう。なお、米州人権条約では選挙権は市民に保障され、「人民」の語のみられる規定はまったくない。

多数国間条約としては、ほかに「人および人民の権利に関するアフリカ憲章」(African Charter on Human and Peoples' Rights) が一九八一年六月に採択され、八六年一〇月二一日に発効した。この条約は、意図的に、個人の権利と並べて人民の権利を規定した。前文では「アフリカ諸人民のためにより良い生活を達成すること」にも触れているが、とくに一九条から二四条にかけて「すべての人民」(All peoples) の権利について規定している。権利の内容として、平等(一九条)、生存権・自決権(二〇条一項)、植民・圧制からの解放(二〇条二項)、解放闘争時の国家からの援助(二〇条三項)、富・天然資源の自由処分権(二一条一項)、略奪財産の回復権(二一条二項)、発展権(二二条)、国内・国際の平和と安全（二三条）、一般的な満足する環境（二四条）が掲げられている。

しかし、たとえば平等権は、実定国際法上、ケルゼンを持ち出すまでもなく、国家の権利であって、「人民」が「人々の集団」という意味をもつにしても何かの形をもった国際法上で保護すべき集団として一律の定義をもたない限り、政治的にはアフリカで植民・圧制からの解放権をもつ人民は独立前のナミビアや南アフリカの「人民」であろうことは容易に推測されるにしても、人民の平等として人民の権利を規定したところで、法的には、人民＝国家以上の意味はない。もっとも、富・天然資源の自由処分権については権利主体が人民であって権利の行使主体は国家とされており、この場合、人民＝国家ではない。したがって、少なくとも条約解釈として統一的に人民の意味を明らかにすることはできない。

三　国際社会における「人民」および「個人」の系譜

(1)　「人民」の系譜

(1)　民族の自治・独立と少数者

自決原則は啓蒙期自然法思想にその思想的基礎をもち、一八世紀から一九世紀のナショナリズムと結びついて唱えられるようになった（田畑茂二郎『国際化時代の人権問題』岩波書店、一九八八）。自決原則がとくに国際政治のうえで注目を引いたのは第一次大戦のときであった。ウィルソン大統領はすでに一九一三年一二月のフィリピンに関する最初のメッセージにおいてその独立に言及する等の積極性を示していたが、一六年五月二七日に国際連盟の考えに対してはじめてコミットする演説を行い、そのなかで、「人民は皆自分たちがその下で生活しなければならない主権を選択する権利をもつ(every people has a right to choose the sovereignty)」ことに触れ、翌一七年一月二二日の「ヨーロッパにおける平和の必須条件」のなかで「いかなる国(nation)もいずれかの他の国または人民の上に自己の政策を広げようと求めるべきではなく、人民は皆自己自身の政策、自己自身の発展の仕方を、妨げられることなく、脅かされることなく、恐れることなく、小も大とともに、自由に決定することができるようにすべきである」と提案した(*Selected Literary and Political Papers and Addresses of Woodrow Wilson*, Vol. II, Grosset & Dunlap, 1927)。そして、これらはウィルソンの一四ヵ条となり、植民地問題に触れることとなった。しかし、第一次大戦では結局、トルコ支配下の諸民族の自治・独立が実現したにとどまり、その余は両大戦間においては少数民族の保護の問題とされた。

第一次大戦後の平和会議の際にパリで結ばれた少数民族保護条約には、主たる同盟および連合国とポーランド、セルブ・クロアト・スロヴェーヌ王国、チェコスロバキア、ルーマニア、ギリシア、アルメニアとの各条約があり、また、オーストリア、ブルガリア、ハンガリー、トルコとの各平和条約のなかには少数者保護条項が挿入されたし、リトアニア、ラトビア、エストニアなどは国際連盟理事会において少数者保護の宣言を行った。全体として、自決において語られたのは、東欧・中近東の少数民族問題であった、といえよう。しかも注目すべきは、こうした少数者保護義務を課せられた国家の多くは新しく独立した国であって、これらの国家にとって国家建設つまり国家統一を堅固にすることこそが急務であり、少数者保護が結果として国家内国家を生み出すことをおそれ、国家統一と矛盾するおそれのある少数者保護に冷淡であったことである。こうして、両大戦間の少数者保護は予期した効果を上げることができないままに終わった。むしろ、少数者は明確に国家内に閉じ込められてしまった、というべきであろう。

⑵　ヨーロッパ植民地の独立

アジア・アフリカは第一次大戦のときは自決の観点からはヨーロッパの関心にはなく、これらは第二次大戦を待たなければならなかった。第一次大戦後のヨーロッパの大国、イギリスとフランスの関心はむしろ、占領地の既成事実化、中東・アフリカのトルコおよびドイツ植民地の分捕りであり、これが委任統治制度となったのである。日本もヨーロッパ諸国の驥尾《き》に付し、朝鮮、台湾の植民地に加え、ドイツの太平洋植民地を委任統治地域とした。

第二次大戦後まもなく、アジア・アフリカでは植民地独立運動が大きな高まりをみせ、次々と植民地が独立を獲得し、この非植民地化の滔々《とうとう》たる流れが第二次大戦後の大きな特色となった（H. Grimal, "*La Décolonisation 1919-1963*," 3e édition, Armand Colin, 1965 参照）。この流れのなかで自決は植民地人民の独立と同義となった。つまり、この過程においては「人民」は、一九六〇年の植民地独立付与宣言にいう「植民地諸国諸人民」(colonial countries and peoples) であった、といえよう。人民自決権の普遍的適用はさておき、ここでの人民は「植民地のくびきに喘ぐ人民」以外のなにものでもない。そして、そうした人民の権利が語られたのである。

だから、話は前後するが、旧フランス領西アフリカに例をとれば、そこでの独立は各自治共和国のそのままの形での独立とは限らなかった。セネガルのサンゴールは旧フランス領西アフリカの各自治共和国に対して、フランスとの独立交渉に先だって連邦の結成を訴えてフランス共同体の形骸《けいがい》化を目指し、他方、コートジボアールのウフェボアニは連邦結成に反対であり、フランス共同体の枠内でのフランスとの緊密な提携を主張した。現実には、サンゴールの政策はスーダンのケイタの支持を得てセネガル、スーダン、オートボルタ、ダホメによるマリ連邦の結成の合意がなったが、結局、種々の経緯を経てそれぞれの独立となった (中村道「フランス第五共和国憲法下での属領の独立」『国家承認』(日本国際問題研究所、一九八三) 所収参照)。独立以前にはそれぞれに確定された「人民」はなかった、といえないであろうか。あったのはヨーロッパ諸国の植民地支配に苦しむ「人民」であった。先に引いた旧フランス領西アフリカの「人民」は、植民地時代の行政区画を基に、現在七独立国それぞれの「国民」となった。

ヨーロッパ植民地支配から「人民」が独立した暁には、すべての「人民」は独立主権国家として平等であり、国家をもった人民の権利は本来国際法によって規律され保護されている。とくに領土保全・政治的独立に向けられた武力による威嚇または武力の行使から保護されている。だからであろうか、独立後七年、一九六七年五月に分離独立を宣言したビアフラは自決権を主張したにもかかわらず、七〇年一月、ナイジェリア連邦軍に投降した。人種も宗教も言語も異なっていた人々であったが、独立は認められなかった。この人々は法的に自決権をもつ「人民」ではないとされたのであろうか。それとも法的評価を伴わない、単なる政治的取扱いであったのであろうか。いずれにしろ、こうした第二次大戦後の「独立」の事例を検討すれば、自決権がヨーロッパ植民地からの独立権として確立していることは確認される（芹田健太郎「戦後の新国家誕生の形態と国家承認」前掲『国家承認』所収参照）。

ところで、いわば国家化した人民の権利とは何であるのか。そこに内的自決論の意味がある。ここでは憲法学にいう人民による統治こそが問題である。そこでは、したがって、当然に普遍的適用が問題になる。民主的統治は、ヨーロッパその他の先進国であろうと途上国であろうと必ず実現しなければならないからである。その意味で、今日では、国際法は各国の国内構造までをも問題にするようになったのである。

(2)「個人」の系譜

(1) 個人の国際法主体性論争

国際法は国際社会を基盤とする法であり、一般には、すでに述べたように、主として独立主権国家間の関係を規律するものであると考えられており、人間は、原則として、国家の影に隠れていてみえない。しかし、第一次大戦後、少数者の保護がはかられ、また、ベルサイユ平和条約その他の平和条約によって旧交戦国間に設置された混合仲裁裁判所には交戦国民が敵国内にある自己の財産にこうむった損害賠償請求の訴えを敵国政府に対し直接提起する権利が認められた。こうしたことや、世界初の平和機構である国際連盟の設立、国際労働機関（ＩＬＯ）や常設国際司法裁判所の設置・活動、国際労働運動の高揚という両大戦間の独特の国際環境を背景に、個人の国際法主体性論争が繰り広げられた。この論争は、近代国際法学の華ではあったが、実定国際法のなかにはなんの実りももたらさなかった。しかし、この論争の提起した重要な点は、「国際法の主要な規則が、人の生命、自由、健康、労働、家庭、知的倫理的向上の尊重と保護を目的にしており」、「これら規則がたとえ国家を名宛人としているにしても、……直接的に、個人を目指している」（ポリチス）ことである。あるいは「個人の国際的解放」（ブルカン）の現象を的確に国際法学のなかに位置づけようとしたことである（芹田健太郎「国際法における人間」『岩波講座基本法学』（岩波書店、東京、一九八四）所収参照）。現実の国際社会では、当時、私権に関する内外人平等原則は確立していたといえよう。

⑵　人権の国際的保障

個人のもつ公権、なかでも、最も基本的な権利である人権が国際社会で語られるようになるのは、第二次大戦を契機にしてである。このことに関しては多くの人によって語られており、私自身も「国家主権と人権」として触れたことがある（国際問題二七九号〔一九八三年六月〕本書II 8、「国連における人権問題の取扱い」国際問題一〇三号〔六八年一〇月〕本書III 11も参照）。要するに、人権の国際的保障は第二次大戦後に始まったのである。そして、そこにおける基本的な考え方は、ヨーロッパの伝統にしたがい自由権と社会権を峻別し、第一次的権利保障は各独立主権国家に委ねるが、自由権については国際的なチェックのネットワークの下におき、社会権の実現についてはまったく各国家の努力に任せるというものである。このことは、ヨーロッパ人権条約が自由権のみを定めていること、また、米州人権条約も自由権のみを保障していることから容易に推測できる。もっとも、国際人権規約は社会権につき国際協力を定めており、その点で国際的ネットワークのもとにおいてはいる。しかし、いずれにしても、こうした基本的な枠組は西洋的同質的な国家から国際社会が成り立っている場合には十分に機能するものであった。

しかし、国際社会は一九六〇年代以降、多くの異質的な、あまりに経済的、社会的に格差のありすぎる国家を迎え入れることとなった。ここに至って国際社会は人権の国際的保障に新しいアプローチを必要とした。そして、これにはまだ明確な解答はない。発展権論はその一つの試みといえよう。

四　人権保障の前提としての自決権から発展権論へ

(1)　国際人権規約の団体本位的構成

一九五四年に国連総会に提出された国際人権規約の最終草案共通一条では、すべての人民およびすべての国民（nations）が自決権を有する、とされたが、六六年に採択された人権規約では、国民の概念は人民のなかに含まれるとして、「すべての人民は自決の権利を有する」と規定した。そして、六条以下に実体規定をおき、保障すべき具体的な人権内容を明らかにした。こうした規定方法つまり国際人権規約の構造を分析すると、団体の権利としての自決権と個人の権利としての人権との関係がわかる。国際人権規約の定める自決権は、第一に政治的独立の権利を意味し（一項）、次に、この独立をいわば経済的に裏付ける天然資源自由処分権を意味している（二項）。そうした内容の自決権がまず規定されているということは、国家が政治的にも、経済的にも完全に独立しているときにはじめて個人はそのなかで人権を十分に享有できる、という考えにたっているものと思われる。六〇年の植民地独立付与宣言がいうように、「外国による人民の征服、支配および搾取は、基本的人権を否認」するものであるので、まず団体の権利が保障されなければならない。つまり、「人民」の権利の十分な保障のないところに個人の権利の保障なしとする考え方が国際人権規約には濃厚に示されている。その意味で、国際人権規約は、世界人権宣言が個人本位的構成をとっているのに対して、いわば団体本位的構成をとっているといえるのである。言い換えれば、個人の権利である個々の自由権、社会権の保障の前提として、自決の権利が「人民」に保障されているのである。

(2) 発展権論の登場

しかし、一九六〇年代、七〇年代の経験の示すところでは、途上国における開発独裁や極端な人民抑圧体制の出現を別としても、人権保障の前提としての自決権の保障という考え方は破綻している。だからこそ人権保障の新しいアプローチの探求が始まったのである。なぜなのか。それはきわめて常識的な解答であるが、ヨーロッパに誕生した人権保障の観念は人類の宝ではあっても、政治、経済、社会の安定したヨーロッパ的国家を前提にしており、そうした社会でなければ十分に機能しえないということである。少なくとも、そのことが国際社会の経験によって明らかになった、といえる。有体《ありてい》にいって、植民地から独立した諸国では人間の基礎的必要（BHN, Basic Human Needs）さえ満たされていない。これは単に食えないという問題にとどまらず、自由権でさえも、たとえばその代表とされる表現の自由もなんの教育も受けたことのない生きることに精いっぱいの者にとって、実質的な意味はない。自由権の保障のためにも人間の基礎的必要＝社会権のなかのもっとも基礎的な部分（多谷千香子はこれを「基本的社会権」と呼ぶ。「国際協力の法的性格——基本的社会権の視角から」ジュリスト九五〇―九五一号参照）は保障されなければならない。つまり、個人の権利である自由権・社会権の保障がゆきわたるには、個人の住む社会の全体的な底上げが必要なのである。そこに発展権論の意味がある（発展権論については、田畑・前掲書、および伊東すみ子『女性・人権・ＮＧＯ』（尚学社、東京、一九八九）参照）。人権論の南北問題化である。

しかし、底上げは国際社会の連帯責任ではあっても、社会権保障の第一次的責任は国家にあり、また国家と個人との対抗関係を背景とする自由権の保障は国家の責任であることを忘れるわけにはいかない。ただ、発展権論が提起している問題は重く、また人民と個人の関係にも新たな視点を持ち込んでいるのも事実である。

五　おわりに

個人の権利と集団の権利という視点にたてば、「女性」「人種」「少数者」「原住民」という集団の権利があり、その他に結社の権利がある。しかし、「人民」との関わりでいえば「少数者」がもちろん重要である。とはいえ、人民も少数者も明確には定義されていない。歴史的には、大きな少数者集団、トルコ支配下の各民族は独立し、結局、小さな少数者集団が「少数者」として一国内に閉じこめられ、国内で「少数者の権利」を与えられた。そして、これらの少数者は多数者と同質化つまり同化される運命にある。国際人権規約の保障する少数者の権利は少数者の同化の方向に妨げとなってはならない、というのが基本的な考え方であったからである。他方で、現在の新独立国は国際・国内の二重の意味で植民地本国の都合による線引きを基に独立し、しかも、外にも内にも、現状維持（uti possidetis）の原則を宣明している。こうして植民地本国の行政区画をもとに独立した「人民」は国家化することによって、個人の権利と対立した。

しかし、人民の権利は国家の権利でも政府の権利でもないはずである。個人の権利が語られる度合いが強まるに応じて、「人民」の国家または政府離れが始まった。国家内に封じ込められた人民の反乱である。国家の壁を破る、いわゆる少数民族問題、先住民の権利問題などがそうである。まさに人権の語られる時代が到来したというべきであろうか。

＊必読の日本語文献として、とくに二人の法律家、弁護士から東京高裁裁判官となった伊東すみ子・前掲書『女性・人権・ＮＧＯ』、および東京地検検事で社会権規約委員会委員である多谷千香子・前掲論文「国際協力の法的性格——基本的社会権の視角から」を挙げたい。また外国語文献としては、J. Crawford (ed.), *The Rights of Peoples*, Oxford U. P., 1988 のみ挙げておこう。

〔国際問題三六三号（一九九〇・六）〕

10　地球社会の人権論の構築

――国民国家的人権論の克服――

一　はじめに

今日の国際社会では、依然として戦争と平和は大きな課題であり、人権としての平和に生きる権利が求められるべきであるが、その他にも緊急なものとして、環境や発展という地球的・人類的な重たい課題が登場してきた。

今日の国際社会は、周知のように、一九六〇年代に一気に四〇数ヵ国、七〇年代に三〇数ヵ国の植民地からの新独立国を迎え入れ、おおよそ二〇〇の主権国家から構成され、六〇億余の人類は、人口一〇億から人口数千の国家にそれぞれ分属して生活している。人類がすべて今日のような主権平等のもとに生活しているのは歴史上未曽有のことであり、しかも、国家間の相互依存関係がこれほどまでの深化をみせたのも未曽有のことである。こうして、これまでは単に言葉としてのみ存在してきたといっても過言ではない「人類」という概念が実体のあるものとして捉えられるようになった。こうした人類概念の実体化は、相互依存関係に具体的に示される国際的な連帯に基礎づけられており、それはあたかも国民概念が近代国家における連帯に基礎づけられているのと同じであるといえよう。今日では、したがって、人類概念の実体化を前に、国家と国民という法的構成のみならず、地球的中央権力は存在しないとはいえ、地球市民とでもいうべき地球内における個人の国家を超えて貫く、人間の尊厳に基づく共通の法的地位を考えるべきであろう。しかし、その前に、憲法による人権保障つまり各国家単位に人権保障を考えるあり方自体に問題はないのか、その点をまず検討することが必要である。

二　伝統的人権保障の前提

基本的人権保障の理念は、民主主義の法と法理論の要であり、基本的人権を真向から否定するものは、今では、ほとんどない。しかし、こうした人権保障の考えや法は、一朝にして成り立ったものではなく、日本国憲法もいうように、「人類の多年にわたる自由獲得の努力の成果」であって、「過去幾多の試練に堪へ」(九七条) てきたものである。基本的人権の保障は、その意味で、我々人類の共通の財産である。

基本的人権保障の実態はどうであるのか、我々に残された課題は何であるのか、これらを検討するには人権保障の歴史を学ぶのがよい。まず誰の権利が保障されたのか、どのような権利から保障されたのか、を念頭に置くと、そこに、「国民の権利」から「人間の権利」へ、という流れと、「自由権」から「社会権」へ、という流れを読み取ることができる。

しかし、ここで注目したいのは、基本的人権がいずれも国家権力とのかかわりで保障されてきたことである。中世における封建領主の一定の権利を保障したマグナ・カルタは、一七世紀以来、「イギリス人の自由の守護神」として崇められてきたが、それは、スチュアート絶対王朝との抗争の中で、Edward Coke が近代的解釈を加えてからのことであり、また、アメリカ独立に際して、アメリカ植民地の本国に対する理論的基礎となったときから、マグナ・カルタは基本的人権の守護神として尊ばれている。「世界を一周する」普遍的意義と理念の力をもったフランス人権宣言も、時空を超えた個人主義の原則や平等原則を高らかに謳い上げたが、人権が国家権力以前に成立し、国家権力はこれを侵しえない、という権利の絶対不可侵性を強く訴えていることを忘れえない。

ところで、学説は人権をどのように捉えてきたか。基本的人権といわれるものは、その内容や形式、歴史的な沿革や性格など、いろいろな点で、違いがあり、現代の社会でもっている意味も同一ではない。こうした千差万別の基本的人権の本質的特質を的確に把握するために、個々の人権を統一的・体系的に理解する努力が行われてきた。人権の体系化・類型化がそれである。一口に人権の類型化といっても、分類の基準をどうするかによって各種の結果が生じるのは当然である。

日本で支配的なのは、人権の主体が国家との関係でいかなる地位にあるのか、つまり国家における国民の地位を理論的に分類し、この分類にしたがって個々の人権を類型化するものである。これは、一九世紀末ドイツ国法学の権威G・Jellinekがその著書において、国家における国民の地位を、passiver Status（受動的地位）、negativer Status（消極的地位）、positiver Status（積極的地位）、aktiver Status（能動的地位）の四つに分類して展開したのに始まる。第一の地位は、個人が国家権力に服従すべき関係にあることを示し、ここからは「義務」が説かれ、第二、第三、第四の地位が権利にかかわる。すなわち、消極的地位から、国家からの義務づけ＝国家の介入を排除する権利いわゆる自由権が生まれ、積極的地位に基づき国民が国家に対して国家活動、国家権力の発動を請求する諸権利すなわち請求権・受益権が認められ、能動（主動）的地位に対応して国民の国政に参加する各種の権利いわゆる参政権が保障される。イエリネックの人権体系論は、もちろん、一九世紀末のドイツ国法に即して構成されたものであり、当時の受益権は裁判請求権ぐらいしか知られていなかったのに対し、今日の諸国の憲法のもとでは、いわゆる生存権的基本権（社会権）が内容豊富に規定され、多くの学者は、そこで、社会権を独立させて類型化している。この分類は、多かれ少なかれ、ヨーロッパの伝統を受け継ぐものといえよう。一九七六年の国際人権規約が、自由権を主とする「市民的および政治的権利に関する国際規約」と、社会権を主とする「経済的、社会的および文化的権利に関する国際規約」の二本立ての条約とされたのも、各権利と国家権力とのかかわりの違いを強調するヨーロッパ諸国の代表の強い主張を考慮してのことであった。

人権の類型化は、このほかにも、裁判規範としての機能をもつかどうか、つまり憲法上の保障の強弱によって行うものや、前国家的基本権と後国家的基本権に二大別するものや、近代的基本権と現代的基本権に区別するものがある。しかし、従来の人権体系論は、いずれも、対国家的人権・対社会的人権という類型論（人権の私人間効力論）を除くと、国家と国民の対応関係を中心にすえるもので、ある者と国家との権利義務関係にのみ着目してきたといえよう。

しかも大変に重要なことは、誰一人として疑うことをしないことであるが、この国家は封建制から絶対制をへて成立した近代的国民国家であることである。つまり、人権概念が成立し、人権が法的に保障されるようになった西欧の国民国家を念頭においていることである。したがって、「国民」国家が成立していないところに同じように人権保障が成立するかは検討の余地があろう。ヨーロッパにおいては、原則的には、一定地域における主要な種族集団（ethnic group）が他の集団を統合する過程——封建制から絶対制への移行——を経て「国民」統合が完成し、国民国家（nation state）が成立した。したがって、ここでは少数民族は同化の道を辿らざるえ得ず、これらの国においては民族＝国民＝国家という図式が成り立っていることである。伝統的人権保障の前提はこうした国民国家の成立であったといえよう。

三　ナチズム・ファシズムからの教訓

ナチズム・ファシズムは、周知のように、伝統的人権保障の確立したヨーロッパにおいて登場した。第二次大戦前および大戦中の全体主義による人権抑圧・ユダヤ人虐待などはすでによく知られているところであり、ここに繰り返すまでもない。こうした人権抑圧に対してドイツ国内など抵抗運動が存在したことも事実である。しかし、最も民主的なワイマール憲法をもっていたドイツにおいても、法によらない逮捕・拘禁などが行われ、人権とくに自由権の憲法による保障は破綻し、言論・表現の自由、身体の自由の侵害という人権抑圧体制のもとで戦争準備は進められ、戦争に突入していった。ヨーロッパおよびアジアの戦争の成り行きを見守っていたアメリカのルーズヴェルト大統領は、一九四〇年一一月に三選されると、年末にはアメリカが「民主主義の兵器廠《しょう》」となることを声明し、翌一月には信仰の自由・言論の自由・欠乏からの自由・恐怖からの自由のいわゆる「四つの自由」を宣言し、さらに、八月には、イギリスのチャーチル首相とともに「大西洋憲章」を発表した。そして一二月に日本、ドイツ、イタリアが対米宣戦を布告するや、四二年一月一日連合国宣言を発し、「生命・自由・独立および宗教の自由を防衛し、自国および他の国々において人権と正義を保持するために完全な勝利が不可欠である」として、戦争の遂行に明確な目的を設定し、従前の帝国主義戦争と一線を画することとなった。

こうして連合国による戦後の占領下の改革は、一九世紀までの戦争法の法典化であるヘーグ陸戦法規（陸戦ノ法規慣例ニ関スル規則四三条）の占領地法令の尊重の原則とは無関係に、徹底した民主化の深化をはかるものであった。平和条約においても、四七年の対伊平和条約では、「イタリアはその管轄に属するすべての者に対し、人種、性、言語または宗教の区別なく、表現の自由、出版の自由、宗教の自由、政治上の意見の自由および集会の自由を含む人権および基本的自由の享有を確保するために必要なあらゆる措置をとる」ことを約し、また、イタリアは「人民からその民主的諸権利を奪うことを目的とする政治的、軍事的または半軍事的団体の復活を許さない」と定めており、五一年の対日平和条約では、日本は「あらゆる場合に国際連合憲章の原則を遵守し、世界人権宣言の目的を実現するために努力し」、「国際連合憲章第五五条……に定め」る人種、性、言語または宗教による差別のないすべての者のための人権および基本的自由の普遍的な尊重および遵守を促進することを約束した。このように人権の保障が国際的なチェックの下に置かれることとなったのである。

理念的に最も雄弁に語っているのは世界人権宣言前文である。「人類社会のすべての構成員の固有の尊厳と、平等で譲ることのできない権利とを承認することは、世界における自由、正義及び平和の基礎である」こと、つまり平和と人権の不可分性がまず説かれている。「人権の無視及び軽侮が、人類の良心を踏みにじった野蛮行為をもたらし」、平和を破ったのである。ここに、西欧が築き上げてきた人権の憲法による保障のみでは不十分であり、憲法保障に加えて人権の国際的保障が必要であるとの認識を明確に読み取ることができる。

とくに、伝統的に人権保障の確立していたヨーロッパの場合には、全体主義による自由権侵害のショックは大きく、西欧諸国は一九五〇年「人権および基本的自由保護のための条約」いわゆるヨーロッパ人権条約を採択したが、その実体規定は自由権のみであり、しかも、実にその三分の二が人身の自由など手続的保障に割かれている点に注目すべきである。ローマでの条約調印式の折、フランス外相シューマンは、「この条約はあらゆる独裁、あらゆる全体主義に対して、人権を擁護するための基礎を規定している」と述べ、後年、ある学者は、「もしヨーロッパ各国内において人権が保護されているならば、これら諸国における民主主義は確保され得るであろう。そして、もちろんそれは、ヨーロッパ統合への sine qua non（必須条件）である。さらに、また、ドイツがヨーロッパ共同体に入ることを認められるのは明白であったのであるから、その復帰を認めるための条件を規定する必要があった」と評し、また別の学者は、「ヨーロッパの場合、本質的に国家主権に依存しているまさにその問題が人権条約によって設けられた共通の国際的規制の下にあるのである」と明言した。ドイツ連邦共和国がヨーロッパ人権条約に入りその優等生であることは言うまでもない。

要するに、西欧の伝統的国民国家における自由権の保障の担保である憲法さらには国民によるチェックが機能し得ず、人権の国家単位の保障が破綻した経験を前に、自由権保障の国際的チェックとコントロールの制度が国際社会に登場したのである。これは平和のための国際連帯とでもいえるであろう。ここでは、しかし、「国民」国家そのものの在り様は問題とはされていない。

四　植民地の独立・低開発からの問題提起

第二次大戦は植民地の独立をもたらした。新国家の独立は、一九四〇年代に一五ヵ国、五〇年代に七ヵ国であるのに対して、六〇年代には一挙に四四ヵ国を数えた。七〇年代に入ると二四ヵ国となり、八〇年代には数ヵ国を教えるのみとなり、非植民地化はほぼ終了した。第二次大戦までの伝統的国際社会がキリスト教文明を中心にした欧米・ラテンアメリカ諸国約五〇ヵ国に、アジアの一〇数ヵ国、アフリカの四ヵ国など約七〇ヵ国からなっていたことを考えれば、現在の国際社会の変容には驚くべきものがある。

一九五五年歴史上はじめて新興独立国を中心にアジア・アフリカの二九ヵ国を集めたA・A会議がインドネシアのバンドンで開かれた。六一年には二五ヵ国の参加のもとに第一回非同盟諸国会議が開催され、平和、反帝、反植民地闘争を訴える宣言を採択した。この時代、若い指導者を中心に国造りに燃える人々にとって、「未来は明るい」ものであった。アメリカの同じく若い大統領ケネディの主唱により国際連合総会は六〇年代を「国連開発の一〇年」に指定した。

同じ年に、OECD（経済協力開発機構）の内部機関としてDAC（開発援助委員会）がいわば加盟国の経済援助のための調整機関としてもうけられ、また、六四年にはUNCTAD（国連貿易開発会議）が開かれ、途上国の経済開発を討議する場となった。この時期に提起された南北問題に対処するためのこの二つの組織により国際社会は、従来の植民地主義的経済開発アプローチとは異なる地球的視野に立つ国際的な開発協力の基本理念を確立しこれに基づく途上国経済の発展をはかり世界全体の経済状態を改善する体制を整えたといえる。しかし、現実には、途上国の経済開発に計画性と実行性をもたせる新しい試みとして注目された「国連開発の一〇年」も、途上国人口の増加や先進国の協力の消極性のため十分な成果をあげることはなく、むしろ、南北格差は拡大する傾向を示した。

国際連合は、七〇年秋、「第二次国連開発の一〇年」を採択し、開発目標と具体的措置を内容とする「国際開発戦略」を決議した。この国際開発戦略は六六年に経済社会理事会の設立した開発計画委員会が立案したもので、その内容は、一〇年間に途上国のGDPを年平均六%成長させるため、七五年までに先進国の経済協力の総額をGNPの一%以上、政府開発援助ODAの額をGNPの〇・七%以上に引き上げるというものであった。この目標はその後も実現されておらず、現在でも基本目標である。そして、南北の所得格差は拡がり続けている。

さて、七〇年代は、六〇年代の植民地解放闘争に対して、貧困に対する闘争の始まりと言えよう。

国際連合は、すでに国際開発戦略のなかで最貧困問題を取り上げ、七一年には、開発計画委員会がリストアップした"hard-core" LDDC（中核最貧国）二五ヵ国を総会決議で承認した。その基準は、⑴一人あたり国内総生産（GDP）年一〇〇ドル以下、⑵工業生産が国内生産の一〇％以下、⑶一五歳以上の識字率二〇％以下、であった。先進国と途上国との間に経済格差があるように、途上国間にも経済的、社会的格差があることは厳然たる事実であり、すでに第一回国連貿易開発会議総会のPrebisch事務局長報告のなかで最貧国に対する特別措置の必要を述べており、第一回総会におけるフランス・ベルギーなどの援助格差論を途上国側は途上国の分断をはかるものとして排斥していたものである。しかし、七一年の最貧国の決定以来とられた各種の特別措置も実質的な効果に乏しく格差は拡大する一方であり、八一年九月にはパリにおいて国連最貧国会議が開催されるに至った。パリ会議の時点では三一ヵ国の最貧国（人口二億九、一〇〇万人）が指定されていた。

貧しいという意味では、基準が異なるが、一九七四年の国連資源特別総会において第一次オイル危機により最も深刻な打撃を受けた国（Most Seriously Affected Countries, ＭＳＡＣ）四一ヵ国と、世界銀行の分類により七六年現在一人あたり所得二五〇ドル（パリ会議の八一年現在四〇〇ドル）以下の低所得国（Low Income Countries, ＬＩＣ）三四ヵ国があり、これらは重複する国が多い。なお、最貧国は八五年に一人あたりＧＤＰ年三五五ドル以下（上限四二七ドル）とされ、八五年には四〇ヵ国（人口三億一、〇〇〇万人）である。パリ会議の時点の公定為替レート換算で最貧国の一人あたりＧＤＰは二二〇ドルで、これはアジア社会主義国を除く全途上国の九七〇ドルの約四分の一、先進諸国の九、六八一ドルの約四〇分の一である。しかも成長率はゼロ・パーセントに近く、途上国、先進国との格差はひらくばかりである。

一般に、貧困は、絶対的貧困と相対的貧困とに分けて理解される。絶対的貧困とは、通常、貧困線(the poverty line)とよばれる人間の最低限の生活水準を推定し、その水準を下回る生活状態を指すのに対し、相対的貧困とは、社会構造の在り方、所得分配の不平等などが引き起こす不公正をいい、社会保障論では研究者の関心が歴史的に絶対的貧困から相対的貧困に移ってきている(植松忠博『地球共同体の経済政策』成文堂、東京、一九八五)。もっとも、国際社会では、途上国の貧困が注目されるようになるのは六〇年代後半から七〇年代の初めにかけてのことであり、途上国における絶対的貧困の推計もほとんどが七〇年代に行われている。一九七九年に世界銀行の研究者グループが発表した一九七五年時点の絶対的貧困層の推計は、一日一人あたり二、一五〇カロリーを必要最小限の栄養と考え、これを摂取するために必要な所得を貧困線と定義して、国際比較プロジェクト(ＩＣＰ)の購買力指数を利用した実質所得水準の比較にたって、約七億八、〇〇〇万人(中国を除く)としている。『世界開発報告一九八二』では、中国の一億五、〇〇〇万人を含めた「地球全体では一〇億人近い人々が絶対的貧困のもとで生活している」と指摘している。こうした絶対的貧困層に一九八〇年から二〇〇〇年までに食糧、飲料水、住居、保健、教育という基本的必要を供給するためには、低所得国に限っても、三〇〇―四〇〇ドルと概算される推計必要資金額を低所得国が単独でまかなうことはできず、低所得国の絶対的貧困層が最低限の生活を保障されるかどうかは国際社会全体がこれをどのように受けとめるかにかかっていると言えよう。

最貧国あるいは低所得国における社会権の保障は、現状では、破綻している、というより不可能である。パリ会議の行動計画でも最貧国の発展の第一義的責任が最貧国自身にあることは確認されているが、同時にODA供与国が自国のGNPの〇・一五％を最貧国に向けることと、最貧国向けODAの倍増という目標が設定された。つまり、社会権保障の前提としての国民経済の底上げのための国際協力を正面から打ち出したのである。

要するに、一国内における社会保障が国民連帯に支えられ義務化されているように、国際社会保障という法理念が確立されなければならない。これは、生存のための国際連帯とでもいえるであろう。したがって、先進国にも貧困層はあるのだけれども、自国の社会保障にのみかまけていないで、地球的視野の社会保障論、人権論を樹ち立てるべきである。すべての人は、いずれかの国民であるという前に、まず地球市民であることをおぼゆべきであり、その自覚の上に立たなければ、共滅へと進むことになるであろう。

五　「国民国家」形成の不可能性の露呈と新しい課題
――エスニシティの登場・普遍化――

伝統的国民国家である先進諸国における自由権保障の破綻からくる国際人権保障の登場、次いで新興国家である途上国における社会権保障の破綻からくる国際協力・援助の必要について、歴史的展開にしたがって検討してきた。そこでは、とりあえず nation state（国民国家）、national economy（国民経済）の問題には直接触れないできた。しかし、「一民族一国家」という意味で「民族自決」の理念を現実のものにした「民族」は意外に少なかったことに、六〇年代後半から八〇年代にかけて、人々は気が付いた。「植民地のくびきに喘ぐ人民」は、多くは植民地時代の行政区画を基に独立し、国民となったが、国民という自覚は育っておらず、しかも、新独立国の大多数は二つ以上の民族集団あるいは部族をかかえ、国内紛争に悩まされてきてくる。ナイジェリアの独立後七年、一九六七年五月に人種も宗教も言語も他とは異なるビアフラは自決権を主張し分離独立を宣言したが、独立は認められず内乱に終わった。最近独立のナミビアも複数の種族集団から成っている（拙稿「戦後の新国家誕生の形態と国家承認」『国家承認』所収参照）。

このように、現在の約二〇〇の国家は、ほぼ均質な民族構成をもつ西欧の国民国家――これが近代化論者や近代政治学者さらには独立運動指導者のモデルとした近代国民国家であるが——を除くと、多くは多民族国家である。そして、これらの国家が国内の「統合」過程を経て西欧近代国民国家になることは不可能であるし、また、アフリカにおける独裁政治の経験からすると、有害でさえある。なぜなら、自然発生的な血族集団ではなく個々人が帰属意識を持つ意識された求心力のある文化的種族《エスニック》集団（ethnic group）、いわゆる民族は、それ自体これからの歴史の中で消滅することはなく、むしろ、強固になる傾向すらみられる。ビアフラのように政治化して、「国家」を握った民族と他の民族との民族間抗争を引き起こさないためには、これら ethnic groups（種族《エスニック》集団、民族集団）の並立を認めなければならない。伝統的な概念でいえば、中央集権的国家から地方分権的国家への移行が必要である。より現代的に言えば、主権をもったいわば主権的地方自治つまり国家連合的国家の構想と実現が緊急の課題である。重点は「国家」から「コミュニティ」へと動いており、地域主義の復権・強化が伝統的国家のなかでもうたわれてきている。

このように、多元主義の確立へ向けて多元主義の承認の緊急性が今日みとめられる。こうした状況においては、国家からの自由（自由権）の新しい意味がまず探求されなければならない。まず、「国家」を握った民族と他の民族との関係で自由が語られなければならない。多数者への「同化」ではない、いわば「主権的」少数民族の自由の保障である。次に、いわば社会的権力としての民族団体と個人との関係で自由が語られるべきである。

ところで、多民族構成への配慮からODAの国家間供与の再検討も必要である。現在のように、先進国と途上国との国家間取決めにのみ基づいてODA（政府開発援助）供与がなされ続けると、どんなに両国間で政策討議（policy dialogue）が行われても、自由が制限的な非均質的な国家では、経験も示しているように、国家権力を握った集団に利益が還元されることが多く、ODAは住民の福祉に十分に役立たない。地球市民としては、内政問題だからといって、そのことを見逃すことはできない。先進国国民としては、ODAの義務化を法制化するとともにそうした基本法のなかに途上国の多民族構成への配慮の観点を必ず盛り込むべきである。

六　おわりに

はじめに指摘したように、この小論では、憲法による人権保障つまり各国家単位に人権保障を考える在り方に現在では問題がありはしないか、という問題関心から検討を進めてきた。しかし、ヨーロッパにおいて、人権保障が一定の社会インフラの整備の上に乗っかって確立したのであるとすれば、すでに指摘されているように、自由権・社会権保障の前提としての社会インフラの整備（これを基本的社会権と呼ぶこともできよう）がまず必要であるという分析視覚も有用である。途上国の社会インフラの整備が国際社会の責務となる。いずれにしろ、法理論の深化が望まれる。

その他の地球的・人類的課題についても発想の転換が求められている。とくに環境問題について一言すれば、フロン規制、CO_2問題など、いずれも一国単位では処理できないところにきており、憲法上の環境権論もさることながら、地球社会の環境権論がストックホルム会議のスローガン「かけがえのない地球」(Only one Earth)の実質化した今日ますます要望されているといえよう。

〔国際人権創刊号（一九九〇）〕

Ⅲ　国際連合と世界人権宣言

〈ひとこと〉

本章は「国際連合と世界人権宣言」と題されている。そして、ここには「国連における人権問題の取扱い—世界人権宣言二〇周年テヘラン人権会議—」と「世界人権宣言採択の経緯と意義—世界人権宣言五〇周年の評価—」の二点の論考しか配されていない。

国際連合の人権分野での役割を問うのであれば、その重要性から、九五年に北京で開かれた第四回世界女性会議や二〇〇一年に南アフリカのダーバンで開かれた国連反人種主義・人種差別撤廃世界会議に触れないで済ますことはできない。

本章では、しかし、世界人権宣言そのものの現代的意味を問おうとした。その点からは、世界人権宣言四五周年を機に九三年にウィーンで開かれた世界人権会議に触れなければならないが、正直に言って十分に読み切る余裕がなかった。ウィーン世界人権会議については、とりあえず国際人権法学会年報『国際人権』四号所収の多谷千香子・松井芳郎の解説・翻訳に譲るしかない。この会議での成果は、人権の普遍性が再確認されたことと、自由権と社会権の相互依存・不可分性が再強調されたことである。

テヘラン人権会議は冷戦の最中に開かれた。人権は東西間の政治的駆け引きに利用れた。そうしたことを示す文書としてテヘラン会議の文書は残っている。女性会議も冷戦中はその影響を免れなかった。冷戦後の北京会議は、初めて東西対立抜きに女性の人権が議せられた会議であった。冷戦が終わると、残ったのは、すでにテヘラン会議で指摘された植民地に絡む問題であった。テヘラン会議の前後二〇年間に八〇もの国が独立したが、これらの持ち越しがダーバン会議のテーマであった。ダーバン会議は植民地主義に非を唱え、奴隷貿易を反人道罪とし、その犠牲者である「アフリカ人とその子孫たち」の正当な扱いを訴えた。

世界人権宣言はすでに国際連合等の機関や委員会で規範としての役割を果たしているし、七〇年代後半に始まる人権外交の根拠としても意識され始めた。五〇周年に当たっての評価は、冷戦も終わり、非植民地化もほぼ終了しているので、原点に戻ってなされるべきである。

11　国連における人権問題の取扱い

――世界人権宣言二〇周年テヘラン会議――

一　はじめに

今年一九六八年は世界人権宣言採択二〇周年にあたり、国連は一九六八年を「国際人権年」と指定し、過去二〇年を振り返ることによって今後の二〇年を考えようとしている。ところで、人権の国際的保障の問題は第二次大戦後になって大きく取り上げられたものであって、現在では、人権の尊重ということが国際関係の一般的基礎をなすものと考えられている。そもそも人権は、過去にあっても現在にあっても、フランス革命などにみられるように、圧政・圧迫または現実の不都合によって、自覚されてきたという点で悲劇性をもっており、また、人権の国際的保護の必要性も、第二次大戦という大きな犠牲を払うことによって自覚され、平和と人権の結びつきの緊密さが悟られたのである。人権の尊重は平和の保障であるという考えは、こうした不幸な生立ちをもっており、それだけに人類の体験に基づく尊いものと言えよう。

　こうしたわけで、本来は国内問題であるはずの人権問題が国際的な関心事となり、第二次大戦の戦争目的の一つに掲げられざるを得なかったのである。この平和への関心から、「連合国の人民は、……基本的人権と人間の尊厳および価値と男女および大小各国の同権とに関する信念をあらためて確認し」（憲章前文）、「経済的、社会的、文化的または人道的性質を有する国際問題を解決することについて、ならびに人種・性・言語または宗教による差別なくすべての者のために人権および基本的自由を尊重するように助長奨励することについて、国際協力を達成すること」（一条三項）を国連の目的の一つとしたのである。このように人権の国際的保護の問題はつねに平和と密接不可分の関係にあるものと考えられ、国連においてもそういうものとして扱われてきた。現在アパルトヘイト政策をめぐってみられるように、国内における人権問題をめぐる軋轢は国際的反響を引き起こす。つまり、人権の尊重は国際関係の一般的基礎となっているのである。したがって、国連が人権問題を扱う場合には二つの方向があった。すなわち、一つは現実に起こる人権問題にたいしていかなる態度をとり、どのように処理するかであり、他の一つは、人権の国際的保護の法的形式を整備することである。

　国連が人権問題を扱う場合に基礎となる憲章の人権に関する規定（一条・一三条・五五条・五六条・六二条・六八条・七六条）は、一九四一年八月の大西洋憲章、一九四二年一月の連合国宣言などの流れの中で、ダンバートン・オークス提案に基づくのであるが、このダ・オ提案は人権の伸張に関してはほんのわずか言及するのみであって、現在の規定はサンフランシスコ会議の産物である。

憲章は、ダ・オ提案に比して多くを規定するとはいえ、基本的人権の尊重を一般的に規定するのみで、保護する人権の具体的内容については明らかにしていない。もっとも、サンフランシスコ会議においては、具体的内容をもつ規定を憲章の中に盛り込むべきであるという主張がなされ、たとえばチリーは、憲章の一条に各国家が個人的な自由の完全な保護、労働の権利、宗教・職業の自由などを保証する規定を挿入することを主張したし、パナマは憲章と不可分の一体をなすものとしての「本質的人権の宣言」（Declaration of Essential Human Rights）を示唆し、宗教・意見・言論・集会・結社の自由、プライバシーの権利などのいわゆる自由権的基本権と、教育を受ける権利、労働・合理的な労働条件・社会保障にたいする権利などのいわゆる生存権的基本権とを含む宣言草案を提出した（J. F. Green, *The UN and Human Rights*, pp. 16-17）。しかし、これらの問題を十分に審議する時間的余裕がなく、これらは後に取り上げられることとなり、主として人権委員会がその任にあたった。いわゆる国際人権章典[1]（後述。世界人権宣言および両国際人権規約・付属選択議定書からなる）の意義はここにある。そういうわけで人権保護の法的形式の整備は、国際人権章典の準備を中心に行われ、その過程で種々の宣言・条約が生まれたのである。

次に、現実に生起する人権問題を扱うときに問題とされる規定に、やはりサンフランシスコ会議で挿入された憲章五六条があり、二条七項がある。五六条については、これによって加盟国は人権尊重の法的義務を負ったと解するローターパクトなどや、「国連ならびにその機関の一般的な活動目標として人権尊重のための一般的国際協力を謳ったにすぎないとみるべき」とされる田畑教授、「法的には、無意味であり余計なものである」とするケルゼンなどの意見があり、二条七項との関連で複雑な問題を提供している。

さて、国連における人権問題を扱うとき、以上のような問題があるのであるが、二条七項の国内管轄事項と人権問題については別稿が予定されているので本稿ではふれない。本稿では、まず、去る四月から五月にかけて開かれた国際人権会議の議題と決議を通して現在における問題を考え、次に、これまで人権問題がどのような機関で扱われてきたか、またどのような宣言・条約——これは人権保護の法的形式の整備を意味する——があるかを眺め、最後に、以上でふれ得なかった若干の問題点について検討する。

（1）　人権委員会における審議経過の概要および条約文について、芹田「国際人権規約」神戸商船大学紀要・文科論集一六号。また規約の定める権利、第三委員会の議論の概略について、宮崎繁樹「国際人権規約の成立」法律時報三九巻六号参照。また研究に、小寺初世子「国際人権章典の研究」広島女子大学紀要第一部三号（一九六八）二九—五七頁がある。

二　現在における人権をめぐる問題——一九六八年国際人権会議の議題と決議

国連において現在どのような問題が人権をめぐって注目を集めているのか。それをもっとも集約して示してくれるのは、国際人権年の行事の一環として去る四月二二日から五月一三日までイランのテヘランで開催された国際人権会議における討論であろう。

(1)　国際人権年の指定と国際人権会議の開催

第一八総会は、世界人権宣言採択後二〇年のあいだに人権の分野で多大の進歩がなされたが、他方ではその実現が不満足な地域があることを認めた。と同時に二〇周年にあたる一九六八年を人権の分野における国際的国内的努力を強め、過去に達成されたことを再検討するための年とすることが国連加盟各国などを勇気づけることなどを確信して（総会決議一九六一〔XVIII〕前文）、一九六三年一二月一二日「一九六八年を国際人権年として指定」（同決議、本文一項）した。そして第二〇総会は「国際人権会議を一九六八年に招集することを決定」した。その目的は「世界人権宣言に含まれる諸原則をさらに促進し、政治的・市民的・経済的・社会的・文化的権利を発展させ、保証し、また人種・皮膚の色・性・言語または宗教を理由とするすべての差別と人権および基本的自由の拒絶とを終わらせ、とくにアパルトヘイトの除去を可能にするために」、(a)過去二〇年の進歩を再検討し、(b)人権の分野において国連が用いた方法の実効性を評価し、(c)今後の計画を作成準備することであった（総会決議二〇八一〔XX〕、本文一三項）。この会議の準備には、総会が人権委員会と協議して設けた一七ヵ国からなる国際人権会議準備委員会（同決議本文、一四・一五項）があたった。この委員会は第二一総会決議二二一七D〔XXI〕によって、アフリカ、アジア、ラテン・アメリカの各二ヵ国が追加され、計二三ヵ国となった。

国際人権会議は八五ヵ国（バチカンを含む）、三つの国連機関（植民地独立付与宣言履行特別委員会、国連難民高等弁務官、ユニセフ）、四つの専門機関（ＩＬＯ、ＦＡＯ、ユネスコ、ＷＨＯ）、それに四つの地域機構（欧州理事会、アラブ連盟、アフリカ統一機構、米州機構）などからの五〇〇人近い代表が集まった（Press Release CHR/59, pp. 15-16 and A/CONF. 32/PC/L. 22/Add. 1, para. 65）。

(2)　国際人権会議の議題

国際人権会議準備委員会が作成した暫定議題のうち実体的なものは、前述の決議二〇八一〔XX〕の本文一三項によって三つに大別されていた。(1)「一九四八年の世界人権宣言の採択および布告ののち、人権の分野において――とくに国連と専門機関がとったプログラムにおいて――国際的・地域的・国内的レベルで達成された進歩の再検討と、遭遇したおもな障害の確認」、(2)「国際的・地域的レベルで人権の分野において採用された方法とテクニックの実効性の評価」、これはさらに、(a)国際文書――条約・宣言・勧告、(b)実施の機構と手続、(c)教育的措置、(d)組織的・制度的整備、とある。(3)「とくに人種・皮膚の色・性・言語または宗教の区別なく、すべての人の人権および基本的自由の普遍的尊重と遵守を促進するために国際人権年の祝賀行事ののちにとられるべき人権プログラムの作成と準備」、これもさらに、(a)一般的にはすべてのかたちの人種差別、とくにアパルトヘイト政策の急速かつ全面的な撤廃を達成する措置、(b)すべての人権の実効的な保証と遵守のため、民族自決権の普遍的な実現と植民地諸国諸人民に対する独立の早急な付与との重要性、(c)アパルトヘイトおよび植民地主義という奴隷制類似の慣行を含めて、すべてのかたちの奴隷制、奴隷貿易の問題、(d)女性の向上のための統一的長期的な国連のプログラムを含めた、現代世界における女性の権利を伸張する措置、(e)個人の人権および自由の擁護を強化する措置、(f)人権の分野における国際文書の実効的実施のための国際機構、(g)政治的・市民的・経済的・社会的・文化的権利の完全な享有を促進するにあたって国連の活動を強化するその他の措置（方法およびテクニックの改善ならびに必要な制度的組織的整備を含む）と分けられる（A/CONF. 32/1/Add. 1, pp. 4-12)。

しかし、準備委が作成したこれら三つの議題に加えて、会議はヨルダン・シリア・アラブ連合の提案に基づいて、「占領地域における人権の尊重と実施」を議題に加えた。表決はロール・コール（点呼）によってなされ、46：0：32であった。イギリス・フランス・西ドイツ・ソ連は賛成であったが、日本はアメリカとともに棄権し、イスラエル代表は表決に参加しない旨述べた（UN Monthly Chronicle, Vol. V, No. 5, p. 59）。

(3)　国際人権会議の決議

以上の議題の(1)と(2)と「占領地域における人権」については直接に全体会議が扱い、(3)のうち(a)—(c)を第一委員会が、(d)—(g)を第二委員会が扱った。決議の概略は次のとおりである。

差　別　「ナチズム、ネオ・ナチズム、人種主義、ならびにテロリズム・人種的不寛容に基づくその他のすべてのイデオロギーおよび慣行は、基本的人権および自由ならびに国連憲章の諸原則をひどく侵害するものであり、これらの展開は諸国民《ピープルズ》の平和と安全を危険にさらす虞れがある」として断罪し、かかる考えをもつ団体を「違法と宣言し禁止すること」、また「かかる組織・活動へ参加することは法によって処罰される犯罪行為であると宣言すること」をすべての国々に強く求めた（決議II、53：0：1）。また決議Vは、雇傭における無差別原則の遵守を全会一致で諸国に要請し、決議VIも「人種差別および人種的不寛容に基づくすべてのイデオロギーを国連憲章の目的および原則ならびに世界人権宣言で布告された人権および基本的自由の重大な侵害として」非難し、不平等・人種差別を行っている諸国に差別撤廃のための諸条約を守るよう訴えた。決議VIIは人種差別に関する国連の新しい計画を提案したもので、とくに人種差別の原因およびそれを除去する手段、さらには人種間の理解と調和を促進するための手段についての研究調査結果を利用させることによって、諸国政府・民間団体が人種差別の撤廃と人種の調和・平等の促進の努力を行いやすくする目的をもつ建設的な計画を考えることを国連に勧告し、諸国が「すべてのかたちの人種差別撤廃に関する条約」を批准することを強く求めた（40：23：9）。

南アフリカ　南ア政府のアパルトヘイト政策について、決議Ⅲはそれが「継続的な人道にたいする侮蔑」であり、「関係国際文書の諸規定によって処罰される人道に反する罪」であり、また「国際の平和と安全にたいする脅威」であるとした。そして会議は「平等・自由・独立にたいする譲ることのできない権利を達成するための南アにおける人民の闘争および祖国解放運動の正当性の強い承認と力強い支持」を表明し、すべての国と団体に、南アにおける非白人にたいする適切な道徳的・政治的・物質的な援助を与えるよう訴え、安全保障理事会にたいして、「強力な経済制裁」を含む憲章七章の行動をとるよう勧告し、また南アとの主要な貿易国が経済制裁に関する諸決議を守っていないことを非難した。南ローデシアに関しても、白人政権に支持を与えている南アおよびポルトガルを非難し、イギリスにたいして武力の行使を含むすべての必要な措置をとるよう要請した（56：0：22。棄権には、日本のほか、イギリス・アメリカ・フランス・西ドイツが含まれる）。決議Ⅳでは、人種優越主義的体制に反対して捕えられた者にたいする処遇が世界人権宣言の「ひどい侵害」であり、両国際人権規約の基準の「軽蔑的な無視」であると述べ、「南ア、南西アフリカ、南ローデシアおよびその他の南アフリカの地方における人種主義的少数者体制」の行為を非難し、「その残酷な、抑圧的、非人道的慣行を終わらせ、捕虜にたいして適用される一般に受け入れられた基準に従ってかかる個人を処遇すること」を要請した（56：0：13。日本のほかアメリカ・イギリス・フランスなど棄権）。

植民地解放　決議Ⅷは各項目ごとに分離投票に付されたが、全体は54：0：25（イギリス・アメリカ・フランス・西ドイツなど棄権）で採択され、すべての植民地体制を非難し、とくにポルトガルが総会の植民地独立付与宣言の履行を継続して拒否していることを非難した。

会議は「自由と独立を求めて闘争中の解放運動および人民の固い決心」を支持し（53：5：21）、独立のために闘争している人民にたいする援助を訴え（59：0：17）、「自由の戦士《フリーダム・ファイターズ》は捕えられたときは一九四九年のジュネーブ赤十字条約のもとに捕虜として待遇される権利を有すること」を承認した（61：0：16）。また植民地独立付与のための特別計画をつくるよう総会に求め（68：2：7）、安全保障理事会には、独立および自決の付与を早めるよう要請した（65：0：10）。さらに、「ローデシアの反乱少数者体制への公然の援助と協力のかどで」南アとポルトガルを非難し（60：0：13）、南西アフリカを国際的地域だとする総会決議に従わない南アを責め、安全保障理事会に南西アフリカに関する決定の履行を求め（61：0：10）、そして諸国政府、とくにNATO諸国がポルトガルにたいして武器弾薬を継続して供給していることを非難し、以後供給をやめるよう求め（46：6：27）、アフリカ諸国にたいしては「NATO諸国がポルトガルまたはローデシアの反乱体制を援助しそそのかして、不当かつ非人道的な政策をとらせつづけるかぎり、NATO諸国の軍事基地を各国の領土内に設け維持することをもはや許さない」ように強く求めた（39：3：35）。またイギリスに対しては「武力の行使を含むすべての必要な措置をただちにとり、ローデシアの違法な少数者の人種主義体制を終わらせ、多数決原則に基づいてローデシア人民に独立を与えるよう」求め（46：13：18）、最後に会議は、「人種主義的植民地的体制によって近隣の独立国家の主権と領土保全の侵害」が行われていることを非難し、これら諸国を保護するために適切な措置を国連がとるように要請した（76：0：4）。

その他　以上は第一委員会関係の決議の概略であるが、第二委員会関係のものに、女性の権利、人権侵害に関する手続、科学技術の発展、非識字の一掃、難民、被抑留者、児童の権利、軍縮、経済発展、家族計画、法的援助、青年の教育、経済・社会・文化的権利、国際文書、武力衝突、世界人権宣言の周知などに関する決議がある。

また会議が新しく採択した議題「占領地域における人権の尊重と実施」については、決議Ⅰが扱い、この中で会議は「一九六七年六月の敵対行動の結果として占領されたアラブ地域における人権侵害に重大な関心」を表明し、「占領地域における基本的自由および人権の無視から生じる重大な結果」にたいしてイスラエルの注意を呼びおこし、「イスラエルが占領したアラブの一般住民の居住地域の家屋を破壊する行為を以後やめること、ならびに世界人権宣言および一九四九年八月一二日のジュネーブ条約（注：戦時における文民の保護に関する条約）を占領地域において尊重し実施すること」をイスラエルに要請した（38：8：25。日本は賛成。反対：ベルギー・コスタリカ・イスラエル・アメリカ・ウルグァイ。棄権：フランス・イギリスなど）。また総会にたいして特別の調査委員会の任命を要求した。(1)

（1）　cf. UN Monthly Chronicle, Vol. V, No. 6, pp. 92-100, 手元に生の資料がなく、決議の紹介は主としてこれに拠った。

三　テヘラン会議と国連の機関・文書

(1)　人権問題を扱う機関

国連においては人権問題は実にいろいろな機関において取り扱われており、複雑多岐にわたっている。以下にテヘラン会議当時の概要を述べる。

総　会　総会は憲章一〇条によって「この憲章の範囲内にある問題もしくは事項またはこの憲章に規定する機関の権限および任務に関する問題もしくは事項」を討議し、勧告をすることができる。そして、総会の任務の一つは「経済的・社会的・文化的・教育的および保健的分野において国際協力を促進することならびに人種・性・言語または宗教による差別なくすべての者のために人権および基本的自由を実現するように援助する」（一三条一項(b)）ために、「研究を発議し、および勧告をする」ことである。また総会は他の国連の機関から報告をうけ、これを審議する（一五条）。その報告の中には当然人権にかかわるものが含まれる。総会の議題には手続規則一三によって、事務総長の年次報告などのほかに経済社会理事会からの報告も含まれており、総会の議事日程の中で人権に関する議題の大部分は、同報告書中の関係部分とか、総会の決定によって引き続いているものである。その他特別な項目が経済社会理事会・信託統治理事会、または加盟国、あるいは事務総長によって提案されてきた。

これらの議題は主として総会の第三（社会・人道・文化）委員会によって扱われるが、政治的な性格のものは、第一（政治・安全保障）委員会または特別政治委員会で扱われる（たとえば、アド・ホック政治委員会で扱われたものに、第五総会が審議した「ブルガリア、ハンガリー、ルーマニアにおける人権および基本的自由の遵守」[1]という議題25があり、さらに、特別政治委員会は、南アのアパルトヘイト政策の問題を数会期にわたって扱ってきた[2]）。もちろん委員会に付さないで総会の全体会議が扱う場合もある（たとえば、第一四通常会期の議題73のチベット問題がそうであり、第一八会期の議題77「南ベトナムにおける人権侵害」がそうである）。そして経済的な性格のものは、第二（経済・財政）委員会、非自治地域・信託統治地域に関するものは、第四委員会、予算措置が必要なものは第五委員会が扱う。また第六（法律）委員会が扱う場合もあり、たとえば従来第三委員会が扱っていた「庇護権に関する宣言案」は、第二〇・第二一・第二二会期は法律委員会が扱った。また最近は行われないが、初期には総会がたとえば「南アにおけるインド人の待遇」に関する議題を第一・第六の合同委員会に付したようなことがあった（A/CONF. 32/6, pp. 16-17）。

こうした委員会による討議、決議案は総会の全体会議に報告され、審議され、総会は決議を採択するのである。総会はこの他に必要とみなす暫定的なアド・ホックな性格の補助機関を設ける。たとえば、南アにおけるインド人の待遇に関連して「国連周旋委員会」(3)（U. N. Good Offices Commission）（総会決議六一五〔VII〕）、「南ア共和国政府のアパルトヘイト政策に関する特別委員会」（総会決議一七六一〔XVII〕）などがそうである。

経済社会理事会　経済社会理事会の任務および権限は、憲章の六二条―六六条において定めているとおりであるが、とくに六二条は「すべての者のための人権および基本的自由の尊重および遵守を助長するために、勧告をすること」（二項）「その権限に属する事項について、総会に提出するための条約案を作成すること」（三項）「国連の定める規則に従って、その権限に属する事項について国際会議を招集すること」（四項）ができるとしている。理事会は普通年二回の通常会期をもち、人権委員会および婦人の地位委員会の報告を含む人権問題は一九六六年までは、七―八月のジュネーブで開かれる夏会期で扱っていたが、一九六六年八月五日の決議一一五六〔XII〕によって、これらの問題の審議は第二・四半期に開催される第一会期で扱うことになった。理事会の会期委員会は現在、⑴経済委員会、⑵社会委員会（Social Committee）、⑶計画調整委員会（前の特別調整委員会）の三つがあり、人権に関する議題は審議のため、通常は社会委員会に付される。その他アド・ホック委員会（たとえば、決議五六四〔XIX〕によって設けられたアド・ホック委員会は、奴隷条約の補充条約案を準備した）や専門家委員会などを設けて審議を行う（A/CONF. 32/6, paras. 55, 67-70）。

経済社会理事会の機能委員会　一九四六年に理事会によって設けられた六つの機能委員会のうち人権問題を扱うのは人権委員会と婦人の地位委員会である（〔補遺〕参照）。

人権委員会　人権委員会は憲章の六八条によって「人権の伸張に関する委員会」として設置が予定されていたもので、理事会決議五〔I〕によって設けられた理事会の補助機関である。理事会決議九〔II〕によって修正されたその任務は、「⑴国際人権章典、⑵市民的自由、婦人の地位、報道の自由ならびに類似の事項に関する国際的宣言または条約、⑶少数者の保護、⑷人種・性・言語または宗教を理由とする差別防止、⑸以上の項目に含まれていない人権に関する事項、について理事会に提案・勧告および報告を提出する」ことである。

人権委員会は、はじめ個人の資格で理事会によって任命された九名から成り、この人権中核委員会の報告に基づいて、一九四六年六月二一日の決議九〔II〕・一二〔II〕によって一八ヵ国代表による構成をとったが、国連加盟国の増加により、地理的配分の重要性を考慮して、一九六一年八月三日の決議八四五〔XXXII〕によって二一ヵ国代表に、さらに一九六六年八月四日の決議一一四七〔XLI〕によって三二ヵ国代表による構成へと拡大した（一九六七年一月一日より実施）。地理的配分は、アフリカから八ヵ国、アジアから六ヵ国、西欧その他から八ヵ国、東欧社会主義国から四ヵ国である。任期は三年。日本は委員国ではない。

人権委員会が力を注いできた仕事は、「国際人権章典」の準備であって、これは世界人権宣言、人権規約、実施措置の三部からなることが予定されていたが、一九六六年末国際人権規約が成立したのでその仕事は完了した。現在はアパルトヘイトの問題などに力を注いでいる。

人権委員会は補助機関を設けることができ、「報道・出版の自由に関する小委員会」（一九五二年に解散）、「差別撤廃・少数者保護に関する小委員会」を設けた。また特定目的のためにアド・ホックまたは特別の委員会を設ける。たとえば、定期的報告に関する委員会はそうである。差別防止・少数者保護小委員会は現在一八名の委員よりなり、その任務は「㈠いかなる種類のものであれ、人権および基本的自由に関する差別の防止ならびに人種的・民族的・宗教的および言語上の少数者の保護についての研究——とくに世界人権宣言に照らして——をなし、それについて人権委員会に勧告をすること、㈡経済社会理事会または人権委員会が任せるその他の任務を果たすこと」である（A/CONF. 32/6, paras. 109, 115）。たとえばアパルトヘイトについては特別報告者サンタ・クルースの特別研究がある。[4]

婦人の地位委員会　この委員会は、はじめ人権中核委員会の小委員会として設けられたが、理事会決議一一〔II〕によって独立した委員会としての地位を与えられた。同決議によれば、その任務は「政治・経済・市民・社会および教育の分野における婦人の権利の伸張について経済社会理事会にたいする勧告と報告を準備すること」であり、「男女が平等の権利を有するという原則を実施する目的をもって、婦人の権利の分野でただちに措置を必要とする緊急の問題に関して理事会に勧告をし、またかかる勧告に実効性を与えるための提案をする」ことである。この委員も当初の一五ヵ国が、一九五一年には一八ヵ国となり、一九六一年に二一ヵ国となり、一九六七年からは人権委員会と同様の地理的配分によって三二ヵ国による構成となった。日本は委員国である。毎年会合し、その期間は通常三週間である。

この委員会は婦人の政治的権利に関する条約や児童の権利宣言や婦人にたいする差別撤廃に関する宣言、また既婚婦人の国籍に関する条約の草案の作成などに力を注ぎ、また教育における機会均等や、私法上の婦人の地位の向上を図っている。

事務局・難民高等弁務官事務所　事務局の中のいろいろな関係局課で人権問題を扱っているが、この分野における事務総長の任務を補佐しているのは「人権部」(Division of Human Rights) であり、現在どの局 (Department) にも属さず、総会担当事務次長に報告を出している。人権部は部長・次長の下に五つの課 (Section) に分かれ、第一課 (研究・条約) は人権委員会を助けて、条約その他の文書の準備をする。第二課 (報告・出版) は、各政府からの人権に関する定期的報告を扱い、『人権年鑑』を出版、また国際人権会議の準備の任にあたった。第三課 (助言的サービス) は、人権に関するセミナー(地域的なセミナーは、一九六七年末までに一七回開催され、東京でも一九六二年に家族法における婦人の地位に関するセミナーが開催された) を組織したり、訓練課程を設けたりする。第四課 (差別防止・

少数者保護）は差別防止・少数者保護小委員会の事務局を提供し、差別・不寛容に関する研究、草案を準備し、奴隷制に関する国連機関の活動を助ける。第五課（婦人の地位）は婦人の地位委員会のため事務局と文書とを提供したりする（A/CONF. 32/6, paras. 162-170, 572)。

難民高等弁務官事務所は、その設立が一九四九年一二月三日の総会決議三一九〔IV〕によって決定され、翌年の一二月一四日の決議四二八〔V〕によって事務所の活動を規律する規程が承認され、一九五一年一月一日に事務所は設けられた。以後総会決議によって仕事が継続され、現在は一九六二年一二月七日の総会決議一七八三〔XVII〕によって一九六三年一月一日からさらに五年間仕事を継続することになっている。高等弁務官の任務は、事務所規程第六、A号(i)(ii)に該当する難民（難民の地位に関する条約一条A項(1)(2)の難民に同じ）に国際的保護を与えることであり、難民の自発的帰国または同化を諸国政府・民間団体が促進するのを援助することによって、難民問題の解決を図ることである。(5)

その他　その他、安全保障理事会、信託統治理事会も人権問題を扱う。

安全保障理事会は、たとえばアパルトヘイト政策は国連憲章の下における南アの義務に反すると非難し〔Security resolutions 134 (1960), 181 (1963), 182 (1963), and 191 (1964)〕、決議一八二（一九六三）ではアパルトヘイト政策に反対して捕えられている者の釈放を要求し、決議一九一（一九六四）では南アの全人民が自国の将来の決定に参加できなければならないとしている。また国連のその他の機関と同様に（たとえば一九六八年二月一六日の人権委員会決議 CHR Resolution 3 A〔XXIV〕など)、南アにおけることが国際の平和と安全を極度に妨げているとしていることはいうまでもない[6]。

信託統治理事会の任務は憲章八七、八八条に定めているが、ここでは信託統治地域住民からの請願を受理し、審査する点を指摘するにとどめよう。

さて以上のように人権問題を扱う機関は実に複雑であるので、テヘラン国際人権会議では、国連の人権保護の機構の実効性を高めるため種々の議論が出た。会議の議長を勤めたアシュラフ・パーレビ王女によれば、現在の組織を簡素化することを主張する代表もあれば、現在の機構の単なる改革では不十分であって、たとえば国連人権高等弁務官というものを提案する者などがあった[7]。またナイジェリアのエライアス（T. O. Elias）は、ヨーロッパ人権条約におけるように国連においても国際人権裁判所とまったく改組された人権委員会とを提案し、総会には欧州理事会（Council of Europe）の協議総会に似た役割[8]を期待し、ほかに現在の国連の四つの地域経済委員会に似せて地域的な人権委員会・裁判所を提案し、そこから、たとえば現在第七章と言えば、平和にたいする脅威・平和の破壊・侵略行為に関する行動を意味するように、第ＨＲ章（人権）として人権の保護の問題の全体を別の一章で扱うように、憲章の改正をも提案する（A/CONF. 32/L. 3, paras. 28-31）。いずれにしろ、現在の実施機構のいわばオーバーホールが緊急を要するということが会議では感じられていた。

(2)　採択された人権関係の宣言と条約

国連における人権保護の法的形式整備の仕事は、いわゆる国際人権章典を中心に進められ、国際条約の準備・宣言の採択というかたちをとった。たとえば「国際人権章典」の場合は、一九四八年の世界人権宣言と一九六六年の国際人権規約のように宣言・条約ともに採択され、一九六三年のすべてのかたちの人種差別撤廃に関する宣言には、つづいて同名の国際条約が採択され、署名・批准のために開放されている。しかし宣言と条約がこのようにいつも一体をなしているとは限らない。

興味深いのは、一九六二年に採択され、署名・批准のために開放された「婚姻の同意、婚姻最低年齢および婚姻届に関する条約」には、一九六五年に同名の勧告が採択され、この場合の「勧告」という用語は同文書の正式の呼称の一部であり、何かＩＬＯ総会の勧告に比しうるようなものがあることである（A/CONF. 32/6, para. 363, cf. ILO Charter, Art. 19 (6)）。しかし勧告一般がそのように加盟国になんらかの法的義務を課すものであるとは考えられない(9)。

宣言についてもその法的拘束力について意義が問われねばならないし、条約についても批准・加入していないから法的拘束力がないと単純に言い切れるものかどうか問題があろう。それらにふれる前に、いかなる宣言・条約があるか一瞥しておこう。

宣　言　テヘラン会議開催の前年一九六七年末現在では、人権に関係する宣言として次のものが国連総会によって採択されている。

(1) 世界人権宣言（A/RES/217 A〔III〕, 1948. 12. 10）
(2) 児童の権利宣言（A/RES/1386〔XIV〕, 1959. 11. 20）
(3) 植民地諸国諸人民にたいする独立付与に関する宣言（A/RES/1514〔XV〕, 1960. 12. 14）
(4) 天然の富と資源にたいする永久的主権に関する宣言（A/RES/1803〔XVII〕, 1962. 12. 14）
(5) あらゆる形態の人種差別の撤廃に関する国連宣言（A/RES/1904〔XVIII〕, 1963. 11. 20）
(6) 民族《ピープルズ》間の平和、相互尊重ならびに理解という理想を青年に喚起することに関する宣言（Declaration on the Promotion Among Youth of the Ideals of Peace, Mutual Respect and Understanding between Peoples）（A/RES/2037〔XX〕, 1965. 12. 7）
(7) 女子に対する差別の撤廃に関する宣言（A/RES/2263〔XXII〕, 1967. 11. 7）
(8) 領域内庇護《テリトリアル・アサイラム》に関する宣言（A/RES/2312〔XXII〕, 1967. 12. 14）

このほかに、現在総会において審議中のものに、報道の自由に関する宣言案、すべてのかたちの宗教的不寛容除去に関する宣言案がある。[(10)]

条約　世界人権宣言採択後の二〇年間に、国連は人権の分野において多様な内容をもつ一六の多辺条約を採択した。これらの条約がカバーするものは、ジェノサイド（集団殺害）、奴隷制、難民、無国籍、女子の売買、婦人の政治的権利から、人種差別撤廃、政治的・経済的権利にまで広がりをもっている。これらのうちのあるものは、たとえば奴隷制と女子の売買に関する条約は、昔から国際的関心事であったし、実際に国連の創設のずっと以前から条約による規制の主題であった問題を扱っており、あるものは、政治的・経済的権利に関する国際規約のように、伝統的に国際法というよりむしろ国内法によって規制されてきた問題を取り扱っている。[11] 国連総会、もしくは国連の招集した全権会議が採択し、署名・批准・加入・受諾のために開放したこれら諸条約を列挙すれば次のようになる。〔付表参照〕

I　集団殺害罪の防止および処罰に関する条約

II　人身売買および他人の売春の搾取の防止に関する条約

III　難民の地位に関する条約（一九五〇年一二月一四日の総会決議四二九〔V〕によって招集された難民および無国籍者の地位に関する全権会議によって採択）

IV　国際訂正権（Int'l Right of Correction）に関する条約

V　婦人の政治的権利に関する条約

VI　一九二六年九月二五日ジュネーブにおいて署名された奴隷条約改正議定書（付表のVIの発効日は、同議定書による「改正」のそれであり、同議定書自体の発効日は一九五三年一二月七日である。また当事国数は、同議定書によって改正された奴隷条約の当事国数である）

VII　無国籍者の地位に関する条約（一九五四年四月二六日の経済社会理事会決議五二六A〔XVIII〕によって招集された全権会議によって採択）

Ⅷ　奴隷制、奴隷貿易および奴隷制類似の制度・慣行の廃止に関する補充条約（一九五六年四月三〇日の経済社会理事会決議六〇八〔XXI〕によって招集された全権会議において採択さる）

Ⅸ　既婚婦人の国籍に関する条約

Ⅹ　無国籍の減少に関する条約（一九五四年一二月四日の総会決議八九六〔Ⅸ〕に従って一九五九年に会合し、一九六一年に再招集された全権会議において採択さる）

XI　婚姻の同意、婚姻最低年齢および婚姻届に関する条約

XII　あらゆる形態の人種差別の撤廃に関する国際条約

XIII　経済的・社会的および文化的権利に関する国際規約

XIV　市民的および政治的権利に関する国際規約

XV　同右についての選択議定書

XVI　難民の地位に関する議定書(12)

以上のような広範囲な条約・宣言があるわけであるが、しかし、事務総長の言葉を借りれば、単に種々の条約を採択したということだけでは十分ではない。国連の条約の終局的な目的は、国連内で合意された諸原則を各加盟国の国内法の下で法的拘束力あるものとすることであって、この目的は、各国が自国の憲法上の手続に従ってこれらの国際文書を批准することによってのみ完全に達成される。繰り返し言うなら、慎重審議されたこれらの文書に十分な実効性を与え、またとくに現在の国連諸機

関に新たな責任を課し、またはこれが新設する種々の制度に生命を与えるためには、どうしても各国が批准手続を完了させることが肝要なのである。またそういった諸権利にたいしては自国内ですでに保障しており、国際文書に加入する必要はないと考える国々は、国連の長期的努力に積極的に参加することが国際連帯にたいする貢献であり、平和的・経済的・社会的協力および諸国の行動の調和という憲章の目的達成への努力に重要な役割を果たすことになるという認識をもつべきであろう[13]。とくにこのことは日本の場合、憲法の精神にも合致する。

とはいえ、批准・加入していない国にたいしてはこれらの条約はまったく意味をもたないのであろうか。少なくとも、条約Ⅳのように賛否相半ばするような場合を除き、反対がなく圧倒的多数もしくは全会一致で採択された条約の場合には、その実体的権利規定は、宣言以上の法的義務性を帯びてくると言えるのではないだろうか。というのは、全加盟国が起草過程に加わっており、しかも全会一致もしくは圧倒的多数で採択されている（付表参照）点で、従来の多辺条約とその起草に参加していない非当事国との関係とは異なった関係があると思われるからである。

ところで総会の宣言にはどのような意味があるのか。アサモアーの著書[14]の序文のW・フリードマンの言によれば、宣言のあるものは憲章その他の文書の解釈であり、ある場合は国家慣行または発展しつつある慣習国際法の証拠であり、あるときは新しい原則を形成しており、総会の宣言的決議は、ある程度、法的な真空状態と条約または慣習による法原則の完全な受諾とのあいだのギャップに橋渡しできるものである。アサモアーは宣言⑷を現行国際法の諸原則を述べる宣言的なものに分類し、宣言⑴と⑵と⑶と⑸を特別な憲章の計画を促進するものとし、そして宣言が国際法の発展に大きく寄与しているという。

義務性についてはどうか。一九六二年に国連事務局の法務局（Office of Legal Affairs）が準備し、人権委員会に提出した覚書は「勧告」と「宣言」の用語の相違について次のように言う。「国連の慣行では『宣言』は正式の厳粛な文書（a formal and solemn instrument）であり、たとえば世界人権宣言のように、永続性のある非常に重要な諸原則が列挙されている稀な場合に適している」。また「宣言」と名づけるだけでは条約がその当事国を拘束するのと同じ意味で国連加盟国を拘束するとは言えないが、「しかし『宣言』のより大きな厳粛さと意義を考えれば、国際社会の構成員がそれを固く守るだろうという強い期待を、それを採択した機関にかわって伝えるものと考えられる。したがって、その期待が国家慣行によって徐々に正当化される限りにおいて、宣言は国家を拘束する規則を定めるものである、と慣習によって認められるようになりうる」「結論としてつぎのように言える。国連の慣行においては、『宣言』は、永続性のある非常に重要な事柄に関するきわめて稀な場合で、最大の応諾《コンプライアンス》が期待されている場合にのみ用いられる厳粛な文書なのである」[15]。微妙な表現であるが以上を一言で言えば、義務性が慣習として発展する可能性を認めるものと言える。これはまたスロウンのいう「総会の『道義的力』は、事実、発生期にある法的力（a nascent legal force）である」[16]につながる。

そして、たとえば世界人権宣言が各国憲法の中で、また多くの判決の中でふれられている[17]ことを考えればいっそうこのことは言えよう。また、世界人権宣言について、フランスのルネ・カッサン教授は、それが憲章のいう「人権と基本的自由」の具体的内容を有権的に解釈したものであり、各国は人権尊重の義務を負うと解されると言うが、そこまでは言い切れないにしろ、各国の向かうべき共通の方向を示すものであり、さらに一歩進んで、世界人権宣言を含む宣言は、人権に関する国際的なスタンダードであり、各国にその実現を迫る力をもつものであると言うことができよう。

　このように考えれば、条約の実体的権利規定も、その採択の際の表決結果（付表参照）からみて、批准・加入がなくとも宣言と同じように考えられ、世界人権宣言の具体化を意味する国際人権規約（条約XIII・XIV）は、その当事国にたいしてのみならず国連の全加盟国にとって大きな意味をもち、規約の審議過程から生まれたと言える条約XII、宣言(3)(4)(5)(8)などとともに、人権に関する一大「国際的基準《インターナショナル・スタンダード》」をなすものであると言えよう。

（1）田畑茂二郎『人権と国際法』一〇〇―一〇三頁参照。
（2）金東勲「国際連合と国内管轄事項(二)」法学論叢七九巻三号七四―七七頁参照。
（3）田畑茂二郎「国連と人権問題」『国際連合の十年』二七八―二八〇頁参照。
（4）Special Study of Racial Discrimination in the Political, Economic, Social and Cultural Spheres (E/CN. 4/Sub. 2/267 and E/CN. 4/Sub. 2/276)

(5)　詳しくは、宮崎繁樹『国際法における国家と個人』一一〇―一二九頁参照。

(6)　アパルトヘイト政策について国連がとった行動については、人権委員会の特別報告“Study of Apartheid and Racial Discrimination”の第三部“Survey of UN Action in its Efforts to Eliminate the Policies and Practices of Apartheid in all its Forms and Manifestations”(E/CN. 4/949/Add. 3)参照。

(7)　cf. Princess Ashraf Pahlavi of Iran, The International Conference on Human Rights, UN Monthly Chronicle, Vol. V, No. 6, p. 119.

(8)　ヨーロッパの人権保護体制について詳しくは、芹田健太郎「ヨーロッパ人権委員会の活動とその性格(上)(下)」法学論叢七九巻一―二号参照。

(9)　総会決議の効力について詳しくは、竹本正幸「総会の決議の効力」『国際連合の研究』第二巻五一―七四頁参照。

(10)　これらについての紹介もしくは論文はつぎのとおり。⑴田畑・前掲書。人権擁護局『世界人権宣言成立の経緯』。穂積万亀子「基本的人権と国際法」(『現代国際法の課題』所収)。⑶山手治之「植民地独立と国際法」(岩波『現代法』第一二巻所収)。⑷松井芳郎「天然の富と資源に対する永久的主権㈠㈡」法学論叢七九巻三―四号。⑻小田滋「亡命者保護の国際立法」ジュリスト二八二号(ただし、第一七総会までの模様)。

(11)　たとえば奴隷売買の禁止について、一八四一年の奴隷条約、一八八五年のコンゴ条約(ベルリン議定書)、一八九〇年のブリュッセル条約がある。田岡良一『委任統治の本質』四―一〇頁。ソ連科学アカデミー『国際法』上巻一九一―一九二頁参照。

(12)　難民について、宮崎・前掲書。国籍について、溜池良夫「妻の国籍・無国籍」(『国際連合の研究』第三巻所収) 参照。
(13)　第二二総会への事務総長の年次報告にたいする「序文」、第九八頁参照。
(14)　O. Y. Asamoah, *The Legal Significance of the Declaration of the General Assembly of the United Nations*, The Hague, 1966.
(15)　E/3616/Rev. 1, para. 105 (E/CN. 4/L. 610)〔A/CONF. 32/6, para. 364 より引用した〕。
(16)　Sloan, The Binding Force of A "Recommendation" of the General Assembly of the United Nations, BYIL, 1948, p. 32.
(17)　以下の国々の憲法——アルジェリア、ブルンジ、カメルーン、チャド、コンゴ (キ)、コンゴ (ブ)、ダホメー、ガボン、ギニア、アイボリー・コースト、マダガスカル、マリ、モーリタニア、ニジェール、セネガル、トーゴー、アッパー・ボルタ、ソマリア、ルワンダ (A/CONF. 32/5, para. 47)。なお、各国内判決について cf. ibid., para. 57.

四　いくつかの問題点

「人権問題の取扱いの現状と問題点」と称しながら、あまりにも多くを現状の紹介に費してしまった。しかしこれらをみていると現在の問題は、差別にしろ何にしろ、どれをみても植民地問題となんらかの関連をもっていることがわかる。戦争直後は、人権問題は人権を著しく抑圧した全体主義体制への反発からいわば熱狂的にとりあげられ、社会主義・資本主義のイデオロギーの対立からくる人権内容の理解の相違もあって白熱した議論が戦わされたのであった。そして今や植民地解放との関連で議論されているのである。つまり、ナチズム・ファシズムが人権の国際的保護の必要性を自覚させ、アパルトヘイト政策が人権伸張の要求への刺激を創り出しているのである。しかし、これにのみ目を奪われてはならない。人権の分野における地道な研究・討議は人目につかず忘れられがちであるが、長い目でみるとき、これこそ重要なのである。

さて個人の人権を国際的に保護しようとするとき、その内容のほかに二つの問題がある。一つは実施機関の問題であり、他は個人の権利保護の前提となる民族の権利の保障の問題である。

まず第一に、実施機関については人権委員会・総会における国際人権規約の審議の際にきわ立った意見の対立があったが、テヘラン国際人権会議でもそれがみられた。たとえば前述のエライアスなどとは異なり、ソ連のゴウツェンコ（K. F. Goutsenko）は、国連人権高等弁務官、人権裁判所のような超国家的機関の新たな設立には、それが主権および国内事項不介入の原則に基づく国連憲章に反するとして、真向から反対し（A/CONF. 32/L. 5, paras. 113-117）、人権の保護の実現は国内の民主化にあるという（ibid., paras. 18-75）。確かに国際人権規約の市民的・政治的・経済的・社会的・文化的権利などは、国内においてこれらの価値を支える層がなければ実現できないものであって、国内の運動の必要を痛感させられるし、国内体制と国際法という課題を突きつけられる思いであるが、そういう国内の問題と同時に、やはり総会や安保理以外に人権問題を専門に扱う機関の必要性が感じられる。しかしヨーロッパという同質性を背景にするヨーロッパ人権委員会・裁判所というシステムをそのまま国連にもち込むことは意味がないであろう。

　ところで実際はどうか。今や定義の時代は過ぎ、実施の時代を迎えようとしていると言われるのだが、条約XII（差別撤廃条約）、および両人権規約XIII（経済社会文化的権利に関する国際規約）とXIV（市民的政治的権利に関する国際規約）が予定する実施措置にふれておこう。これまで国際社会が人権保護のためにとってきた実施措置の型を分類すれば、国家に報告を義務づける報告制度、国家に苦情を述べる権利を与える中立の制度、それに個人の請願権の制度となる。条約XIIは、報告制度を取り入れ、新設の「人種差別撤廃専門委員会」(Committee on the Elimination of Racial Disrimination) に審議させまた国家の中立の制度も採用し、場合によっては、アド・ホック調停委員会を設けることを定める。個人の請願権のシステムは、選択的なものとしている。条約XIIIは、たんに国家に報告を義務づけるのみである。条約XIVは、国家の報告義務を定め、「人権専門委員会」(Human Rights Committee) を新設するが、国家の中立の制度は、これを選択的なものとなし、条約XIIより弱い。また個人の請願の制度は、さらに別個の条約XVとされ、任意性がいっそう強められ、制度としての普遍性という意味では、それだけ弱体化しているのである。以上が現段階で条約化しうる最大限の姿である。

次に民族の権利、民族自決権については、独立付与宣言、天然資源永久的主権宣言が出され、国際人権規約一条がつくられた。個人の人権を保障するためには、その属する集団の権利を尊重しなければならないからである。個人の人権保護の分野で、自由権だけでなくそれを裏づける社会権の保障が主張されるのと同じような意味で、民族自決権の場合にも、政治的独立といういわば自由権的基本権に加えて、経済的独立といういわば生存権的基本権（天然資源の自由処分権・国有化など）が問題とされている。もっともこの民族自決権については、法的権利か政治的原則か、という争いがあるし、条約化についても、パキスタンのブローヒ（A. K. Brohi）などは条約化すると「定義屋」（definition-mongers）の手におちて不毛となる（A/CONF. 32/L. 4, para. 77）と言い、またフランスの人権宣言が果たした役割などを考えれば、人権規約より人権宣言の方が重要である（ibid., para. 73）とも言う。もっとも、規約の中でもっとも重要なものは、事務総長も言うとおり（A/6701, p. 81）、一条の民族自決権規定であることに変わりはない。

最後に批准状況（付表参照。ここではⅡを含めるためテヘラン会議前年の六七年末現在とする）にふれよう。国連加盟の一二三ヵ国に、スイス・バチカン・西ドイツなどを加えた一三二ヵ国のうち半数以上の人権条約の当事国は、わずか七ヵ国（キューバ・デンマーク・フランス・イスラエル・ノルウェー・スエーデン・ユーゴ）であり、アメリカはⅥとⅧ、イギリスはⅢ・Ⅴ・Ⅵ・Ⅶ・Ⅷ・Ⅸ・Ⅹ、東欧諸国はいずれも六つ以上の条約当事国で、Ⅰ・Ⅱ・Ⅴ・Ⅷ・Ⅸは共通、この他にソ連はⅥの当事国であ

付表　人権条約一覧表（1968年）

	総会決議番号	採択年月日	表決結果	署名数	批准数	加入数	相続数	全当事国数	発効日
I	260(III)	1948.12.9	56:0:0	43	38	32	1	71	1951.1.12
II	317(IV)	1949.12.2	35:2:15	14◎	6◎	31	0	37	1951.7.25
III	全権会議	1951.7.28	24:0:0	20	20	18	15	53	1954.4.22
IV	630(VII)	1952.12.16	25:22:10	10	4	4	0	8	1962.8.24
V	640(VII)	1952.12.20	46:0:11	43◎	34◎	19	4	57	1954.7.7
VI	794(VIII)	1953.10.23	50:0:6	38※		19	6	63	1955.7.7
VII	全権会議	1954.9.28	19:0:2	22	10	7	1	18	1960.6.6
VIII	〃	1956.9.4	40:0:3	39	33	33	6	72	1957.4.30
IX	1040(XI)	1957.1.29	47:0:24	26	19	14	5	38	1958.8.11
X	全権会議	1961.8.30	21:0:7	5	1	0	0	1	未発行
XI	1763A (XVII)	1962.11.7	90:0:7	19	9	9	0	18	1964.12.9
XII	2106A (XX)	1965.12.21	106:0:1	66	17	2	0	19	未発効
XIII	2200 (XXI)	1966.12.16	105:0:0	26	0	0	0	0	〃
XIV	〃	〃	106:0:0	26	0	0	0	0	〃
XV	〃	〃	66:2:38	14	0	0	0	0	〃
XVI	2198(XXI)	1966.12.16	91:0:15			10		10	1967.10.4

（注）　この図表はA/CONF. 32/4，A/CONF. 32/6，A/CONF. 32/7，A/CONF. 32/7/Add. 2，A/CONF. 32/15を参考に芹田が作成。1968.4.10現在の状況を示す。ただし、IIは，1967.12.31現在である。
※印は、1926年条約加盟国で，受諾について無留保の署名国ならびに受諾国の数を示す。
◎印は、日本が署名、批准していることを示す。

る。西ドイツはI・III・VIII、そして日本はわずかIIとVのみである。またきわめて面白いのはIIIであって、五三ヵ国のうち西欧とアフリカで四三ヵ国であり、東欧およびアジアの国は一ヵ国も当事国となっていないことである（イスラエルは当事国）。またその他にアフリカで多いのはVI・VIIIである。アジアはIとVIII、中南米ではIとV、西欧（アメリカ・カナダ・オーストラリア・ニュージーランドを含む）ではI・II・V・VI・

Ⅷ・Ⅸの当事国が多い（A/CONF. 32/15）。

ところで第二次大戦後に特徴的なのは、全体主義体制が人権を蹂躙したことから人権を国際的に保護し、各国の国内体制をある程度同質化することであって、その意味ではⅠのジェノサイド条約、およびⅩⅢ・ⅩⅣの国際人権規約がその中心なのである。奴隷に関するⅥ・Ⅷは伝統的国際法の関心事でもあったし、Ⅲの難民条約は第二次大戦前から扱われてきた救済措置である。六八年のテヘラン会議開催時点でのⅩⅢ・ⅩⅣの署名国二六の内訳はアフリカ三、中南米七、アジア四、西欧七、東欧五である（各地域は、三九・二四・三〇・二九・一〇ヵ国である）。日本は署名していない。

したがって、これからの課題は、ゴウツェンコやアシュラフ王女らも言うように、また去る八月下旬ブェノス・アイレスで開かれた国際法協会（ＩＬＡ）の決議でも訴えているように、諸国が一日も早く人権規約（ⅩⅢ・ⅩⅣ）を署名・批准または加入することである。

〔国際問題一〇三号（一九六八・一〇）〕

〔補遺〕

世界人権宣言二〇周年の折りに何が問題とされたかを知るために必要と考えて本稿を再録したが、本稿を書いてから既に三五年が経ち、人権委員会や婦人の地位委員会の構成等が変わり、また、ジュネーヴには一九九三年一二月の総会決議（４８／１４１）よって設置された人権高等弁務官事務所が機能している。さらに、この三五年間に日本は国際人権規約の当事国になったし、またいずれも当事国である女子差別撤廃条約や児童の権利条約など多くの条約や宣言も採択された。しかし、ここでは少なくとも、人権委員会と婦人の地位委員会に関してのみ補足しておきたい。

日本は、一九八二年以来継続して人権委員会の委員国を務めてきているし、また、婦人の地位委員会では、国連加盟後の一九五七年五月に委員国に初当選し、一九五八年以降、一九六五年、一九七六年を除き、委員国を務めてきている。

現在、人権委員会の委員国数は五三国（アフリカ一五、アジア一二、東欧五、ラ米一一、西欧その他一〇）であり、婦人の地位委員会の委員国数は四五国（アフリカ一三、アジア一一、東欧四、ラ米九、西欧その他八）である。

12　世界人権宣言採択の経緯と意義

――世界人権宣言五〇周年の評価――

一　はじめに

世界人権宣言は、周知のように、一九四八年一二月一〇日に国際連合総会において採択された。このことは、我々に二つのことを想起させる。第一に、今、我々は第二次大戦後の五〇年および世界人権宣言五〇周年の現在の状況を念頭において世界人権宣言を読み直し、二一世紀における人権を考えようとしているが、世界人権宣言採択のときの人々の五〇年前は、一八九八年であり、この年は、第一回ハーグ平和会議が一八九九年に開催されることになるがその前年のことであった。五〇年とまでは言わず三〇年前は、一九四八年の人たちにとっては、一九一八年のことである。つまり、世界人権宣言を議論した人々は、少なくとも、第一次大戦、ロシア革命やドイツ革命、両大戦間のいろいろな主張、イデオロギーを念頭においていたであろうことである。そして、何よりも第二次大戦中から戦後の国際機構の準備が行われており、それが世界人権宣言にも色濃く反映されていることである。(1)

第二に、世界人権宣言が議論された時期には、すでに冷戦が始まっていたこと、そして、当時の世界の国々は、現在の諸国を念頭において言えば、いわゆる「北」の国々とラテンアメリカの独立国であった。「南」の国々は、未だ植民地支配下にあったのである。

さて、第二次大戦は、ナチズム、ファシズムという全体主義に対する民主主義の戦いであったと言われるように、戦争目的として民主主義の擁護が高く掲げられ、イデオロギーが前面に出された戦争であった。そのことは、たとえば、一九四一年一月六日のアメリカ大統領ルーズベルトが議会への教書のなかで、「われわれは、四つの基本的な人間の自由の上に打ち立てられた世界を待ち望んでいる」と始め、いわゆる四つの自由、言論・発表の自由、宗教の自由、欠乏からの自由、恐怖からの自由を語った。また、同年八月一四日、ルーズベルトとイギリス首相チャーチルは大西洋上において会見し、大西洋憲章において反ナチズムとともにこれを確認し、翌四二年一月一日の連合国宣言は、大西洋憲章を確認するとともに、「敵国に対する完全な勝利こそ、生命、自由、独立および宗教的自由を擁護するために、ならびに自国および他国において人権と正義を維持するために必要である」という確信を表明した。周知のように、四五年二月のヤルタ会談の決定により、この連合国宣言の署名国で日本またはドイツに宣戦していた連合国のみが国際連合の原加盟国である。

ところで、先に触れたように、アメリカでは、第二次大戦中から、しかも、ヨーロッパでの戦争が開始された直後から国際機構設立の準備が進められていた。カーネギー平和財団によって設立された「平和機構研究委員会」(Commission to Study the Organization of Peace)は、一九四一年には中間報告を発表していた。しかし、本格的に論じ始められるのは、四三年になってからである(2)。とくにアメリカでは、第一次大戦後の国際連盟の設立について当時のウィルソン大統領がイニシアチヴをとっておりながら、結局、アメリカは連盟の外にいた経験から、アメリカ国民や議会での世論の形成に心を砕く必要があり、政府や民間のいろいろな人たちが議論をしたのである。そこで、四四年八―一〇月の米英ソ中四国のダンバートン・オークス邸での会議によって作られた国連憲章の原案であるダンバートン・オークス提案が発表されると、この提案に人権と基本的自由の尊重については、経済的社会的協力の目的を定めた第九章A項一条にしか規定されていないこともあって、民間団体等の動きも活発となり(3)、アメリカおよび世界の多くの人々が国連の目的としてもっと明白に完全に人権と基本的自由の尊重の擁護を書き込むことを希望し(4)、アメリカ代表団を動かし、現行の国連憲章の規定となるサンフランシスコ会議招請四国による四五年五月四日の修正案(5)ができあがったのである。

ところで、現在の国連憲章は、人権および基本的自由の尊重、助長、奨励、実現等の文言を、前文、一条三号、一三条一項(b)、五五条(c)、六二条二項、六八条、および七六条(c)に置いている。

(1) 国際連合については、日本では横田喜三郎、田岡良一によって第二次大戦末期にその研究が始められている。横田喜三郎『国際連合の研究』（銀座出版社、東京、一九四七）および田岡良一『国際連合憲章の研究』（有斐閣、東京、一九四八）を参照されたい。ほかに、一九六〇年代初めに欠かれた高坂正堯「国際連合の成立」『国際連合の研究』第一巻（有斐閣、東京、一九六二）所収、および七〇年代初めに書かれた石本泰雄「国際連合の成立と展開」『国際法の構造転換』（有信堂、東京、一九九八）所収、を参照されたい。著者の個性・専門とは別に、時代を写したその問題意識の微妙な変化を読みとることができて面白い。

（2）Carnegie Endowment for International Peace, *Year Book*, 1944, pp. 100-109.

（3）民間団体の動きについては、田畑茂二郎『人権と国際法』（法律学体系第二部法学理論編一五八）（日本評論新社、東京、一九五二）七四頁以下参照。René Brunet, *La Garantie internationale des Droits de l'Homme*, Edition Ch. Grasset, Genève, 1947, pp. 118-121.　なお、齋藤恵彦『世界人権宣言と現代』（有信堂、東京、一九八四）七一―七四頁参照。

（4）*Report to the President on the Results of the San Francisco Conference by the Chairman of the United States Delegation, the Secretary of States (Stettinius Report)*, U. S. Dept. of State Pub. 2349, Cof. Series 71 (Wasington : GOP, 1945). p. 38.

（5）United Nations Conference on International Organization（国際機構に関する連合国会議、以下 *UN-CIO* と略記）、Documents Vol. 3, p. 640 ff.

二　前史：ダンバートン・オークス提案と国際機構に関する連合国会議

一九四五年四月二五日、米英中ソの四招請国が招請する「国際機構に関する連合国会議」（ＵＮＣＩＯ）がサンフランシスコのオペラ・ハウスにおいて開催された。これに先立ち、ダンバートン・オークス会議からこのサンフランシスコ会議までのちょうど中ほどの四五年二月二一日から三月八日まで、メキシコのチャプルテペックにおいてアルゼンチンを除く二一の南北アメリカの国々が参加して汎米連合会議が開催された。チャプルテペック会議において、人権に関しては、メキシコをはじめとして多くの提案がなされ、議論がなされた(1)。そして、米州諸国はその勢いでサンフランシスコ会議に臨んだと言ってよいであろう。

サンフランシスコ会議は、全体会議等のほか四つの委員会（Commissions）とその下に置かれた一二の小委員会（Committees）によって主として議事が進められた。五月一日、全体会議において信任状委員会の報告が承認され、これらの委員会の構成が報告・承認されたのち、アメリカ国務長官ステチニアス議長の指名によってまず口火を切って演説したのは、かつて国際連盟の設立にあたって重要な役割を演じた南アフリカ首相スマッツ陸軍元帥であった(2)。彼にとっての戦争経験は、第一次大戦とそれを遥かに遡る一九世紀末の南アフリカ戦争であり、この経験が国際連盟設立の情熱であった。スマッツは言う。

悲しいかな、国際連盟は種々の人道的な活動において見事な成果を示したが、国際連盟規約は一つの里程標にすぎなかった。国際連合憲章も一つの里程標になるかもしれないが、それ以上に大きな意味をもたせたい。われわれはこの里程標を遠く越えて世界平和の道をさらに進んでいくであろう。新しい憲章は戦争防止のための単なる法律尊重の文書であってはならない。「私はこの憲章のまさに最初にかつ前文の中に人権と共通信念の宣言とを盛り込むべきことを提案したい。その宣言が連合国国民の支えとなってこの人権と信念の擁護のための苦しい長い闘争を闘ってきたのだから」。

こうしてダンバートン・オークス提案には含まれていなかった前文がスマッツにより提案され[3]、国際連合設立の動機としてまず人権尊重を謳った前文が第一委員会第一小委員会（Committee I/1）において十分な審議を受け採択されたのである。

ダンバートン・オークス提案第一章（目的）については、多くの修正提案がなされた。その第一章三号は、現行一条三号であるが、次のように提案していた（〈　〉で囲まれた文言や句が修正の結果、付加されたものである）。

「経済的、社会的、〈文化的〉又は人道的〈性質を有する〉国際問題を解決することについて、〈並びに人種、性、言語又は宗教による差別なくすべての者のために人権及び基本的自由を尊重するように助長奨励することについて〉、国際協力を達成すること」。

さて、目的および原則を審議したのは前述の第一委員会第一小委員会であった。原則を前文で述べることとした後、委員会はこれら多くの修正案を審議した。すでに一九四七年に、ルネ・ビュルネが人権の国際的保護の原則として詳細に分類分析しているように、これら修正案は三つのグループに分けることができる。(4)

第一は、たとえば、パナマおよびキューバのものである。(5) 五月五日のパナマ案は、憲章と不可分の一体をなす「基本的人権宣言」（Declaration of Essential Human Rights）を提案する。前文において「個人の自由に人民の福祉、国家の安全及び世界の平和が依存している」ことを宣言し、基本的人権としては、宗教の自由、意見の自由、言論の自由、集会の自由、結社の自由、不法干渉からの自由、公平な裁判、恣意的拘禁からの自由、遡及処罰の禁止、財産権、教育権、労働権、労働条件、充分な食と住、社会保障、政治参加、平等な保護を掲げ、権利行使にあたっては、他の人の権利および民主的国家の要請に服することを述べていた。

また、五月二日のキューバ案は、将来の機構の総会が採択すべきものとして「個人の国際的権利義務の宣言」（Declaration of International Rights and Duties of the Individual）を提出し、権利として、平等権、国籍権、市民的権利（財産の不可侵、入国権、宗教の自由、表現の自由、貿易・航海・産業の自由、平和的集会・結社の自由）、社会的権利（労働権、報酬を受ける権利、適切な衣食住・医療を受ける権利、老齢・窮乏・依存・疾病・失業・事故の恐怖から自由な、心の平和を得る権利、強制労働・無責任な民間・恣意的な当局・無規制な独占から自由な、フリーエンタープライズ制度のもとで生活する権利、教育を受ける権利、休息の権利）、裁判を受ける権利、庇護・外交的保護を受ける権利を掲げ、義務として、すべての個人の公的負担、外国人の居住国政治への不介入、外国人の居住国の政治、社会、経済制度の尊重・法の順守を謳っている。

そのほか、以上のように詳細ではないが、ダンバートン・オークス提案第二章（原則）に対する修正提案であるチリ案は、機構および加盟国が従わなければならない行動原則の一つとして、「個人の基本権」を掲げ、第一に、「すべての国家は、国籍、人種、性別または宗教のいかなる区別もなく、個人に対して、生命権ならびに自由および労働権の十全且つ完全な保護を保障しなければならない」、第二に、「すべての国家は、個人に対して、自己の宗教および職業（科学であれ芸術であれ）の、公的にも私的にも、自由な行使を、これが公的道徳と相容れないのでない限り、承認しなければならない」とした(6)。

第二のものは、五月五日のブラジル・ドミニカ共和国・メキシコ共同提案、五月五日のウルグアイ提案である(7)。ブラジル・ドミニカ共和国・メキシコ共同提案は、「人種、性、身分または信条に対するいかなる差別もなく、人権および基本的自由の尊重を確保すること」という句を第一章に挿入することを提案し、この提案が一九四五年三月七日のチャプルテペック会議最終議定書が最近に確認した国際法および政策の進歩と発展に従うものであることを強調する。ウルグアイ提案は、機構の目的の四つ目に「人権、性、信念または社会的地位に関するいかなる区別もなく、基本的な人間の自由と権利の承認を促進し、かつその尊重を保障すること。これらの自由と権利は特別の憲章において明定されるべし」として、「上述の『人類の憲章』(Charter of Mankind) は、総会が指名する技術法律委員会によって、前もって各国政府に通知され、六ヵ月以内に総会の審議のために提出されなければならない。また、これには、(a)権利宣言および(b)これらの権利の実効的国際的法的保護制、が含まれなければならない」とした。

そして、第三は、単純に「人権および基本的自由の尊重の促進」というような一般的形式で人権尊重を機構の目的に挿入することを提案するものである。たとえば、五月四日のインド案、五月五日のエジプト案、その他にフランスなどのものである(8)。

これらの提案は、第一委員会第一小委員会のA分科会 (Subcommittee I/1/A) にまわされ、分科会はこれらの理念を共感を覚えて受け取ったが、時間がなく、国際約束のなかに草案として盛り込むことはできないので、機構の総会が創られてのち、これらの示唆の審議に取りかかるのがよい、と決定した旨、第一小委員会に対して分科会報告者シリアのファリド・ゼイネヂンは、六月一日に報告した(9)。こうして、人権尊重の一般原則を述べる現在の国連憲章の条文ができあがった。そして、憲章では人権委員会の設置を六八条で予定するにとどまった。

さて、こうした経緯の分析からわかることは、本稿冒頭で「チャプルテペック会議において、人権に関しては、メキシコをはじめとして多くの提案がなされ、議論がなされた。そして、米州諸国はその勢いでサンフランシスコ会議に臨んだと言ってよいであろう」と述べたが、まさにサンフランシスコ会議において人権の分野で諸国をリードしたのはラテンアメリカ諸国であったということである。これら諸国は、一八九九年の第一回ハーグ平和会議においても大いに発言した。ここでは、一九世紀的自由権の上に、両大戦間の福祉国家的理念がいくらか覆い被さってみえると言えばよいのであろうか。しかし、国際連合が成立し、国連人権委員会において議論されるようになると、状況は一変する。社会主義諸国が加わるからである。

（1）　米州における人権保護については、芹田健太郎「米州における人権の保護」法学論叢八六巻二号（一九六九）参照。

（2）　*UNCIO*, Vol. 1, p. 415 ff. Field Marshal Smutts の発言は、*ibid.*, pp. 420-426 を要約した。引用部分は、p. 425。なお、スマッツは、一九四三年一一月二五日、イギリス帝国議員協会の英本国支部会員に対して演説をして、自由と民主主義のために、平和機構設立については、過去の教訓から、英米ソ三大国に指導的地位を与えるべきことを説いた。この点については、横田喜三郎・前掲書一九―二〇頁参照。

（3）　*UNCIO*, Vol. 3, pp. 474-477.

(4)　René Brunet, *op. cit.*, pp. 137-139.

(5)　パナマ（*UNCIO*, Vol. 3, pp. 265-273, 人権については、Declaration of Essential Human Rights, pp. 266-269）およびキューバ（*ibid.*, pp. 493-509, 人権については、Declaration of International Rights and Duties of the Individual, pp. 500-502.）

(6)　*UNCIO*, Vol. 3, p. 294.

(7)　ブラジル・ドミニカ共和国・メキシコ共同提案（*ibid.*, pp. 602-603.）、五月五日のウルグアイ提案（*ibid.*, ppp. 34-48）。

(8)　インド（*ibid.*, p. 527）、エジプト（*ibid.*, p. 453）、フランス（*ibid.*, p. 383）。

(9)　Report of Rapporteur, Subcommittee I/1/A (Farid Zeineddine, Syria), To Committee I/1, June 1, 1945. *UNCIO*, Vol. 6, p. 705.

三　世界人権宣言起草の経緯、主要な争点および位置づけ

(1)　国連人権委員会の設置と審議の経緯：各種提案の系譜

一九四五年六月二六日、サンフランシスコ会議の終了とともに国際連合準備委員会が設立され、これが第一回総会の準備にあたると同時に、主要機関設置の責任を負い、経済社会理事会の設置すべき委員会の一つとして人権委員会を勧告した。経済社会理事会の第一回会合は四六年二月一六日に個人

の資格で勤務する九名からなる中核人権委員会（委員長ルーズベルト夫人〔アメリカ〕）を設立した。この委員会が準備委員会の役割を担い、経済社会理事会は第二回会合（同年五月二五日―六月二一日）においてこの委員会の報告を審議し、一八名の個人資格の委員に代えて一八国の代表からなる人権委員会を設置した。(1)委員国は、アメリカ、中国、フランス、レバノン、オーストラリア、白ロシア、チリ、エジプト、インド、イラン、フィリピン、イギリス、ソ連、ウルグアイ、ユーゴスラビア、ベルギー、パナマ、ウクライナであった。冷戦を反映してか、旧ソ連の比重が異様に重いことに気づくであろう。

人権委員会は、翌一九四七年一月二七日―二月一〇日に第一会期を開き、国際人権章典の形式と内容に関する一般的討議を行い、八名の委員からなる起草委員会（議長ルーズベルト夫人、副議長チャン〔中国〕、報告者ルネ・カサン〔フランス〕、その他、レバノン、オーストラリア、チリ、ソ連、イギリスの委員）を任命した。起草委員会では形式について宣言形式と条約形式に意見が分かれ、結局、人権の一般原則または一般的基準を掲げる宣言形式の作業文書である国際人権宣言条文案と、特定の権利およびその権利行使の際の制限または制約を明定する条約形式の作業文書である国際人権条約条文案を作成した。これを受けて人権委員会は、同年一二月二―一七日の第二会期において、宣言・条約・実施措置の三つの作業部会を設けて、検討した。宣言作業部会は白ロシア、フランス、パナマ、フィリピン、ソ連、アメリカからなり、議長ルーズベルト夫人、報告者ルネ・カサンであった。(2)この第二会期の条文草案はジュネーヴ草案と呼ばれ、ヨーロッパ人権条約の起草に大きな影響を与えた。世界人権宣言とヨーロッパ人権条約とは双生児と言ってもよい(3)。

ところで、中核人権委員会が設立されるや、パナマやキューバは人権宣言草案を提出し、また、チリも草案を提出していた。パナマやキューバがサンフランシスコ会議で提案をしていたことについては上述のとおりであり、これらはその延長線上にある。人権委員会第一会期ではこれらの政府案のほか諸種の民間団体の案が議論の対象とされ、事務局は、起草委員会の設置を認めたその同じ経済社会理事会決議に基づき、前記三国のほかインド、アメリカ案や個人・民間団体からの案（これらはすべていわゆる西側の民主主義諸国からのものであった）、それに加盟国憲法の主要規定を基に、六月に開催される起草委員会に提出する四八条からなる事務局案（Draft Outline of a Bill of Rights）を作成した(4)。

争点を要約すれば、まず第一は、宣言形式か条約形式かに意見が割れたように、履行確保措置をどうするのか、であった。ソ連のコレツキー（のちに国際司法裁判所判事）は主権国家の国内機関のみによる実施措置を主張し、イギリスやオーストラリアと対立した。これは国際人権規約の議論にまで尾を引き、東西対立の一つであったし、現在ではとくに欧米先進国とアジア諸国との間の対立としてみられる、今日的問題でもある。

次に、何が普遍的権利を構成するのか、である。これについては、イデオロギー的対立が深く、簡単に素描することはむずかしい。西側諸国の委員は、市民的・政治的権利、たとえば表現の自由、結社の自由、宗教の自由、法定手続きの保障等を強調した。他方、社会主義諸国の委員や、非欧米系譜国の委員は、経済的・社会的権利、たとえば職を得る権利、教育権、社会保障等を強調した。経済的・社会的権利を強調する点ではこれら委員の主張は同じであるが、基底に社会主義国家型憲法と福祉国家型憲法の相違を読みとることができる。

また、非自治地域を統治する国々は個人の権利保障に加えて自決権を挿入することに抵抗した。こうして、第二回起草委員会ののち、一九四八年五月二四日から六月一八日の人権委員会第三会期において人権宣言草案が完成した。

(2)　国連総会第三委員会における審議の問題点

まず最初に基本的な市民的・政治的権利、次に社会的・経済的権利を規定する二八条からなる人権宣言草案は、形式的に、人権委員会の上部機関である経済社会理事会第七会期に回され、若干の討議ののち、無修正で国連総会に提出された。

国連総会は、第三（社会・人道・文化）委員会がこれを審議し、まず、一般討論を行った(5)。一般討論における第一の問題は、宣言の性質についてであった。フランスのルネ・カサンは、人権宣言が国連憲章のなかに謳われている「人権と基本的自由」の内容を有権的に解釈するものであるから、加盟国によってこれを国内的に実現する義務を課すことになるし（レバノンのマリク等が同調）、宣言が採択されると人権問題は国内問題ではなく国際問題となり国連憲章二条七項は適用されない、と主張する。これに対しては反対が当然あり、また、ニュージーランドのように、条約である規約とは別個に宣言のみを独立に採択すると、宣言が国連憲章規定の解釈目的で利用されるおそれがあるので、宣言と規約とを同時に採択すべきであるとの主張もあった。もちろん、宣言がそれ自体として法的拘束力をもたないことを認めながらも、宣言中の権利を加盟国が侵害することは国連憲章の原則を犯すことになる、というチリのような指摘もあった。

いずれにしろ、人権委員会委員長ルーズベルト夫人が言うように、宣言自体はなんらの法的拘束力を有するものではなく、人間の基本的権利を規定し、各国・各国民にその目標となる基準を与えるという点において重要であることが確認され、また、「加盟国自身の人民の間にも加盟国の管轄下にある領域の人民の間にも、これらの権利および自由の尊重を指導および教育によって促進し、ならびにそれらの普遍的かつ効果的な承認および遵守を国内的および国際的な漸進的措置によって確保するよう努力するため」（前文）の基準である、とされた。もっとも、法的効力については議論があったが、道義的拘束力については大きな異論は唱えられてはいなかった、と言ってよいであろうし[6]、宣言の規定する個々の権利については、それぞれが宣言とは別個独立に慣習法であるとか、あるいはすでに慣習法化したとかは論じられてきたところである。

次に、内容的に議論が対立した点はすでにみたように社会権の扱いに代表的にみられるように人権の性質についてであった。世界人権宣言は、周知のように、一条と二条に平等・無差別を規定し、三—二一条に市民的・政治的権利、二二—二七条に経済的・社会的権利を定め、二八—三〇条に権利享有に関連した一般規定がおかれている（単純に言って、一条、二条、二八条、二九条、三〇条が国際人権規約の共通二—五条となり、三—二一条が自由権規約の実体規定、二二—二七条が社会権規約の実体規定となった）。経済的・社会的権利は、「全く無視されたわけではなく、それについてもある程度の考慮が払われている」(7)という評価以上のものがある。たとえば、ポーランド代表が社会的・経済的権利の保障がなければ政治的権利を認めても意味がない、と述べたのに対して、チリ代表が宣言のなかにはすでにこれらが規定されており、そうした経済的・社会的権利があることこそ、この宣言が従来の同様の宣言より進歩している所以であると反論したことにみられるように、社会権に関する規定をもったことは高く評価される点である。とくに、言葉そのものが公式には一九三五年のアメリカ連邦社会保障法によって登場した社会保障（もっとも宣言に言う社会保障の文言については解釈が分かれた）の権利や、一九世紀末から両大戦間にかけて確立してきた労働権の保障、さらには、同一労働同一賃金原則などきわめて先鋭的なものであったと言わねばならない。これらは今日においても実現されるべき課題であり、五〇年前に宣言されたことはきわめて高い意義をもつものであり、起草者たちの先見の明に感嘆の声を上げざるをえない。

しかしながら、一二月六日の第三委員会における宣言案に対する最終投票では、白ロシア、チェコスロバキア、ポーランド、ウクライナ、ソ連、ユーゴスラビアの社会主義諸国はこぞって棄権したし、一二月一〇日の総会における投票においても、これら諸国は、サウジアラビア、南アフリカとともに棄権した。それはなぜであったのか。この点は、すでに、田畑茂二郎が五二年の著書において分析しており、それに付け加えるものをもたない。(8) 要するに、一つは、サウジアラビア、南アフリカの場合は、宣言草案が国連憲章の規定より遥かに先をいっており、受け入れがたいとするものである。とくに南アフリカの場合、差別禁止違反に対する保護規定の削除を提案し、インド、フランス、ソ連等から人種差別政策の継続を企図するものであるとして猛反発を受け、提案を撤回したこともあり、いわば反動的な立場であった。しかし、南アフリカにアパルトヘイトがなくなり黒人大統領が登場した今となっては、もはや歴史的な物語となった。また、ソ連等の立場についても、これら社会主義連邦諸国が解体したので、(9) 場合によっては、歴史的にもはやお蔵入りした議論として片づけることができるかもしれない。しかし、ここには耳を傾けるに値する主張が含まれており、取り上げておきたい。

さて、ソ連の主張は、宣言の規定の仕方が抽象的・形式的であって、これでは現実に人権を保障することにならないということに尽きる。まず、宣言はもっと強く反民主主義ファシスト的傾向の排除を表明すべきであり、次に、人権のために現実にとるべき具体的な方法、とくに国家の機能をもっと明確に規定する必要がある、というのである。たとえば、言論出版の自由について言えば、一つは、ファシズムや侵略を宣伝し、国民間の増悪を煽ってはならないし、二つには、広範な大衆とその組織が意見を自由に発表できるようにするには、国家が民主的な新聞機関の発展に必要な敷地、印刷機械、用紙などの物的資材の提供に援助を与え協力しなければならない、というのである。現在の多くの国においては、言論の自由は持てる者の自由にすぎないからである。また、社会保障についても、すべての人が権利を享有する現実の機会を確保するため立法措置を含むあらゆる措置を国家が執る義務を主張する。しかし、現実にはこれらの主張は多くの国の反対に遭い、採用されなかった。

ところで、ソ連は解体し、ロシアが誕生した。ロシアでは一九九三年憲法によって近代西欧型の人権概念が完全に受容された。森下によれば[10]、その受容の特徴は、「人」の権利の承認とその自然権的な説明、私的所有権を人権として承認、自由権が社会権よりも優先される、物質的保障から裁判的保障へ、伝統的イデオロギーの放棄、の五点に表わされる。いわゆる物質的保障論について、たとえば、七七年のソ連憲法五〇条が言論・出版・集会等の自由を規定し、これら自由は勤労者およびその団体に建物・道路・広場を提供したり、出版物・テレビ・ラジオ等を利用する可能性を与えることによって保障されるとしており、わが国の学者にもこの説明を真に受け、ソ連邦の労働者はテレビに出演する具体的請求権をもっていると解した者がいたが、このような物質的保障論の欺瞞性については今日では改めて論じる必要もない、物質的保障を必要としない口頭での発言や自費出版が厳しく規制されていたことを考えるだけで明らかである――こう森下は厳しく問うている。確かに、欺瞞性については指摘されるとおりであるとしても、しかし、現在のように、一人の大富豪が新聞もテレビも所有し、世論を左右する現実が生まれてくると、何ほどかの聴くべき点があるように思えてならない。

サウジアラビアの立場はどうであったのか。サウジアラビアの代表は、宣言草案が主として西欧的文化型を基礎にしており、東方文明の伝統と相容れない規定があると言う。宗教・信念の自由についても、結局、外国宣教師の活動の自由を許すことになり、しばしば内政介入となったし、婚姻の自由についても賛成ではなかった。こうした点については宣言の採択に賛成したエジプト代表も同じような懐疑をみせていたことを指摘しておくのがよいであろう。冷戦が終わってみれば、文化的な対立が前面に吹き出してきたので、これらの論点の読み直しが必要であろう。イスラム世界の問題を提起したサウジアラビアの立場については、単に反動的として片づけることができないことは明らかであろう。

（1）*Yearbook on Human Rights for 1947*, United Nations, Lake Success, New York, 1949, pp. 420-423.

（2）芹田健太郎「国際人権規約」神戸商船大学紀要第一類・文科論集一六号（一九六八）参照。

（3）なお、すでに各種の提案をみてきたことから推察されるように、世界人権宣言採択に先立つ一九四八年五月に採択された「人の権利および義務についての米州宣言」（米州人権宣言）も、世界人権宣言と酷似している。条文の比較について、芹田健太郎『国際人権条約・資料集』（有信堂、東京、一九七九）、あるいは芹田健太郎「米州における人権関係国際文書」法学論叢八五巻六号（一九六九）参照。

（4）*Yearbook on Human Rights for 1947*, op, cit., pp. 484-486.

(5)　以下討議の紹介・問題の摘出は、読者の便宜等を考え、基本的に法務府人権擁護局『世界人権宣言成立の経緯』(自由人権叢書第九集、東京、一九五一)に拠って行った。

(6)　田畑茂二郎は、道義的拘束論についても、庇護権や国籍権をもちだし、疑問を呈していた。田畑・前掲書一一〇―一一一頁参照。

(7)　同右一一二頁参照。

(8)　同右一一四―一二〇頁参照。

(9)　これら諸国の解体の経緯等につき、芹田健太郎「社会主義連邦諸国の解体と国家承認」『普遍的国際社会の成立と国際法』(有斐閣、東京、一九九六)所収参照。

(10)　森下敏男「ポスト社会主義時代における人権概念の受容(下)」神戸法学雑誌四七巻二号(一九九七・九)三五六―三五八頁参照。なお、旧社会主義諸国の民主化や人権尊重の問題に関連してヨーロッパ安全保障協力会議が果たした役割について、吉川元『ヨーロッパ安全保障協力会議(CSCE)』(三嶺書房、東京、一九九四)参照。

四　おわりに：世界人権宣言の与えた影響と二一世紀への役割

世界人権宣言が採択されると国連人権委員会はこれに法的拘束力をもたせるため条約化すべく国際人権規約の起草にとりかかった。そして、一九五四年に国際人権規約草案を総会に提出した。(1)世界人権宣言は、国際人権規約の基礎になったのみならず、その後の国連における人権関連の活動や人権諸条約に大きな影響を与えた。(2) たとえば、人権宣言二〇周年の六八年は「国際人権年」に指定され、二〇年を振り返り、二〇年の将来を語るため、テヘランにおいて国際人権会議が開催された。(3) そして、冷戦終結後の九三年、世界人権宣言四五周年を機にウィーンで世界人権会議が開催された。(4) テヘラン会議の文書によると、アルジェリア、ブルンジ、カメルーン、チャド、コンゴ（首都キンシャサ）、コンゴ（首都ブラザビル）、ダホメー（現ベニン）、ガボン、ギニア、コートジボアール、マダガスカル、マリ、モーリタニア、ニジェール、セネガル、トーゴ、オートボルタ（現ブルキナファソ）、ソマリア、ルワンダの諸国が憲法において世界人権宣言をほぼそのまま採り入れたり、これに言及していた。その点で、六〇年代独立のアフリカ諸国に対してとくに大きな影響力をもったと言うことができる。世界人権宣言で謳われた自由権と社会権はこれらの国の人々にとって実に明るい夢を与えるものであったのである。(5)

さて、いわゆる東欧の旧社会主義諸国はそのほとんどが、現在、ヨーロッパ人権条約に加盟している。ヨーロッパ人権条約が世界人権宣言を世界で始めて条約化したもの（同条約前文）であり、世界人権宣言の双生児であることからすれば、世界人権宣言は内容的にヨーロッパ世界全体を覆うものとなっていると言うことができる。こうして、推進役であったラテンアメリカ諸国にヨーロッパ全域が加わり、先にみたようにアフリカ諸国も加わっているとすれば、残るアジア諸国とアラブ諸国の動向が注目されるところである。アジアの国のなかには世界人権宣言の書き直しを求める意見もある。しかし、人権の普遍性はウィーン世界人権会議での一致した支持のもとに認められた。したがって、書き直しは、より正確には書き加えと理解すべきことであろう。

現在の世界には、科学技術の発展等によって一九四八年の人々の知らなかった現象が多く現われている。たとえば情報革命がそうであり、生命科学の発展がそうである。情報に関する基本原則や生命倫理に関する基本原則などは早急にまとめなければならないものであろう。また、個人が近代国家に包摂されてしまったのが二〇世紀のきわめて大きな現象であったが、二一世紀は国家から個人が解放され、世界の一員であるという要素が強められる世紀となるであろう。そうであるとすれば、そうした原則も明らかにしなければならない。

また、伝統的国民国家である先進国における全体主義による自由権侵害から国際人権保障が誕生し、国際人権保障が国際連帯を基盤にしたことは明らかであるが、一九七〇年代以降の経験の示すところは、新たに植民地から独立した途上国が依然として低開発にとどまり、一国単位での社会権保障の不可能であることが露呈し、国際協力の必然性とともに、ここでも国際連帯が必須であることが明白となった。(6) こうして、世界人権宣言の自由権・社会権を踏まえた、新しい人権を視野に入れた世界人権宣言の読み直しが二一世紀への橋渡しの役割を果たすことになるであろう。

（1）　芹田健太郎編訳『国際人権規約草案註解』（有信堂、東京、一九八一）参照。

（2）　芹田健太郎『永住者の権利』（信山社、東京、一九九一）参照。
（3）　そこにおける主要な議題とテーマについて、芹田健太郎「国連における人権問題の取り扱い」国際問題一〇三号（一九六八・一〇）本書Ⅲ11参照。
（4）　多谷千香子「ウィーン世界人権会議」および松井芳郎「ウィーン宣言および行動計画（翻訳）」国際人権法学会年報・国際人権四号（信山社、東京、一九九三）参照。
（5）　その後の問題等については、芹田健太郎「国家主権と人権」国際問題二七九号（一九八三・六）本書Ⅱ8参照。
（6）　芹田健太郎「地球社会の人権論の構築――国民国家的人権論の克服」国際人権法学会年報・国際人権創刊号（信山社、東京、一九九〇）本書Ⅱ10参照。

（国際問題四五九号（一九九六・六））

Ⅳ　アジアの人権保障と日本の役割

〈ひとこと〉

本章には「日本による人権の採用と実施」と「東アジア人権委員会設立の提案」の二点の論考を置いた。アジア諸国の人権状況についてはとくに触れていない。アジアの人権については、一九九五年に国際人権法学会が中国、インド、インドネシアについて特に研究報告を組んだ（同学会年報『国際人権』第七号参照）ほか、その後、九七年に国際政治の視点から渡邊昭夫編『アジアの人権』（日本国際問題研究所）が出版され、また九七年以降毎年、（財）アジア・太平洋人権情報センター（九四年設立）が研究紀要として、アジア・太平洋人権レビューを出版し、これら地域の人権動向を報告している。

第一の論考「日本による人権の採用と実施」は、日本国際法学界百周年記念の国際シンポジウムで、表題について過去・現在・未来を語ることが求められたもので、筆者としては、日本モデルが非ヨーロッパの国における人権の受容と定着のモデルたり得るか、という問題設定で、本論を進めた。そしてヨーロッパに対し文化的に憧れながらも政治的にアレルギーの強いアジアにおける緩やかな国際的枠組みがこれら諸国の人権改善に大いに役立ち、欧州と米州の経験を踏まえれば、外からの介入を避けるためにも必要であることを説いた。第二の「東アジア人権委員会設立の提案」では、それを東アジアに限定して一層明確に主張したものである。従来アジアにおける人権保護委員会等の提案はどちらかと言えばＮＧＯ主導のものであったが、欧州や米州等の経験を比較検討し、政府主導の緩やかな委員会を提案した。これは、当然ながら、人々の連帯がなければ単なる官製にとどまる。周到な比較研究と現状分析の上に、人権と平和の分野でアジアを主導する気概が必要に思える。

13　日本による人権の受容と実施

一　はじめに

日本において人権が確立していることは、人権の普遍性を示す強力な証拠である。確かに徳川時代にも慈善の慣習や概念のみならず、封建的な「法」と「法廷」が存在したが、ここで用いる「人権」は種々の人権宣言と結びついたものであり、その最も代表的なものは一七八九年のフランス人権宣言である。フランス人権宣言は、ミルキーヌ・ゲツェヴィッチが言ったように「世界を駆けめぐり」大きな影響を与えた。こうした人権の保護が日本ではじめて実現したのは一八八九年のいわゆる明治憲法によってである。明治憲法は、神権的かつ絶対的原則を基礎にしていたが、近代憲法に期待される種々の民主的な原則をも含んでいた。したがって、我々が百年前の明治憲法を現行憲法との関係で眺めてみれば、「前者によって、わが国の民主化は、制度として半ばまでその道を進み、後者によって、ほぼ完成の域に達した」のである（我妻栄『法学概論』（法律学全集2）（有斐閣、東京、一九七四）二頁）。

この小論では、したがって、第一に日本における人権の発展、第二に緩やかな国際的枠組の中での人権の国内的実施、第三に人権の普遍性と特殊性、最後に人権の将来への展望を簡単ながら検討してみたい。こうした方法をとる理由は、人権がヨーロッパ起源にもかかわらず非ヨーロッパの日本において定着しているというまさにその事実が人権の普遍性の証拠と考えられうるからである。したがって、また、人権保護についての日本の経験がその他の非ヨーロッパ諸国に指針となり得るかどうかの問題も検討し、もしなり得るとすればどのようにアプローチするべきかを検討したい。

二　日本における人権の発展

通常の近代憲法に従って明治憲法は若干の人民の権利と自由を規定した。個人尊重の民主的な原則の導入は、封建時代に比べると大きな前進の一歩であった。しかし、明治憲法における人権の保障は天皇からその臣民に与えられた恩恵の形式であり、また、他にも貴族的特権や神道の国教指定といった例外が存在した上に、いわゆる法律の留保が権利保障を条件付きのものとしていた。明治憲法下では、一九一〇年の「大逆」事件に始まり、市民的権利の抑圧は、拷問や思想の自由の弾圧のように、恒常的に行われていた。とくに、悪名高い治安維持法が一九二五年に公布され、京都学連事件で始めて適用されたことを指摘しておきたい。こうしたことが見られたにもかかわらず、表現と言論の自由は、宗教の自由とともに、獲得されていった。

現行憲法は一九四六年に公布されたので、その条文は二〇世紀半ばまでの人権の進展を反映している。現在の憲法の通説的解釈と国際人権規約の起草過程を考慮すれば、人権は二つのカテゴリーに分けることができる。一八世紀につながる基本的な市民的権利と、基本的生存権のような二〇世紀につながる権利とである。人権の歴史とともにこの分類は人権の内容を明らかにするにあたって重要な役割を演じている。この区分に従えば、人権を規定する現行憲法の条文の特徴は一八世紀型と二〇世紀型となると言うことができ、日本では双方が一度に認められた。

しかし、後者の人権が前者の人権の上に積み上げられている西欧と比較すると、日本においては二種類の人権が抵触してきている。言い換えれば、現に存在するのは、一方を制限するために他方を強調するという現象である。ことのほか日本的であると考えられるのは、古典的な市民的自由と平等の侵害が、明治政府のもとで発生したような直接的な人権抑圧は今日ではもはや見られないにしても、基本的社会権の保障のもとで行われていることである。一九五〇年の生活保護法がその例である。この法律は生存権を規定する憲法二五条に具体的な定義を与えるために立法されたもので、貧困にあえぐ人々に各種の国家支援を規定しており、したがって、人権保障の面では重要な進歩である。他方、同法の受益者のプライバシーの不当な侵害が支援を与える過程で防止されていない例が多々ある。困窮者は、市民的権利の放棄の代償に国家から支援を受けるというのではなく、基本的な市民的権利と社会権とを、ともに、保障されなければならない。

一九六〇年代の日本において、高度経済成長によってもたらされた生活の質の破壊に反対する市民運動の結果として、新しい人権が誕生した。環境権である。高い生活の質を求める人々の権利は、幸福追求権とともに、憲法二五条の定める「健康で文化的な最低限度の生活を営む権利」の現代版として説明される。しかし、実際には環境権は遙かに大きな内容を含んでいる。確かに、日本国憲法二五条は、ドイツの一九一九年のワイマール憲法をモデルにしており、また、生活保護法に示されるように、資本主義の下で不利な立場に置かれた人々の救済を目的にしたものではあるが、同じ資本主義の下で生じた生活の質の破壊の予防や救済のための法的根拠としても用いられうるが、環境権はより一般性をもち、しかも、環境権の遵守は極めて大きな規模の問題であり、特定の地域の人々のためであるとともにすべての人類のためでもある。したがって、環境権は日本に限られた問題ではなく、世界中に見られるものである。すでに一九七二年のストックホルム人間環境会議で示されたように、環境権を取り上げることは、科学および技術の一方的開発によって引き起こされた現代社会の欠陥を示すことでもある。日本の場合には、一九五三年から一九六〇年にかけて発生した水俣病、ならびに四日市大気汚染訴訟、森永砒素ミルク事件そして現在のエイズ・スキャンダルにこれらの例を見ることができる。

以上の概要から分かるように、日本における人権は、したがって、他の先進国とは独立に、しかも、他の先進国と並んで、発展してきていると言える。

三　人権の実施——緩やかな国際的枠組と国内的実施

日本による人権諸条約の受諾は国際人権規約の署名後積極的に行われてきた。一九八八年の世界人権宣言四〇周年とともに日本では国際人権法学会が設立された。国際人権規約調印後の一〇年の間に、日本は国連人権委員会の委員国となった。また、日本は女子差別撤廃委員会、人権規約委員会に委員を送り、人権小委員会に専門家を派遣するまでに至った。さらに、日本は批准した条約に並行して国内法の改正を行い、研究者、ジャーナリスト、一般の人たちの中で「国際人権」に関する関心も高まりを見せている。裁判所による人権の援用も増加した。

国際条約の拘束力の問題はまた憲法上の問題であり、近代国家が直面した法的な大問題の一つである。周知のように、ミルキーヌ・ゲツェヴィッチは、一九三〇年代の著作『国際憲法』(*Droit Constitutionnel International*, Paris, 1933) の冒頭で、ポイントを次のように表現している。

「国際条約の規律の力は専制国家よりも立憲国家のほうがはるかに強い。なぜなら、立憲国家にとって国際条約の侵害は法的には不可能である。もし民主国家がその国際的義務を侵害すれば同国は同時に自国の憲法を侵害することになる。国民は議会ならびに出版および世論の自由を通してその違反に反対するであろう。これとは対照的に、国際法を侵害する専制国家にはその侵害に反対する法的であれ社会的であれ国内的な力がない。専制国家の法構造の中には、支配者または支配者たちの意思に抵抗する法的手段、抑圧手段および反対勢力がない。国際条約の規律の力の問題の理解には、したがって、国家の国内構造を検討することが不可欠である」（なお、小田滋・樋口陽一共訳『憲法の国際化』（有信堂、東京、一九六四）参照）。

このことを心に止めて、先の問題提起に従って非ヨーロッパ途上国の人権問題を論じてみたい。多くの非ヨーロッパ途上国の人々は民主政治に必要とされる政治的経験を有していない。これは長い植民地支配の時代を通じて基礎的教育が欠けていたことの結果からくる事実である。また、これらの国では低い生産力、高い人口増加率、広範に広がる貧困が見られ、教育的及び文化的制度に対する十分な関心がなく、さらに政治的水準の改善を無視する傾向がある。その結果、経験の示すところでは、より成熟した先進国の政治制度が導入されたにしても、これらの制度が民主的に機能することは期待できない。

これに加えて、急速な民主化ドライブによって多くの途上国では、独立後、社会主義経済または計画経済を統治形態として採用し、その結果独裁へ向かう傾向が見られた。また、貧困や内政上の衝突という不安定化要因を別としても、多くの途上国は隣国との衝突をしばしば引き起こす。そこで、現実の国の経済力とは不均衡な軍事力を持つ傾向があり、これがひるがえって国際的な緊張を引き起こし、より強力な独裁に向かわせる理由ともなっている。貧困と、強力な政府権力を必要とする強力な政策との因果関係は、軍事力の膨脹に向かう国内的な緊張がさらに貧困と緊張の再生産を生み出すという国内緊張関係のサイクルと合わさって、いわゆる南の国々の民主化をさらに一層困難なものにしている。

これとは対照的に、西欧における人権の実現は数世紀に亘る人々の努力の成果である。第二次大戦の結果としてヨーロッパ人権条約から国際的人権保障が生まれた。ヨーロッパの三億の人々にとっては、国際的保障に加えて、個別国家による人権保障がある。

このように、西欧と北米の経験は人権の国内的保障の確立の重要性を示している。そこで、人権の保護のためには「国内的実施」が「国際的実施」より重要であると言い得るであろう。他方、歴史を見れば、西欧及び北米諸国は人権保障を確立するために数世紀を要していることが分かる。また、日本も二〇世紀全部をかけて実現してきた。ところで、今日、我々は世界の他の諸国における人権保障確立のためこれと同じだけの時間をかけて待つことができるであろうか。我々はそのプロセスをあまりに急がせてはならないが、同時に我々は完全にそれを個別国家の手に委ねてしまうこともできない。

人権保障を待ち望んでいるアジアの人々は、二〇世紀末には中国が一三億人、インドネシアが二億人に達すると言われ、一九九六年三月の第一回ＡＳＥＭ会議に参加した東アジア諸国の人口は一八億人であった。したがって、これら諸国の人権の「国内的実施」を支援するための国際連帯を国際社会は考えているべきであろう。この場合、緩やかな国際的枠組のもとでの国内的実施が重要である。何よりも、これら諸国が西側に対して抱いている内政干渉の危惧と不信を取り除き、これらを誠実に取り扱うことが必要である。と同時に、国家の法システムの制度化および地域的ＮＧＯとの協力強化を通じて関係国民を勇気づけることが死活的に重要である。

四　人権の普遍性と特殊性

この種の緩やかな国際的枠組を考えるとき、その標準がヨーロッパ文化に基礎を置いているという点で、はたして枠組として機能するだろうかという疑問が残る。しかしながら、上述のように、人権は日本において成功裏に確立してきている。国際場裏においては、一九九三年六月にウィーンで開催された世界人権会議が人権の普遍性を確認した。第一に、人権概念は、人間が人間であるというただそのことによって当然に権利を有しているということを前提にするものである。今日では、「人道」や「人間の尊重」という考えは人権という概念によって権威づけるのが普通である。また、国際人権規約に定義された種々の権利が「人間の固有の尊厳」から引き出されていることも明らかである。

もちろんそうは言っても、具体的な人権の現れは異なった形を取りうることに注目しなければならない。一例を挙げれば宗教の自由がそうである。宗教の自由は近代の人権思想の展開のなかでは核心的な役割を担った。ヨーロッパではこの自由はキリスト教、殊にカトリシズムと結びついた問題であったが、日本では神道と仏教、とくに近代日本では国家神道と関連していた。このように個人の宗教の自由の保障の問題は、歴史的には、国家と結びついた宗教からの自由と関連している。もし我々がこれを国家または国民の多数者による抑圧の例として捉えると、今日的な表現の自由は、国家と結びついたイデオロギーからの自由を意味すると理解することができる。しかし同時に、社会の破壊は許されないという事実を真剣に考えておかなければならない。たとえば、ドイツに見られるように、ナチズムとファシズムを現に禁じるいわゆる戦う民主主義（militant democracy）が存在し、これとは対照的に、ほとんど完全な表現の自由を維持するフランスや日本型の民主主義がある。したがって、採用される法の形態は、緩やかな国際的枠組の下に残るとはいえ、各国の状況によるべきである。いかなる場合であれ、人権保障が人権の画一化を図るものではないことは明らかである。

五　おわりに

国際条約を受諾することは国際連帯に組み込まれることを意味する。しかし、日本は他のアジアの諸国との連帯を達成しているとは言えない。これと対照的に、ヨーロッパ諸国の比較的高い水準の紐帯は近隣諸国との連帯の上に築き上げられてきた。人権は、国家によって保障されるというよりむしろ、すべての人々の連帯を通して守られるべきであり、人々の結び合わされた力がこの連帯の核心を形作ることができる。我々は我々のアジアの友人の信頼を勝ち得て断固として人権の保障を確保しなければならない。したがって、国家間および国民間の率直な議論の場の建設が我々が今日直面する最も緊急な課題である。

〔原題 "Japan's adoption and implementation of human rights in law and practice," *Japan and International Law-Past, Present and Future* (Kluwer Law International, The Hague, 1999) pp. 251-256. 国際法学会百周年記念国際シンポジウム（一九九七・九）〕

14 東アジア人権委員会設立の提案

——東アジアにおける国際人権保障制度設立の可能性——

一　はじめに

周知のように、現在、欧州、米州、アフリカの三つの地域的人権保障制度がある。私の修士論文は最初の公刊論文となった「ヨーロッパ人権委員会の活動とその性格——人権の国際的保障と国家主権の問題をめぐって——（上）（下）」(1)である。その後、国際人権規約の日本語訳を作ったり、米州人権条約の資料の紹介や論文を書いたり(2)、国際人権規約草案註解の翻訳をしたりした(3)。アジアにおける人権保障制度の設立は、多くの人が論じてきたように、私もそのころから関心をもつ見果てぬ夢である。

小論では、この問題を取り上げた。

先ず、先例としての地域保障制度を分析することから始め、東アジアにおける国際人権保障制度設立の可能性を探って見たい。

（1）　法学論叢七九巻一号、二号（一九六六）。
（2）「米州における人権関係国際文書」法学論叢八五巻六号（一九六九）、「米州における人権の保護」同上八六巻二号（一九六九）。
（3）　拙編訳『国際人権規約草案註解』（有信堂、東京、一九八一）。

二　欧州人権保障制度

一九四九年、西ヨーロッパ諸国は欧州協議会（Council of Europe：欧州審議会、欧州理事会とも訳された）を設立し、個人の自由と民主主義の保持を約束した。同協議会規程三条は次のように規定する。

「すべての欧州協議会加盟諸国は、法の支配の原則と自国の管轄下にあるすべての人の人権と基本的自由の享有の原則を受諾しなければならない。」

この欧州協議会が中心となって欧州人権保障制度を打ち立ててきた。[1]

欧州人権条約が一九五〇年一一月にローマにおいて調印されたとき、共産主義との日々の闘争の中で、厳しく共産主義陣営と対峙している状況下で、当時のアイルランド外務大臣ショーン・マックブライドは次のように述べ、同条約の当初の目的の一つを明確にした。

「現在の闘争は、人類の良心のなかで闘われているものである。この闘争の中で私はいつも、われわれ民主主義者がわれわれの国民に対して保障する権利を明瞭に示す明白に定義された憲章を欠いていることを感じ続けている。この条約はこの方向での第一歩である。」

そして当時のフランス外務大臣シューマンが次のように付け加えた。

「今調印しようとしているこの条約は、われわれの多くが待ち望んできたものほど十分であり精密なものというのではない。しかしながら、今のままのかたちでこれに参加するのがわれわれの責務であると考えてきている。この条約はあらゆる独裁、あらゆる全体主義に対して人格を擁護するための基礎を規定している(2)」。

こうした熱い思いで採択されて以来五十有余年。今や冷戦は終結している。冷戦の終結によって東欧および中欧の国々(3)は前述第三条の原則の受諾宣言をすることによって欧州協議会に加盟することが可能になり、加盟国数が増加した。いまや欧州人権条約加盟国は四四を数え、欧州人権条約はロシアを含みヨーロッパ全域を覆うこととなった。

欧州協議会の人権保障制度の法源は二つの条約である。一つは一九五〇年の欧州人権条約であり、市民的政治的権利のみを保障する。他の一つは一九六一年の欧州社会憲章である。欧州社会憲章は経済的社会的権利の保護のための地域的欧州制度を設立し、それによって欧州人権条約を補完するものであり、欧州協議会加盟国の半数以上が当事国である。欧州人権条約は冷戦終結時においてすべての欧州協議会加盟国が当事国であり、また欧州人権条約の保障する人権に関しては多くの事例が集積している。したがって、地域的人権保障制度の比較研究のためには欧州人権条約を扱わなければならない。

欧州人権条約は「締約国が行った約束の遵守を確保するため」(旧一九条)欧州人権委員会と欧州人権裁判所の二つの機関を設けた。欧州人権条約または欧州協議会の機関である閣僚理事会に人権の執行に関する機能を付与した。さらに、欧州人権条約は欧州協議会の枠組の中でその後援の下で採択された条約であるので、欧州協議会の機関が条約の適用と実施を促進する重要な役割を果たしている。

欧州人権条約の第一一議定書が一九九四年に採択され一九九八年一一月一日に効力を発生した。これにより新しい裁判所が創設され欧州人権条約の制度は新たな一歩を踏み出した。そして欧州人権委員会は廃止された。しかし、一九九八年までは人権委員会が四五年間に亘り欧州人権条約の主要な機関であり続けたので、ここでは人権委員会を取り上げることにする。人権委員会は締約国と同数の委員から構成され、委員は閣僚委員会によって六年の任期で選出され個人の資格で勤務した。

国家は、欧州人権条約を批准することによって、条約違反を主張する他の締約国の申立を受理する人権委員会の管轄権を自動的に受諾したものとみなされる。オーストリア対イタリア事件が示すように、中立国は侵害の犠牲者またはその内容との特別な利害または関係を立証する必要はない。確かに、国家間申立は政治的な動機からなされることを否定できないが、人道的理由からも付託されてきた。

たとえば、スカンジナヴィア諸国がギリシャやトルコを相手取って提起した手続はそうである。しかし、国家間申立はわずかな数しか委員会に提起されていない。その意味でも、欧州の制度で最も有意的な機能は、人権委員会による個人からの申立の受理であり、最初の二〇年の期間に人権委員会は約六〇〇〇の申立を受け付けた。

そこで、次に、個人申立手続を検討する。欧州人権条約違反を主張して国家を相手取って人権委員会に申し立てる個人の申立権は条件付きである。つまり、国家が特別の宣言によって個人の申立権を事前に承認していることが必要である。

いかなる人、民間団体または個人の集団であっても、欧州人権条約に掲げる権利の侵害の犠牲者であると主張して申立を提起できる。この「犠牲者」という要件があることによって個人の申立人は自己の主張する侵害によって現に侵害を蒙っていることを主張しなければならない。

個人の申立権を認めることによって各国政府は些細な申立によって破壊活動のプロパガンダや嫌がらせのような濫用に晒されることをおそれ、これを避けるため二つのセーフガードを設けた。一つは条約一七条に規定されるもので、「この条約のいかなる規定も、……この条約において認められる権利および自由を破壊しもしくは……制限することを目的とする活動に従事しまたはそのようなことを目的とする行為を行う権利を有することを意味するものと解釈することはできない」とした。これに関連してドイツ共産党事件(4)などがある。他の一つは、国内的救済完了原則とか請願権の濫用禁止など

の許容要件を定めたことである。(5)

結論的に言えば、欧州の制度は欧州の人々の間では人権保護のための司法制度として現在では堅固に確立されていると言えよう。

(1)　設立の経緯や概要等については、前掲拙稿（上）、注（1）参照。

(2)　A. H. Roberson, *Human Rights in Europe*, Manchester, 1963, p. 5.

(3)　拙著『普遍的国際社会の成立と国際法』（有斐閣、東京、一九九六）参照。

(4)　ドイツ連邦共和国憲法裁判所のドイツ共産党の禁止と財産の没収という一九五六年判決に関連する人権委員会決定について、前掲拙稿（下）、注（1）八三―八四頁、参照。

(5)　許容要件について、同上、八六―八九頁。とくに国内的救済完了原則については、拙稿「ヨーロッパ人権条約と国内的救済原則」神戸商船大学紀要第一類・文科論集一五号（一九六七）、参照。

三　米州人権保障制度

米州の人権保護制度は、一九四八年の米州人権宣言と一九六九年の米州人権条約を基礎とする。実施機関は米州人権委員会と米州人権裁判所である。米州人権裁判所がもっぱら一九六九年の米州人権条約によって設立された司法機関であるのに対し、米州人権委員会は、米州人権裁判所に先立つこと一〇年前の一九五九年に、チリのサンチアゴで開催された第五回外務大臣協議会議の決議によって設立され、種々の機能をもっている(1)。

米州人権委員会の国家に対する管轄権は米州人権条約の当事国であるか否かにかかわらないのに対し、米州人権裁判所は争訟事件において条約当事国に対してのみ管轄権を有している。したがって、機能的な面からみても歴史的な面からみても、米州人権委員会が米州制度の核となる機関である。米州人権委員会事務局はワシントンＤＣにあり、米州人権裁判所はコスタリカのサンホセにある。

米州制度は南北アメリカの米州全体に適用されるが、北米のアメリカ・カナダとその他諸国との間にはいくらかの距離がある。米州人権委員会の年報や裁判所の判例を一読すれば分かるように、そこにはアメリカとカナダは稀にしか登場せず、米州制度が基本的にラテンアメリカのものであるかのような印象を与えることは否めない。

米州人権委員会は七名からなり、委員は独立の専門家として勤務する。委員は米州機構加盟国によって指名され米州機構総会によって選出される。総会においては米州の法律制度と地理的範囲が公平に代表されるように考慮される。しかし、アメリカは常に自国民を委員として有している唯一の国家である。

米州制度は確立された地域制度である欧州の制度とは多くの点で異なる。決定的と思われるのは、二つの制度が作用している政治的文脈である。欧州制度は、その四〇年以上に亘る歴史を通じて常に、法の支配を遵守する独立の司法府と政府をもつ民主主義諸国を一般的には規制してきたのに対し、一九六〇年以降の米州の多くは根本的に異なり、軍事独裁、政治的対立者の暴力的抑圧、テロリズム、脅迫下にある司法府を抱えていた。その結果、米州における人権問題は、ヨーロッパに見られる通常の人権侵害とは異なり、しばしば大規模侵害である。つまり、米州では、強制失踪、殺人、拷問、政治的対立者やテロリストの恣意的拘禁などを扱うことがはるかに多く、欧州人権委員会や欧州人権裁判所にみられるような公正な裁判を受ける権利や表現の自由などの事件を扱うことが少ない。

米州人権制度を評価するには、しかしながら、いずれかの国の人権遵守のレベルは多くの相互に作用する力や要素の産物であり、いずれか一つの要素の価値や意義は、それと現状の人権尊重レベルとの因果関係を設定する試みによっては決定できず、むしろ、特定の要素の重要性と価値はあまりドラマチックでない考慮によって測られなければならないということを、グレン・モウアー (A. Glenn Mower) の言うように、考慮すべきであろう。そこで、ラテンアメリカ諸国における人権状況に関して考慮すべき要素が米州人権制度であるとすれば、より合理的なのは次の問を発することである。

米州人権制度は濫用の犠牲者たちに希望と救済をもたらしたか？

米州人権制度は政府に対し少なくともいくつかの制約的、指針的、矯正的影響力をもったか？

そして、もし米州制度がたとえ小さくともこれらの役割をもったと信じる理由があれば、米州制度はこの地域の人々にとってよりよい生活のための貴重な貢献者であったと言うことができる。グレン・モウアーは欧米の制度を比較検討した結論として、この信念が実際に正当化できると考えている。[2]また、米州人権裁判所長を勤めたトーマス・バーゲンソール（Thomas Buergenthal）の言葉を用いれば、米州制度は少なくともラテンアメリカ諸国における人権遵守のより高いレベルのための「重要な貢献をした」のである。[3]

なお、一九七九年にコスタリカのサンホセに開設された米州人権裁判所は、二〇〇一年六月に発効した新手続規則によって個人に裁判所手続に参加する道を開いた。このように米州制度は長い年月をかけて着実に進展してきているのである。[4]

（1）　詳細については、前掲拙稿「米州における人権の保護」、注（2）、参照。

（2）　A. Glenn Mower, Jr., *Regional Human Rights A Comparative Study of the West European and Inter-American Systems*, Greenwood Press, Westport Conneticut, 1991, p. 164.

（3）　Thomas Buergenthal & Dinah Shelton, *Protecting Human Rights in the Americas Cases and Materials*, 4th revised edition, N. P. Engel, Publisher, Arlington Va, USA, 1995, p. 34.

（4）　米州人権保障制度の最近の進展について、拙稿「米州人権裁判所への個人の参加」ジュリスト一二〇五号（二〇〇一・七・一五）参照。

四　アフリカ人権保障制度

「人および人民の権利に関するアフリカ憲章」はアフリカ統一機構のもとで一九八一年に採択され、一九八六年に発効した。「人および人民の権利に関するアフリカ憲章」(以下アフリカ人権憲章)にはすべてのアフリカ統一機構(現アフリカ連合)加盟国が批准している。アフリカ統一機構は一九六三年に設立され、常設事務局、さまざまな閣僚級会談、閣僚理事会および国家元首・政府首脳総会を通して活動している。総会は毎年一回開催されるアフリカ統一機構の最高政策決定機関である。設立当初の機構の理念や構造については後に国連事務総長を務めたブトーロス・ガリ(B. Boutros Ghali)が明白に説いているとおりである(1)。

さて、アフリカ人権憲章は多くの点で欧州人権条約や米州人権条約と異なっている。元米州人権裁判所長のバーゲンソールは四つの相違点を指摘する。第一に、アフリカ憲章は権利のみならず、義務をも宣言している。第二に、個人の権利に加えて人民の権利を規定している。第三に、市民的および政治的権利に加えて経済的、社会的および文化的権利を保障している。第四に、アフリカ人権憲章は、条約で保障する権利の行使に対して締約国が極めて広範な制限や制約を課すことができるような形で起草されている(2)。

アフリカ人権憲章の規定は国連の人権文書の影響とアフリカの伝統を反映しており、他の二つの地域人権条約と異なり、国際人権規約と強い類似性がある。アフリカ人権憲章の前文は「(アフリカの)歴史的伝統の美点およびアフリカ文明の価値」について語り、これらが「人および人民の権利の観念に反映され、鼓舞し特徴づけるべきもの」としている。

アフリカ人権憲章当事国の義務および憲章の設ける実施措置あるいは国際的統制措置は米州人権条約や欧州人権条約ではなく、国際人権規約をモデルにしていると言える。「人および人民の権利に関するアフリカ裁判所設立に関するアフリカ人権憲章の追加議定書」が総会によって一九九八年六月に採択されたが、アフリカ人権憲章それ自体には裁判所についての規定はなく、アフリカのシステムは交渉と調停に大きな力点を置いている。

アフリカ人権憲章は「人および人民の権利を促進し、アフリカにおいてこれの保護を確保するため」一一名の独立専門家からなるアフリカ人権委員会を設置した。委員会は一九八七年に活動を開始した。委員会の委員はアフリカ統一機構によって六年の任期で選出される。地理的配分についての特段の明示規定はアフリカ人権憲章にはない。委員は政府代表ではなく、個人の資格で勤務するが、多くの委員が本国と緊密な関係を有し、閣僚のポストや大使の地位をもっている。

アフリカ人権憲章は国家申立および個人申立の制度をもっている。アフリカの国家間申立の制度は今日までのところ、実効的に機能していない。個人申立の制度は国連の経済社会理事会決議一五〇三によって設けられた手続に著しく類似しており、欧州や米州の個人申立の制度とは大きく異なっている。つまり、アフリカの個人申立制度は人および人民の権利の侵害の個々の事件を取り扱うものとは思われてないことを認めなければならない。「人および人民の権利の一連の重大なまたは大量の侵害の存在を示す特別な事態」（五八条一項）に関係する場合にのみ委員会が活動することを許すものである。こうした保護機能に加えて委員会は人権伸張機能をもち、また、勧告的意見管轄同様の広範な解釈機能をもっている。

いずれにしろ、アフリカの制度は機能し始めたばかりであり、将来を見守る以外にはないというのが実状である。

（1）Boutros-Ghali, *L'Organisation de l'Unité Africaine*, Librairie Armand Colin, Paris, 1969, 参照。
（2）Thomas Buergenthal. *International Human Rights*, West Publishing Co., 1995, p. 229.

五　東アジア人権保障機構設立の可能性

さて、以上の比較検討の上に東アジア地域における地域的人権保障制度設立が望ましいかどうか、またそれが可能であるかどうかについて検討を進めたい。

(1)　地理的範囲

ところで東アジア地域とはどこか。アジアには、いろいろな分け方があるが、おおまかにみて、南西アジア、南アジア、東南アジア、東北アジアおよび中央アジアの五つの地域がある。「東アジア」は通常東南アジアと東北アジアを含む。この地域には地域国際機構としてのASEANがあり、「ASEAN＋3」諸国が定期的会合をもっている。これらの諸国は、ブルネイ、カンボジア、インドネシア、ラオス、マレーシア、ミャンマー、フィリピン、シンガポール、タイ、ベトナムであり、加えて、中国、日本、韓国がはいる。これらの諸国のうち、カンボジア、日本、フィリピン、韓国およびベトナムが国際人権規約の当事国である。

なぜこれらの国を対象とするのか。周知のように、アジアはきわめて広く、また多様性に富んでおり、全アジアを念頭にいれた統一的な納得のいく計画を作るのは至難のことと思われるからである。何よりも他の地域と異なり、国連以外にアジア全域をカバーする国際機構は存在しない。東アジアのみが、アセアンを核にして、政治的にも経済的にも、比較的に一体性をもっているように思える。これが東アジアに関してのみ人権保障制度を提案する理由である。

(2)　政治的経済的状況と共通信念の共有

かつてフリードマン（Wolfgang Friedmann）は、一九六四年に著した『国際法の構造変化』のなかで次のように指摘した。

「伝統的国際法制度は外交的共存の制度であり、だからその政治的構造や価値にかかわりなくすべての国家に適用できるのに対し、われわれの時代の人類のいくつかの利益は十分に普遍的な性格をもち普遍的に規制できる一方、いくつかのものはあまりにも価値の共通性（a community of values）に依存しており普遍的に実施することができない。就中人権がそうであり、一定の社会に行き渡っている価値の規模に条件付けられている。それは抽象的な人間の価値についてのコンセンサスの程度の問題にとどまらず、統治や司法や経済原則の基準の問題である」。

さらに続けて言う。

「だから、人権侵害に対する個人の国際的保障の唯一の実効的実施が、限定的ではあるが、国家間の限定的なより緊密な社会、欧州協議会において達成されてきているのは驚くに価しない(1)」。

フリードマンの言には説得力がある。しかし、事実を見れば、米州人権委員会は一九六五年になって初めていずれかの米州機構加盟国による人権侵害を申し立てる個人申立の審査権限を第二回米州会議によって認められたものであり、それ以降、米州制度は飛躍的に発展してきている。また、アフリカ人権保障制度が出発したのは一九八六年のことである。

また、米州やアフリカの制度が出発したとき統治や司法や経済原則についての共通の基準があったかと問えば、とてもあったとは思えない。実際にも、米州人権委員会設立決議が採択された一九五九年八月には悪名高き独裁者であるベネズエラのペレス・ヒメネスとキューバのバチスタは一九五八年、一九五九年一月にそれぞれに権力の座から逐われていたが、ドミニカ共和国のトルヒーヨは六一年五月に暗殺されるまで権力に留まっていた。また、五九年以降でさえいくつかのラテンアメリカ諸国では軍事独裁を経験した。しかし、共通のゴールとしての民主主義体制を掲げていた。アフリカ大陸では人々は軍事独裁を経験したがこれに打ち勝とうと努めてきた。「人および人民の権利に関するアフリカ憲章」には民主主義に対する信念が吐露されている。

ところで東アジア地域はどうであろうか。

現在この地域には朝鮮民主主義人民共和国（北朝鮮）とミャンマーを除けば独裁制はない。ある国々は民主化の過程にある。ミャンマーでは軍政と野党との間で断続的ではあるが政治対話が進行中である。北朝鮮に関して言えば、最近の日朝首脳会談およびその後の国際社会の動向から考えれば、近い将来北朝鮮は政治的軍事的冒険主義を放棄し近隣のアジア諸国と協調するようになるであろう。経済的観点からはすべての諸国が経済制度としては、社会主義的市場経済か資本主義的市場経済かは別として、市場経済をとっている。また、東アジア諸国の相互依存関係は以前にもまして強まり、さらに深まることが予想される。

ところで、信念の共有はあるのか。

東アジアには全体を覆う人権条約もなければ地域的機構もない。しかし、すべての東アジア諸国は人権を規定する憲法をもっている。そして抽象的には世界人権宣言を承認しているし、一九九三年のウィーン世界人権会議に参加し、そのウィーン宣言および行動計画は人権の普遍性を宣言し、自由権と社会権の相互依存性を承認した。さらに、歴史的経験に照らせば、経済成長は必然的に民主的統治と統治機構の歯車以上の個人の価値とに対する信念を共有することになることを我々は知っている。その意味ですべての必要な客観的条件は整っていると言えよう。すなわち、この地域では、政治的決定のみが待たれている。

(3)　東アジア人権委員会の設置と活動の基盤

東アジア人権条約を起草・採択し、これを発効させることは、しかしながら、きわめて困難であるように思われる。なぜなら、条約を採択するためには、まず政府間会議において保護すべき人権の範囲を確定しこれを実施する委員会や裁判所などの機構を整備し、条約案を確定し、次に条約採択の全権会議を招集し、批准のための国内手続を済ませなければならない。そのためには多くの労力と時日を要すると思われるからである。

しかし、前述のように、南北アメリカ大陸において人権保障へと一歩を進めたのは、一九五九年の閣僚会議による政治的決定であったことを思い起こそう。一般的には、前述のように、東アジアでは条件は整っている。したがって、我々は「ＡＳＥＡＮ＋３」諸国の閣僚会議に対して閣僚会議自身の選出するたとえば七名の専門家からなる東アジア人権委員会設立の決議を採択することを期待できる。

ところで、政府間委員会としての東アジア人権委員会を「ＡＳＥＡＮ＋３」諸国閣僚会議の決議によって設立したとして、東アジア人権条約を採択していないのに、その活動の準拠基準はどこに置くのか。ここでもモデルは米州に見いだすことができるであろう。米州人権委員会にとって米州人権宣言が人権伸張活動の法的基礎となったように、東アジア人権委員会の行動基準として世界人権宣言を基盤にすることができるであろう。

東アジア人権委員会の任務は「ＡＳＥＡＮ＋３」諸国に一般的に勧告することである。つまり東アジア人権委員会は人権伸張の任務をもち司法的権限をもたない。この点でも我々のモデルは米州人権委員会であって、かつての欧州人権委員会でもアフリカ人権委員会でもない。

常設事務局は、しかしながら、米州人権委員会事務局が米国ワシントンＤＣに置かれているのとは異なり、「ＡＳＥＡＮ＋３」諸国のなかで、中国とか日本を避け、国際人権規約の当事国の一つでありしかも地理的にこれら諸国のほぼ中央に位置するフィリピンの首都マニラに置くのが適しているであろう。

そして、東アジア人権委員会の漸進的な活動によって機が熟してくれれば、米州諸国が行ったように、東アジア人権条約を採択するのも良いであろうし、条約によって人権裁判所を設置するのも良いであろう。しかし、東アジアの現段階では、包括的な人権保障機構の設置を構想するより、まず人権伸張をはかる政府間人権委員会を設置するのがもっとも現実的な方法であり、そうした政府間人権委員会は東アジアの秩序作りの枠組として十分に機能するように思われる。

（1）Wolfgang Friedmann, *The Changing Structure of International Law*, Columbia University Press, 1964, pp, 242-243.

六　おわりに――東アジア人権委員会の機能と権限（案）

小論を終わるにあたり、ここに提案した東アジア人権委員会の機能と権限について定義しておきたい。この定義は米州人権条約をモデルにして作成したものであり、日本語と英語で記しておく。

「ＡＳＥＡＮ＋３」諸国（以下加盟国という）は東アジア人権委員会（以下委員会という）を設立する。委員会の任務と権限は次の通りである。

委員会の主要な任務は人権の尊重と擁護を促進することである。このため以下の機能と権限を有するものとする

(ア)　東アジアの人民の間に人権意識を啓発すること、
(イ)　加盟国政府に対して同国の国内法と憲法の枠内において人権のための漸進的措置ならびに人権遵守の進展のための適切な措置を採択することに関して勧告することが望ましいと判断する場合に、これらの勧告を行うこと、
(ウ)　任務を遂行するに当たって望ましいと判断する研究および報告を準備すること、
(エ)　人権に関して自国が採った措置についての情報の提供を加盟国政府に対して要請すること、
(オ)　加盟国が人権に関する事項に関して行った照会に対して、国際事務局を通じて対応し、可能な限り加盟国が要請する助言的役務を提供すること、
(カ)　請願その他の通報に関して行動をとること、および
(キ)　加盟国の閣僚会議に年次報告を提出すること。

The ASEAN+3 countries (hereafter cited as Member States) shall establish the East Asian Commission on Human Rights.
The functions and powers of the proposed Commission are as follows:
The main function of the proposed Commission shall be to promote respect for and defence of human rights. In the excercise of its mandate, it shall have the following functions and powers:

(a) to develop an awareness of human rights among the peoples of East Asia;

(b) to make recommendations to the governments of the Member States, when it considers such action advisable, for the adoption of progressive measures in favor of human rights within the framework of their domestic laws and Constitutional provisions as well as appropriate measures to further the observance of those rights;

(c) to prepare such studies or reports as it considers advisable in the performance of its duties;

(d) to request the governments of the Member States to supply it with information on the measures adopted by them in matters of human rights;

(e) to respond, through the international secretariat, to inquiries made by the Member States on matters related to human rights and, within the limits of its possibilities, to provide those States with the advisory ser vices they request;

(f) to take action on petitions and other communications ; and

(g) to submit an annual report to the Ministerial Meeting of the Member States.

〔山手治之・香西茂編集代表『現代国際法における人権と平和』（東信堂、東京、二〇〇三）所収〕

V 国際人権と日本

＜ひとこと＞

本章には異なる二種の論考を配した。ひとつは国際人権規約の批准にかかわる論考二点であり、他は「ひとさし指の自由」を求めた少数者の闘いと、九五年一月一七日の阪神・淡路大震災の弱者たちの叫びである。

国際人権規約は一九七六年三月に完全に発効した。この前後から日本における批准運動が大きな盛り上がりを見せた。第一の「国際人権規約の意義と日本の批准問題」は同規約の歴史的背景と条約内容を基本的特徴とともに簡潔に紹介し、日本において誰が批准運動の先頭に立ったか、を示したものである（資料としての規約の翻訳については本書I2参照）。これによって、誰が国際人権規約の意義を理解したか、誰が国際人権規約の批准を待ち望んだか、が明らかになる。そして、現在でも、国際人権規約を必要としている人々とそれに寄り添う人々のことが分かる。実際に日本が批准し、日本につき効力を発生したのは、人権規約発効の三年後の一九七九年九月二一日のことである。その日から裁判所において この条約を援用できることとなった。人権規約に実効性をもたせるには、研究者と人権擁護を使命とする弁護士との共同作業が不可欠である。弁護士実務の観点から取り上げたのが第二の論考であり、日本について発効してからすでに一四年を経過した今日でも、基本的な問題点は同じである。

人権保障の砦は裁判である。しかし、それを支える人々の連帯がなければ人権の保障はおぼつかない。また、人権は歴史が示すように、少数者の叫びから始まっている。

人は一定の時と場所の中で生きている。我々の人に対する理解が深まる度合いに応じて、人の権利の深さと広がりが分かり、新たに自覚された権利が実定法化されていく。そのことを具体的な事象のなかで見つけようとしたものが指紋押捺拒否に関する論考であり、阪神・淡路大震災の経験からの提唱である。仮に一〇〇人いるとすれば、最大多数は九九人である。一人は必ず切り捨てられる。誰がその最後のひとりになりたいであろうか。

15　国際人権規約の意義と日本の批准問題——一九七六年——

本年（一九七六年）、国際人権規約が発効したわけですが、わが国の態度について、本年五月一七日の衆議院内閣委員会で和田代議士が「日本を含む全会一致で採択されてから一〇年もたっているのに、一体これをどうするのか」と問いただしたところ、外務大臣も外務省国連局長も「A規約（註：社会権規約）の方からなら、なんとか批准の準備ができるのではないか」と答弁しております。こうした状況のなかで国際人権規約批准の運動をすすめていかれるにあたってお役に立てるものがあるかと思い、国際人権規約の背景にまでさかのぼってお話ししたいと思います。

一　国際人権規約の背景

そこで国際人権規約の細い話に入ります前に、一体人権というものが国際社会でどのように考えられてきたのか、人権の国際的保障の歴史をひもときながら、この規約の背景について話していきたいと思います。

(1)　第二次大戦前の人権保障

現在のような国際社会ができあがったのは一七世紀のヨーロッパにおいてでありまして、ヨーロッパで三〇年戦争が終った一六四六年のウェストファリア条約以降のことですが（日本の身分制度確立の時期を考えますと、それほど古いことではありません）、このヨーロッパで国際的な人権保障の分野では宗教改革のころから少数者保護の問題に関心が払われはじめました。この時代の少数者というのは宗教上の少数者、特にカトリックに対するプロテスタントでした。プロテスタントが分かれてできた時には、血なまぐさい排斥が繰り返され、これが諸国家間の緊張・軋轢の種となり、そこで彼らの保護が第一の問題となったのです。

このようにはじめは宗教上の少数者の問題があらわれたわけですが、次に問題となったのは人種上の少数者です。これがはじめて出てきたのは、一八一五年のウィーン会議におけるポーランド問題審議のときでした。ポーランドは一八世紀末にプロシア・ロシア・オーストリアによって分割され、地図上からまっ殺されます。その中で当然民族運動そして独立運動がおこりますが、ウィーン会議でロシアの宗主権のもとにおかれることになりました。ポーランド問題の後にも、たとえばクリミア戦争後のパリ条約（一八五六年）の中でトルコ国内の信教の自由の保障や人種差別の禁止等が明記されました。第一次大戦後には、民族自決の原則にもとづいて、バルカンを中心として多くの国が誕生しましたが、まだ取り残された少数者がありました。そこで、ポーランド・ユーゴスラビア・ルーマニアその他の国々が、戦勝国との間に条約を結び、人種上・言語上・宗教上の少数者に対する正当かつ平等な取扱いの保障をきめ、それが国際連盟の保障のもとにおかれました。

以上のように、ヨーロッパで成長してきた国際法における少数者保護の考え方は、宗教上・人種上・言語上の少数者の保護ということで、地域はおもに現在の東欧から中東の諸国が対象であったわけです。

(2)　第二次大戦と人権

ところが第二次大戦以後、人権保障の問題は一転します。それはドイツの中の問題が、戦争の大きな原因の一つになったことによります。伝統や人権保護の理念を同一にする西欧のまっ只中で人権侵害が起こり、つまり、ドイツでのひどい自由に対する圧迫・人種差別の政策により、人権保障の問題に対する考え方が変わったわけです。このことの反省から、少数者保護というよりも人権の保障が平和の維持・確立のために必要だと考えられはじめました。このことは平和の関係からとくに意識されます。

一九四一年の年頭に発表されたルーズヴェルトの有名な四つの自由、同年八月のルーズヴェルトとチャーチルの大西洋憲章、さらに四二年一月にそれらをも含めた形で連合国宣言が出されます。この連合国宣言の中で、戦争に完全に勝つことが人権と正義の保持に必要なのだ、とうたわれています。これは南京大虐殺をした日本やユダヤ人迫害のドイツ等に対する闘争宣言であり、枢軸国に対し連合国が戦争目的を明確にして力を結集してきたものであったわけです。連合国は戦争末期の四五年四月から六月にかけてサンフランシスコで会議を開き、国連をつくることを決めました。この会議では主に平和の問題が議論され、人権の問題はのちに取り組むということになりました。

(3)　内外人平等——人権保障の大原則

国連と人権の保護という問題に移ります前に、人権の国際的保障の大原則についてお話ししたいと思います。一九七六年現在では地球上は一五〇ほどの国家に分かれ、人類はどこかの国家に属しています。したがって、原則としては人間はどこかの国籍をもっています。そして、国際的な場面ではこの国籍が現在でも非常に大切なわけで、それがなければ個人は外国で権利の侵害を受けた時に自国の政府に保護されるということもないわけです。一般国際法上、個人の権利保障のためには、国籍を持っているかいないかは大きな問題です。

ところが第二次大戦後出てきた人権の国際的保障という考えは、内・外人を問わず人間として保障するというものであり、国籍中心の考え方とは真向から対立します。したがってこれまでとは異なり

「物事の考え方の転換」をしなければならないのです。ところが、これをしないために、この内外人平等無差別という大原則が、外務省をはじめ文部・厚生・法務各省や財政当局を渋らせることになるのです。このことはあとで申し上げます。なお、国籍を問わない人間としての保障を前面に打ち出してきますので、同じ国籍をもつ国民の中で少数者に属する者の保護、少数者保護の問題は第二次大戦後は後景に退いていったのです。

(4)　人権条約

それでは国連は国際人権規約の他にどういう人権条約を採択し、どんな活動をしているかと申しますと、まず経済社会理事会の下に人権の問題を扱う人権委員会が設立されました。ここで国際人権章典をつくろうということになりましたが、それを宣言にするか法的に国家を拘束する条約にするか意見が分かれ、結局二つ作ろうということになり、まず一九四八年に世界人権宣言がつくられました。そしてその宣言を条約化していくということで、国際人権規約の作成作業がはじまりました。この草案は五四年に人権委員会でつくられ、六六年に総会で採択されましたが、日本は国連加盟が五六年ですので草案の審議には途中から参加しております。

さて国連ができてから一九七六年まで三〇年の間に、人権委員会を中心にいくつかの人権に関する条約ができております。皆殺しを禁止したジェノサイド条約をはじめ、売春の禁止・婦人の参政権・

難民の地位・人種差別禁止、さらに最近のアパルトヘイト罪に関するもの等一八あるわけですが、日本は七六年ではそのうち二つ（売春禁止と婦人参政権）しか入っておりません。この二つに入ったのは、この二つの条約が保障する人権の内容はそれぞれ憲法や国内法にあり、入っても国家的な負担を負わなくてもいいということからでしょう。このことからも日本の人権に対する態度がいかに消極的であるかがわかります。

二　国際人権規約の内容

それではこのような背景の中で作られた国際人権規約はどのようなものであるか。国際人権規約は、二つの規約と一つの議定書からできています。したがって、批准の問題は三つでてきます。一九七六年一月三日にいわゆる社会権A規約が発効した。西欧諸国が八ヵ国（英・西独を含む）、東欧が一〇ヵ国、途上国二一ヵ国が批准しております。西欧の諸国が少ないですが、西欧ではヨーロッパ人権条約が五三年に発効し、ヨーロッパ人権委員会、ヨーロッパ人権裁判所が活動しており、決して人権に関して無関心であるということではありません。

(1)　基本的特徴

社会権Ａ・自由権Ｂ両規約の共通の一条から五条までは実体規定ではなく一般規定です。その共通の第一条で民族自決がうたわれています。これは他民族支配を否定したもので、戦後急速に数を増してきた旧植民地国、とくにアジア・アフリカ諸国の連帯の表明であったと言えます。この規定は、植民地状態におかれている地域にとって大きな意味があります。民族自決が共通の第一条に規定されていることは、国際人権規約の第一の特色です。

さていわゆるＡ規約とＢ規約はどう違いがあるかといいますと、おおまかに言って、Ａ規約は社会権・Ｂ規約は自由権を規定した条約です。自由権と社会権は権利の性格が違うので、別々の保障の仕方がとられたのです。自由権Ｂ規約の方は、批准国三五ヵ国で一九七六年三月二三日に発効しましたが、批准国は自国の領域内及び支配下のすべての人にいかなる差別もなくただちに保障する、となっています。これが自由権Ｂ規約の保障の方式です。ところが社会権Ａ規約の方は、国家の義務として、利用可能な力の及ぶ限りで権利の完全な実現を漸進的に達成する、となっています。この点で外相も国連局長も「Ａ規約の方から……」と答えているわけです。

双方の規約とも、もちろん、内外人平等無差別という原則で、自由権Ｂ規約の方は開発途上国でもただちに実施しなければならないのですが、社会権Ａ規約の方では開発途上国においては、自国経済と人権にしかるべき考慮を払えば自国民と外国人との間に経済的権利について差を設けてもよいとされています。開発途上国の外国人は主に先進国の進出企業の企業人であり、主たる活動は企業活動であるので、人権保障の観点からは、そうした外国人は通常現地人たち国民より大きな恩恵を受けているので、問題はないとみていいわけです。ところが、わが国で一部に「この外国人に対する差別の規定によって外国人（主として在日韓国人・朝鮮人ですが）に認める権利を小さくできないか」という議論があるように聞いていますが、開発途上国で認められる差別規定を日本で認めよというのは全く馬鹿げた話です。ところで日本国憲法の基本的人権保障規定には「国民は〜」というのと「何人も〜」という二つの規定方式がみられるので国民の権利と外国人の享有する権利は違うという議論がありますが、この内外人無差別平等という大原則に従うならば、かなり考え方の転換が必要になってきます。なお条約と憲法とどちらが優先するのかは難しい問題ですが、人権については条約が憲法を補完するまたは条約に規定する価値内容でこれを充足・充填すると考えればいいのではないかと思います。

(2)　自由権B規約の内容

自由権B規約の主なものは手続的な保障の規定です。この手続的な規定を無視したためにユダヤ人の迫害・南京大虐殺がおこったので、これは非常に大事なことです。自由権B規約の実体規定は六条から二七条まであり、六条はあらゆる人の生命に対する固有の権利を認めています。死刑廃止の方向性も示唆しています。七条は拷問を受けることはない、人体実験も受けることはないという規定です。

八条はとばしまして、九条は身体の自由と安全を享有する権利で、恣意的な拘禁を受けることはないという規定です。一〇条は、自由を奪われたものは人道的に人間の尊厳に対する敬意をもって扱われるという規定です。これは未決囚及び既決囚を問わず、また出入国管理令で収容されている在日韓国人・朝鮮人の問題にもかかわってきます。日本の監獄法は明治にできたもので、今の刑務所は人権を守るということからはほど遠いものです。また入管の場合は刑務所よりもひどいということを聞きます。このようなことにも、この条項は適用されますので、法務省は渋っています。

一二条は国家内の移動の自由の規定です。一三条は外国人の国外追放の規定で、簡単に言えば、国の安全というやむを得ない理由から、別段の必要のある時以外は、追放反対理由の提出と権限ある当局あるいはその任命者による再審およびそのための代理が許されなければならない。その他の場合は法律によってのみ追放が可能とされる、となっています。一四条は公正な裁判を受ける権利で、刑事被告人の諸権利がくわしく規定されています。一五条は刑事法の遡及的適用の禁止、すなわち過去にさかのぼって適用することを禁止したものです。ただし戦争犯罪及び平和に対する罪はこの原則の例外となっており、法務省はこの点で難色を示しております。一七条はプライバシー・家庭・住居・通信・名誉・信用の保障の規定。一八条は、思想・宗教の自由でこれは、とくに宗教と政治の分離ということに深くかかわってきます。二〇条は差別煽動及び戦争宣伝等の禁止で、ここでも法務省は言論の自由に抵触するおそれがあるということで渋っています。二四条は児童の国籍の規定です。二七条は人種上・言語上・宗教上の少数者のいる国家における少数者の権利がうたわれています。

(3)　社会権A規約の内容

次に社会権A規約ですが、先の衆院内閣委員会でこちらから先に批准準備に取り組みたいと政府は答えていますので、問題を少し細かくお話ししてみようと思います。六条は個人が自由に選択または受諾した労働で生計をたてる権利が規定され、現行の憲法よりも具体的に政府にとるべき手段を迫っています。七条の審議中の五六年一二月一八日に日本は国連に加わったのですが、七条では労働条件の問題が規定され、とくに安全で健康な労働条件・同一価値労働の同一賃金、高い地位へ達する平等な機会の保障、男子の条件におとらぬ女子の労働条件が規定されています。日本は七条には棄権しました。八条は労働三権の詳しい規定で日本は棄権。九条は社会保障の規定で、社会保険も含めて社会保障に対するあらゆる人の権利を認めています。このとき日本は反対しなかったわけですが、現在の国民健康保険、国民年金制度や公営住宅等は日本人を対象としていますので、外国人にまで拡大していくとなると財政負担の問題もありその点で政府は渋っています。一〇条は母性・児童の保護の規定で反対なしで採択されています。

一一条は十分な生活水準と生活改善の権利、飢餓からの自由、国家の食糧計画義務等の規定です。ここで日本は、十分な生活水準のためには輸出入の増加、移民の増加、海洋資源の開発等の国際的協力が必要であるということでそういう趣旨の修正案を出し認められましたが、現在日本は他国の生活水準の向上にはあまり熱心でないということを付け加えておきましょう。

一二条はＷＨＯの参加によって作成された、身心の健康を享有する権利で、反対なし。ただ「健康」というのは、単に病気がないという状態なのか、それともさらに進んで健全な心身の育成・社会環境の改善という積極的な意味をも含むのか、という議論があったことを忘れてはなるまい。

一三条は教育の規定で、一項はすべての人の義務教育を受ける権利、二項のａは初等教育は義務的で無償ということ、ｂは中等教育の開放、ｃは高等教育の能力本位による開放、ｄは初等教育を受けていない、あるいは終えていない者に対する基礎教育の強化、ｅは学校制度の発展の追求、十分な奨学金制度、職員の物質的条件の改善、三項は私立学校における親の教育権の尊重、四項は私立教育機関を作り運営する権利が規定されています。日本は二項のｃｄｅに棄権し、他には賛成しました。しかし、外国人にまで適用するとなると種々の問題があると政府はここでも逃げ腰です。一四条は国家の無償教育計画義務で日本は賛成。一五条は文化・科学の恩恵を受ける権利で、主として著作権等の規定です。これにも日本は賛成しました。なお一三・一四・一五条はユネスコの力を借りて作成されたものです。以上が社会権Ａ規約のだいたいの内容です。

(4)　人権専門委員会――議定書の内容

さてそれでは、これらの権利を実現する方法、とくに人権専門委員会（Human Rights Committee 現在日本では、規約人権委員会とか自由権規約委員会等と訳されている）についてお話ししたいと思います。我々が人権侵害を受けたときの最大の武器は、我々が行う人権擁護の運動であるわけですが、しかし制度としては、国家に報告を義務づけこれを公表し、国際世論によって保障するという方法と国際的専門機関を確立し、手続的に保障するという方法の二つがあります。国際人権規約においては、社会権A規約の方は報告の制度をとっています。一方自由権B規約の方では、人権専門委員会の設立が議定書の中に規定されました。

たとえば日本が社会権A規約を批准したとしますと、日本は国連事務総長に対して報告書を取決めに従って提出しなければならない。そしてこの報告書は国際機関によって検討されるわけです。ところが、自由権B規約の場合は、新たに「人権専門委員会」という専門の国際機関を設けました。そして自由権の侵害の場合には、議定書を批准した国に対しては個人が人権専門委員会に訴える権利を認めているのです。この専門委員会は、ヨーロッパですでにヨーロッパ人権委員会として存在しているものと同じです。わが国の場合には自由権B規約の方はあとまわしだと言っているのですから、当然人権専門委員会に関することもあとまわしになります。日本はこの委員会の権限や手続を規定している議定書のすべての条項の票決にあたって棄権しております。人権専門委員会には、きわめて消極的だということになります。この人権専門委員会の権限を日本が承認し、もし私が自由権B規約中の権利を日本政府に侵害されますと、私は日本を相手取って委員会に訴えでることができるわけです。ヨーロッパ人権委員会というのは、そういう性格のものです。もし私が西ドイツで人権侵害を受ければ、西ドイツを相手取って訴えることができます。もちろんこれは内外人無差別という原則があるからです。それで、以上のような人権専門委員会の権限を規定した議定書の問題も、あわせて考えていかなければなりません。

三　日本と国際人権規約

さて、日本と国際人権規約の問題については、それぞれのところで触れてきましたので繰り返しません。しかし、日本が人権諸条約についてどのような態度をとっているかと言いますと、先に述べたとおり、一八ある人権関係の条約の中で二つしか入っていない。そのことが何よりも日本の人権諸条約に対する態度を明白にしています。和田委員が本年五月の衆院内閣委員会で、「一九六六年一二月に国際人権規約が採択されてから約一〇年になるが、その間検討ばかりしていたのか」と質問したのに対し、外務省は、「検討しております」と答弁した。しかし外務省は昭和四三年に審議経過をまとめた『国際人権規約成立の経緯』を国連局社会課が部内検討用として出して以来、検討しているふしは全くない。やっと最近になって検討をはじめたようです。

それでは日本において国際人権規約の批准についてどういう動きがあるかと申しますと、明治大学の宮崎教授の『エコノミスト』（七六・七・一三）の論稿によりますと、一九六八年に長崎で日本弁護士連合会人権擁護大会が開かれて、日本弁護士連合会が国際人権規約の批准を決議しております。

そして七四年に同種の宣言を採択している他、七三年には、アムネスティ・インターナショナル日本支部、自由人権協会、日本婦人法律協会、日本婦人有権者同盟その他のいくつかの団体の代表が、それぞれ国会に請願を出しています。

昨年一二月には日弁連の人権擁護委員会主催の批准促進集会が、その日弁連の人権擁護委員会、アムネスティ・インターナショナル日本支部、自由人権協会等の参加で開催され、本年五月二九日にも集会がもたれて世論をもりあげています。

しかし、現在までのところは、ほとんど国際人権規約に関する運動はなかったといっていいと思われます。実は、悲しいことには、国際法学者のみならず憲法学者・行政法学者・弁護士・報道関係を通じて、国際人権規約にはあまり関心がもたれていなかった。そして外国人の権利ということにもあまり関心はなかったと言っていいのではないかと思います。これは、ひいては、日本の憲法が我々の力によって勝ち取られたものではなかったというところにまで遠因が求められるといっても過言ではないでしょう。

最近の環境権の問題を中心におこってきた運動、また部落解放運動を中心とする人権擁護運動の中で、この国際人権規約批准の運動が力強く押し進められることが望まれます。七七年三月二三日には大阪で部落解放同盟をはじめ多くの団体や個人が参加する中で「国際人権規約批准促進大阪府民会議」（代表和島岩吉）が結成されたことは画期的な意義を持っています。解放同盟が憲法制定三〇周年にあたって、批准の闘いを進めていくことは、日本で、連帯のうちに、人権を勝ち取り、人権の内容を豊かにしていくことで、憲法を国民のものにしていくという芽を持っていると思われます。ですから、運動としてぜひ盛り上げ、批准までもっていきたいと思います。

＊本稿は一九七六年八月の高野山における第七回部落解放夏期講座の講演録である。

〔原題「国際人権規約と批准の闘い」『部落解放研究第一一回全国集会討議資料』（部落解放同盟中央本部、一九七七）所収〕

16　（座談会）国際人権規約と弁護士実務

一九七九年一〇月二四日、日弁連会館にて

出席者（敬称略・順不同）

芹田健太郎　竹沢　哲夫　笹原　桂輔
伊藤　和夫　小竹　耕　田賀　秀一
野本　俊輔　杉井　静子　小林　正彦
川勝　勝則

〈座談会の趣旨と進行方法〉

川勝　これより「国際人権規約と弁護士実務」の座談会を開催いたします。まず、この座談会が企画された趣旨について、若干申し上げたいと思います。

皆さんご存知のとおり、全人類の人権保障と平和を目指した「世界人権宣言を法的拘束力のある条約とした国際人権規約」は、日本国民の永年の願いがかなって、ようやくして本一九七九年の九月二一日からわが国にも国内法として効力が生ずることになりました。

しかし、この国際人権規約が、真にわが国に実効性を持つためには、全国民とりわけ人権擁護を使命とする弁護士が、それをよく理解し、適用していかなければなりません。ところが、残念ながら現在のところ国民のほとんどはもとより、弁護士のほとんどの方々が、この国際人権規約について、十分に理解していないと思われるのであります。

そこで当会では全会員にこの国際人権規約についてよく理解していただくために、幾つかの企画をしているのであります。その第一弾として企画したのがこの座談会であります。第二弾としては、一一月一七日福岡市において行われる人権擁護大会において国際人権規約の運用に関する決議がなされることになっております。

また、第三弾としては、明年一月号の「自由と正義」に国際人権規約の国内法的効力についてという題で特集されることになっております。その中に、本日の座談会の速記録が掲載されることになっております。以上の次第でありますから、この座談会が意義多いものでありますように、参加者の皆さんにお願い申し上げる次第でございます。進行方法としては、能率的に進めるためにもお手元のプリントの順序に従って、芹田先生を中心に各項目ごとに進めていきたいと思います。

一　国際人権規約の国内法的効力

——一般理論

川勝　まず大きな項目で、「国際人権規約の国内法的効力の一般論」から進めていきたいと思います。その中で、国内法的効力という意味から始めたいと思います。芹田先生よろしくお願い申し上げます。

国内法的効力という意味

芹田　国際法で通常国内法的効力というのを問題に

いたしますのは、憲法の手続に違反した条約についてて国内法上どうなるのか、あるいは、憲法の内容に違反した条約の国内法的効力はどうかということについてです。国際法上は、憲法の内容に違反する条約を結んだとしても、国際法的には効力があります。そして、国内法的な効力すなわち、憲法と条約との効力については各国内法の規定によります。たとえば、オランダの憲法のように条約が憲法に抵触した場合に、憲法改正と同等の手続を踏んだ場合には、憲法改正と同じ扱いをする。つまり条約が憲法に優位するというふうな国内法を持っているところもあります。条約が手続的に違反した場合については、ウィーン条約法条約というのがありまして、それによると違反が明白な場合には、国際法的な効力ももたないし、国内法的な効力ももちろんもたないわけです。

国民が国内法を介さずに直接人権規約上の人権の行使ができるかということ、すなわち、人権規約は自動執行的（self-executing）な性格を有しているのかということが問題にされるわけですが、結論から申しますと、社会権Ａ規約にはセルフ・エクセキューティングな性格は、二条二項を除いてはなく、自由権Ｂ規約については、原則的にはそのような性格はあるといえます。

具体的にはＢ規約のそれぞれの条項がセルフ・エクセキューティングな性格を有するとされるためには、国内立法と同じように規定が正確で完全でなければならないとか議論されるわけです。

たとえば、Ｂ規約二三条の婚姻の自由というふうなものについては、これはセルフ・エクセキューティングな規定というふうには考えられないのではないかというふうな議論があったり、あるいは二四条の児童の権利については、先日の国際法学会秋季大会では、同条三項の「すべての児童は、国籍を取得する権利を有する」という規定は、はたしてセルフ・エクセキューティングなものかどうかは疑問ではなかろうかと論じられておりました。

以上のように、それぞれの規定についてセルフ・エクセキューティングかどうかが問題となります。そして、セルフ・エクセキューティングであるとして、それが国内法と抵触したときはどうなるのかという議論になるのです。すなわち、B規約の規定がセルフ・エクセキューティングであるとして、国内法に抵触したという場合に、条約が国内法に優位するという法制をとっているかどうかに一つ問題があるのです。

立法例

芹田　これについては、ヨーロッパ人権条約加盟諸国についてのものですが、次の三つの方式があります。

第一は、条約規定がセルフ・エクセキューティングな性質を有しているとしても、そのこと自体からそれが直ちに国内法になるわけではないという方式です。たとえば、イギリス、スウェーデン、デンマーク等がそうです。

それから第二は、ドイツ、ベルギー、オーストリアなどが採用しているもので、セルフ・エクセキューティングな条約を批准すると（手続的に正当に批准したという場合）直ちにその条約がex facto（そのこと自体から）に直接国内法として、適用可能な国内法になるという方式です。ただし、その条約は国内法と同じ法的効力を有するために後の国内法によって、改廃される可能性があります。

第三は、オランダ、ルクセンブルグが採用しているもので、条約が国内法に優位するという方式です。オランダ等の場合には、条約優位の体制を採っており、条約が国内法に抵触した場合には、条約が適用されるというふうな形になっています。

日本の場合

芹田　ところで、日本の場合には右のどれになるかということ、B規約がセルフ・エクセキューティングであるということを確定できたとして、通説でいけば、効力順位は憲法・条約・国内法、こういう関係だろうと思われます。したがって、B規約は国内法には優位するというふうに私は思っています。

川勝　それでは、日本政府はどのように考えているのでしょうか。

芹田　実は日本政府は、B規約自体も、セルフ・エクセキューティングな規定ではないという見解をとっているんですね。

したがってB規約がセルフ・エクセキューティングではないとすれば、実はもうそれと各国内法との抵触の問題ということは起きてこないわけです。ただ、国内法の立法化の問題としてだけ議論されるに過ぎないわけです。

川勝　政府は何を根拠にそういうのでしょうか。

芹田　とくにB規約の場合の二条の立法措置等をとる義務と、四〇条の二項の報告義務すなわち第四部の実施措置として、各国が報告書を国連事務総長に提出する義務を、日本政府は、右の見解の根拠としているわけです。

詳しく申しますと、その報告書にはこの規約の実施に影響を及ぼす要因および障害が存在する場合には、これらの要因及び障害を記載するとされているわけです。したがって、B規約については各国家は、直ちに実施するのではなくて、障害があるならそれを記載しろといっているのであり、直ちに障害を取り除けとはいっていないのである、そういう点からも、即時的な実施義務は課されていないのではないか、と政府は言っているように私は思います。

野本　それに対してどのように反論できるのでしょうか。

芹田　B規約に二条三項の(a)号は、被害者が実効的な（政府は効果的なと訳しておりますが）救済措置を受けることを確保すると定めております。そして、これはヨーロッパ人権条約一三条と規定の仕方が違うわけですが、右の二つについて同じというふうに読むことができるとすれば、次のように言えると思います。すなわち、少なくとも個人はB規約第三部の権利を国内裁判所で援用できないとすれば、この実効的な救済措置を受ける権利というものの実体がなくなるわけで、その点からも実は私はB規約第三部の規定は、規約作成段階のときから自動執行性をもつものとして意識されていたのではないかと考えているわけです。

ただ、そのような考えを打ち消すような二条二項とか、四〇条二項とかの規定があるので、自動執行性の有無については、規定上は明確ではないわけです。

そこで、アメリカでは、第三部の規定はセルフ・エクセキューティングのものではないという宣言を付して批准しようという動きをしているわけです。そして、日本政府もアメリカの動きを参照するといっているわけです。

しかし、私の考えによるとアメリカが議会にわざわざセルフ・エクセキューティングでないという宣言をして受諾しようとしていることは、つまりそれがセルフ・エクセキューティングであるということの証明ではないかというように思っているわけです。

野本　B規約作成のときはどうだったのでしょうか。

芹田　国連の人権委員会の中では、B規約第三部の規定がセルフ・エクセキューティングであるかどうかという議論がありましたが、しかし、セルフ・エクセキューティングではないという意見は容れられてはいないわけです。

笹原　条約が国内法の制定がなければ、国内に適用されないとする国ではどのようにして国内法を制定するのでしょうか。

芹田　アイルランドのような国では、国内法を制定する方法として、条約をほぼちゃんと焼き直しをするわけです。そして、条約と国内法が違う場合には、条約の方がしかも優位するというふうに考えるわけです。

憲法が国際人権規約に抵触するとき

田賀　日本の憲法が国際人権規約に抵触するとは、具体的にどういう場合でしょうか。

芹田　前述したとおり憲法と規約との関係ということでいえば、通説に従って、憲法の方が条約よりも効力的には優位になるというふうに私は考えておりますので、憲法と抵触する部分があるとすれば、条約はその限りでは、国内法的な効力はないわけです。ただ、そのことを理由に、国際的には、日本政府は、条約の義務履行を行わないということができません。

もっとも、現実に国際人権規約と憲法とが相反する規定があるというふうには私は考えていないので、むしろ人権規約は憲法の規定の補強というか、あるいは、強化しているというふうに理解しております。

その意味で憲法の規定が抽象的であるときには、日本の場合、国内法によって各種の手当をしていくというわけですから、それが人権規約であっても一向に差し支えないというふうに考えているわけです。

国内法的効力の態様

川勝　憲法が国際人権規約に優位するということと、自動執行性とはどのような関係になるのでしょうか。

芹田　人権規約の国内法的効力といいますのは、日本の体制としては、憲法よりは効力的には下であり、憲法以外の国内法よりは優位するということであります。したがって、セルフ・エクセキューティングな内容をもっている人権規約の規定は、直ちに国内法の改廃力をもっているわけです。

田賀　国内法の解釈や法制定・改廃の基準にはなるでしょうか。

芹田　なります。国内法の規定が抽象的であるときなどの場合には国内法の解釈基準にもなり得るし、あるいは法律の制定、改廃基準にもなり得ます。

たとえば、人権規約の中には、国内法の制定を予定している条項もあるわけで、それについては問題なく制定の基準になります。

いわゆるB規約二〇条の「戦争宣伝及び憎悪の唱道の禁止」については、一七条とひっかけてもいいのかもしれませんが、国内法解釈基準としては、表現の自由についての解釈基準になると思います。二〇条は「法律で禁止する」となっているわけですが、日本が理由も付さずこれを受諾したということは、将来の方向として法律で禁止するという点を受け入れたわけで、したがって、方向性として表現の自由については、これだけの制約を課すという方向を日本は受け入れたと考えれば、現在でも解釈基準になり得るのではないかと思われるのです。すなわち、その方向性を表現の自由についての公共福祉内容の具体化という形で法解釈基準になり得るのではないかというふうに私自身は考えております。

A規約の性格

野本　先生がこれまでいわれたことは、すべてB規約についてであり、A規約についてではないということでしょうか。

芹田　A規約はプログラム規定であるといわれております。したがって、国内法によって具体化されてはじめて具体的権利になるものです。

ただ、二条二項の平等原則・差別の禁止の原則は、セルフ・エクセキューティングな性格をもつものです。少なくとも二条一項の「この規約によって認められる権利の完全な実現を漸進的に達成する」というのには服さないものです。

内外人平等権の問題

野本　そこのところを外国人の関係でもう少し詳しく話していただきたいのですが。

芹田　実はこの点は、非常に問題がありまして、国民が現時点で権利がゼロで、外国人もゼロであり、それについて、たとえば五年計画で二年目には三にする、四年目には六にする、五年目に十にするというのを少しずつやっていくというのが二条一項の意味であるわけで、二条二項というのは、その際に内外人を別々にしてはならないという趣旨で考えられていたのではないかと思えるわけです。

日本においては、この条約が今年の九月二一日に発効したわけですが、二条二項によって即日、権利ゼロの場合の外国人を十にするという効果をもつのかという点については、私も実はよくわからないのです。その点においては、実は二条一項の漸進的実現というのが、あるいはひっかかってくるというふうに考えられるかもしれません。少なくとも日本政府はそういうふうに読んでいるように思えるわけです。その点が現実には問題となります。

そうしますと、残るのはそういうふうに日本国民が十であって外国人がゼロだというものを二条二項の平等原則で早急に是正しなければ平等にならないのですが、その場合に、「期限」というものがどういうふうに考えられるかということが問題ではないかと思えるわけです。ところが、規約は全く「期限」の規定を置いていないわけで、よくわからないわけです。しかし、A規約の二条一項と、B規約の二条二項というのは思想的には似たようなものをもっているといっていいのではないかと思いますが、二条二項の方は、現行国内法で立法その他の措置がまだとられていない場合にはこれらの措置をとれという義務を定めており、それらの措置をとる「期限」について、規約作成時には五年内とか、あるいは妥当な期間内にというふうなものを規定せよという議論がありました。そこで、A規約とB規約とでは、国家の義務の程度が異なり、必ずしも同一の議論はできませんが、A規約について、B規約の二条二項との関連において読めば、少なくとも「妥当な期間内に」というふうに読み得るだろうと思われるわけです。

裁判規範性

伊藤　先生のご説明ですととくにB規約の場合自動執行力のある規定については、国内法として効力があるというふうに考えてよろしいということですね。そうすると裁判所で適用する法令の中にこの条約の自動執行力のある規定が含まれる、というふうに解釈してよろしいわけですね。

芹田　はい。そうです。

伊藤　もう一つ、我々実務家がよく気にすることですが、憲法違反は、上告理由になっているけれども、この条約違反の場合は、憲法違反に準ずるとして上告理由になると考えてよいのでしょうか。

芹田　よくわからないですね（笑）。実は私は憲法に準ずるものだと書いておりますし、そういう考えをもっているわけで、人権条約については、これまでの条約とは、理論を少し別にしなければならないのではないかと思っているわけです。日本政府がこれまで憲法と条約との効力関係について説明してきた中で、自然法的な内容の条約というのは、憲法には絶対抵触しないということを言っており、だから憲法と同じだというふうな説明をしている下りがあるわけです。

そうしますと、こと人権条約についていえば、憲法の基本的人権規定と同じか、もしくはそれに準ずるものと考えることは可能だというふうに思うのです。実際に、ヨーロッパ人権条約の場合は、批准をすると条約義務があるから、最初は批准を留保し、後に憲法改正をするという手続をとっている国もあるわけで、こと国際人権規約については、憲法に準ずるものと見ていいという説を私はもっております。

伊藤　具体的な行政庁の処分ですとか、裁判所の訴訟指揮とか、判決内容とかが人権規約の自動執行力のある規定に抵触するような場合には、どういうふうに考えたらよろしいでしょうか。

芹田　これは文句なく、それらは人権規約によって効力を失います。憲法九八条二項の観点からもそう思います。憲法九八条二項を媒介にすれば当然出てくると思います。

小竹　B規約が十のことを要求しているが、国内法では八ぐらいしか人権保障をしていないという場合に、国民は、行政庁なり裁判所に対して十認めろということを果たして言えるものなのかどうか、それは規約の規定によっても違うのではないでしょうか。

芹田　それは言えると思います。日本の条約締結のこれまでの慣行では、条約を批准する前にまず国内法をつくるという方式と、それから、条約を批准するときに同時に国内法制定もやるというのと二つあったわけですが、今回のは全く初めてのケースで、国内法制定を全然やってないのです。後からもつくらないのです。

伊藤　つくる意向はないようですね。

芹田　そうです。だから全く新しいケースが出たのです。政府はどうやら人権関係条約は全部この方式でいく。人権関係というのは、国内法をいじるのはむずかしいから、裁判所の判決が出たらしょうがない、それに従っていくという方式を考えているのではないかと私は思っているのです。

伊藤　そうすると、我々がその人権規約を使って、大いに裁判なり何なりやらないと、政府は腰を上げないということになるのでしょうか。

芹田　そうなんです。だから理論的には、私は特にB規約の各規定は、セルフ・エクセキューティングだと思うし、はっきり憲法九八条二項があるわけですから、国内法には優位すると思っているわけですが、しかし、理屈でいくらそうだったといっても、裁判所でそう主張しなければ意味がないわけです。

戦争宣伝禁止と表現の自由

田賀　先ほどの二〇条の戦争宣伝ですが、仮に戦争を宣伝したということに対して、処罰を加えようとすれば、憲法の表現の自由があるではないかというふうな形で、当然問題となると思うのですが、その場合は、やはり憲法の表現の自由が優位に立つのではないかと思うのですが。

芹田 それは、おっしゃるとおりなんですが、従来の判例では、表現の自由も、公共の福祉ににより制約されるといっていますね。公共の福祉というのは私は権利間の調整概念だというふうに思っているわけですが、そうすると、また、二〇条を公共の福祉の内容と理解すれば、B規約が憲法に抵触するという問題は出てこないだろうと理解しているんです。

児童の国籍を有する権利

杉井 二四条三項の「すべての児童の国籍を有する権利」ですが、これについて先ほど自動執行的なものではないというふうな疑問があるということでしたが、規定を見ますと非常に明確に書いてあるので、どうして、そういう疑問が出てくるのか、わからないのですけれども。

芹田 そういっているのは国際私法の学者なのですが、国際法の観点から申しますと、国籍の付与、得喪については各国の国内法規定によるとされているわけです。そこで、国籍をもつ権利があるといっても、その国内法によって決せられるわけですから意味を持たないわけです。ただ、私はこれが自動執行性をもつと思っていたんですが、国際私法の先生がそういう疑問を呈されて、なるほどそうかなと……（笑）。

伊藤 そうなると各国にゆだねられているといいますと、では、この規定は一体どういう効力をもつのかという点が疑問になってくるのですが、単に立法義務を課したにすぎないということになってしまう、というような気がしますが。

芹田 多くの国は、みんな国籍付与の制度をもっていますから、子どもが生まれれば国籍を与えますが。

杉井 しかし、現実に沖縄の子どもたちに無国籍の子がいるわけですね。

芹田 ええ、アメリカの国籍法の規定に従って権利を実現する方法を取れないからですね。法的には向こうへ行けばいいのだからというたてまえになっているんですね（笑）。私もそこのところはよくわからないんですが。

上告理由となる

竹沢　九月二一日で国際人権規約が国内法的に発効したということは、新たな法形式が形成されたということになって、それが国内法に優先する条約であるということになるから、それが上告趣意、あるいは上告理由を書く際に、その人権規約に抵触する国内法ということで、国際人権規約第何条違反ということを、適正な上告理由にできると思うわけですが、あるいは、条約の中身が憲法の解釈を補強しており、最高裁判所の憲法解釈というものが、それに違反しているとか、人権規約の国内法的な発効によって修正されなければならないという場合には、それは、憲法違反になるんだということで、上告することができると思うのですが。

芹田　そういうふうになると思います。先ほど申し上げたとおりです。

竹沢　わかりました。

川勝　今後、人権規約に基づく上告によって、判例が変更されていくわけでしょうか。

芹田　おっしゃるとおり、最高裁判所の憲法解釈が変わっていくだろうと思います。人権規約と憲法、国内法の具体的な条項等をつき合わせていけば、これまでの判例が変わり得るということは当然ではないかと思っております。この人権条約はその点で、従来の条約理論とは違うというふうに思っています。

まとめ

川勝　では、この段階でまとめをして次に進みたいと思います。

まず、１　国際人権規約が、国内法的効力を生ずるかどうかは各国の制度によって違う。２　日本の場合は、国内的効力を生ずるという立場である。3　B規約の規定は自動執行性を有する。但し例外がある。4　B規約は憲法外の国内法には優先する。改廃力を有する。もとより法制定、解釈の基準となる。5　その法的根拠は、憲法九八条の二項である。条約の方が優先する。6　憲法との関係では、国際人権規約はそれを補完するものである。したがって抵触ということは生じない。7　A規約はプログラム規定である。したがって、それを具体化する国内法によって具体的権利になる。その場合、外国人との平等化に問題がある。8　B規約は憲法と並んで上告の理由になる。9　日本政府は、B規約は自動執行性を有しないと解している。10　今後、国際人権規約が実効性をもっていくためには、裁判上それを主張していく必要がある。11　日本政府も判例に従っていくという方式をとるようである。以上のようにまとめてよろしいでしょうか。

芹田　まあ、そうですね。

二　社会権A・自由権B両規約に規定されている権利の保障方法

川勝　では具体的な問題が出てきましたので、「A・B両規約に規定されている権利の保障方法」に移りたいと思います。よろしくお願いします。

民族自決権

芹田　民族自決権というふうに言われているものは、非常に問題があったのですが、団体の権利と意識されております。しかし、これは対外的な要因をもっているわけで、日本国内における民族自決権というのは日本国民、要するに日本が外国に対して民族自決権の主張をすることはあり得ても、日本の中でそれを主張するということはあり得ないことです。

たとえば、日本が複合民族国家であって、片方が独立して国家を作るとかというなら話は別ですが、そういうことはあり得ないわけです。

一条二項に「天然の富及び資源を自由に処分することができる」という規定がございますが、その天然資源の自由処分権に関して、日本が外国から自決権を行使されるということはあり得ても、行使するということは考えられないわけです。

もっとも、日本国民の権利が多国籍企業との関係でどうにかなったという場合には、自決権を行使するという可能性がなくもないと思いますが。

少数民族権

芹田　「少数民族権」というと集団の権利になりますが、B規定の二七条には、それは少数者の権利と定めているのです。すなわち、マイノリティーズ(minorities)の権利なんです。

マイノリティーズというのは、ここでは一応種族的・宗教的・言語的の三つに限っております。宗教的な少数者というのは必ずしも民族ではないわけで、そういう意味でこの公定訳は適切ではないと思っているのです。

たとえば、宗教の自由ともかかわってくるわけですが、日本の中にたとえばキリスト教というのは少数者ですが、これに属する集団構成員が権利を主張する場合が考えられます。種族的少数者といえば、日本の場合は、アイヌ人や朝鮮民族の帰化した人たちがそれにあたるわけです。ただ、現実には帰化した人たちはその事実をかくそうというか、同化の方向を選んでいるわけで、朝鮮の文化、朝鮮語というものの保存・使用などを要求しないわけです。ただ、この点では、我々日本人こそ大いに反省すべきであって、我々は日本の社会を外国人に対する差別のない開かれた社会にすべきであり、とくに帰化朝鮮人およびその子孫たちが少数者として彼らの言語・文化を保持することを誇りとする社会をこそ建設すべきかと思います。

家庭保護要求権

芹田　家庭保護要求権というのは実はセルフ・エクセキューティングなものだというふうには思っていません。つまり自由権と同じような意味での権利ではないので、したがって、それ自体をもって裁判要求は可能だとは思っていないのです。

外国人の地位

芹田　これまでの外国人の扱い方というのはいろいろあったわけですが、伝統的な国際法で、しかも現在でも一般的であるのは相互主義的な扱いで一九世紀以降の大原則です。たとえば、社会保障等にしてもA国とB国がそれぞれの在外の自国民との相互主義ということでも条約を結びます。外国人の扱いというのはそうしているのが原則なのです。それに対して人権規約は「平等主義に転換」したわけです。

ただ、そうはいいましても非常にむずかしい点があります。B規約二条一項、A規約二条二項は、国民的出身、ナショナル・オリジン（national origin）といっておる（B規約ではその他がありますので問題ないですが）この文言について議論が分かれております。

それは、現実の国際社会というのは、国家の基盤として国民共同体を原則にしています。そこに平等主義を持ち込むとすると「人権規約の平等主義」による「一般国際法上の相互主義」に対する修正が、どこまで可能かというふうな読み方しかできないのではないか、と思うからです。

具体的に申しますと、たとえば、二五条の参政権については、「すべての市民は」「第二条に規定するいかなる差別もなく」参政権をもつと規定されていますが、第二条のナショナル・オリジンが外国人を意味するとしても、それでも外国人が国政段階の参政権を持つのかという疑問が生じます。これに対して多くの者は、それはおかしい、というでしょう。国政段階の参政権は、国民共同体を支えている基礎にあるものだというでしょう。こうして、人権規約の平等主義は、そこまでは修正していないという見解がでるのです。

しかし、参政権について、個人的な考えを申し上げることをお許しいただければ、たとえば在日韓国・朝鮮人は大阪に一番たくさん住んでいるのですが、大阪市議会・府議会の選挙権を在日韓国・朝鮮人が持つということは、ちっともかまわないのではないか。国内法上、憲法上は別にむずかしいことではないだろうと思います。国会でそういう法律をつくって、大阪府の同意があれば、それが実現できるのです。世界的に見ても、必ずしもそのような例がないわけではないのです。一般国際法は相互主義を基本とし国民共同体という考え方をとっているのに対し、人権規約のいう平等主義というのは住民共同体という考え方であると言い切っていいだろうと思います。

そうしますと、従来以上に外国人の取扱いに関して内外人平等主義というのは大きな力で日本の法律を変えていくというふうに理解してもいいのではないかと思っております。実現方法というのは、具体的には裁判によって実現していくことになるでしょう。

野本　日本人の外国における地位はどうなるのでしょうか。

芹田　日本人の外国における地位というのは国際人権規約を批准している国であれば、同じように与えられるわけです。そうでなければ、一般国際法の原則でいくわけです。

ヨーロッパ人権条約の場合には、ヨーロッパ人権条約の当事国における外国人は、ヨーロッパ人権条約の権利を享有します。たとえば日本人がドイツにおいて、財産権の侵害をされたということになるとヨーロッパ人権条約の第一議定書一条の財産権の原則によって、ヨーロッパ人権委員会に訴を提起することができます。それと同じことで、国際人権規約を批准している国に日本人がいる限りは平等主義による一般国際法の修正がされると考えられるのです。二国間条約がなくてもです。

女性の権利

芹田　性別による差別の禁止はいずれも二条に置かれており、その上にさらに三条というのを置いたというのは、国際人権規約の立て方としては、平等権の実現を特に男女の場合には重くする趣旨だと私は読んでいます。それ以外には、A規約の場合に、七条の女子の労働条件というのが置かれていたり、あるいは一〇条の母性の保護が置かれています。平等主義プラス母性の保護であると思っています。妊娠している女性に死刑の執行はできないという規定も母性の保護のためです。

子どもの権利

芹田　子どもの権利については、そもそも、国際人権規約というのは、すべての人というたてまえをとっているわけですが、とくに女性にとって平等プラス母性、子どもについては、最も守るべき存在だという考え方を人権規約はとっているわけです。その限りで子どもの権利規定を置いていると言っていいのではないかと思っております。

野本　外国人の問題で、先生は多少慎重な言い回しをされたように聞いたんですが、国民的出身という条項の中に、国籍を含めて解釈していいかどうか、それに対して国籍が入るという考え方が強いと思いますが、日本政府は、国籍による差別はかまわないんだという考えでしょうか。

芹田　だろうと思います。というのはアメリカの学者の中ではっきりそういい切っているんです。国籍は入らない、そもそも話が違ったはずだといっているのです。

野本　アメリカの政府が書いた報告書に国籍のことが出ていましたが、何か国籍による差別はかまわないのだという宣言をするということが……。

芹田　アメリカは大体そのような考えではないかと思います。

野本　そうだとするとさっきの問題と同じような意味で国籍による差別は許されないのだというふうなことが前提になっていると解釈することができると思いますけれども（笑）。

芹田　というのは、このA規約の二条二項というもの自体からは、どちらとも言えるような気もするんです。

なぜかというとナショナルという英語・仏語のナスィオナルにしても委員や代表として発言している本人がいろんな意味で使っているんです。そうして日本語だから国民と民族とを分けたりしますけれども、あるいは国という意味もあるし、どの意味で使っているか明確ではないのです。いくら読んでもよくわからないのです。それで結局、私はそんなこまかいことを言わなくとも、とにかく入っているんだ、といっているんですけれども（笑）。

というのは、人権条約というのはそもそも外国人だとかいわゆる国民という枠を外して作成されたはずだということなんです。その国の領域の中にいる人全部に人権を保障するというふうに言っているのではないかと考えているのです。だから国籍というのをわざわざもち出してきて、内国人と外国人は別だというのはおかしいのです。別だというのは人権条約については意味がないということを私は言っているのです。

三　社会権A規約の国内法的効力

川勝　では、次に「A規約の国内法的効力」について進みたいと思います。

A規約の性格

芹田　A規約については規定の仕方自体からプログ

ラム規定だということについては、もうだれも異論をさしはさんではいないと思います。

　ただ、これは憲法二五条と同じことで、プログラム規定だからといって、権利性が全くないわけではなくて、少なくとも自由権的な側面は権利としてあるわけで、国が介入してきて権利が阻害されているという場合には、その自由権的な側面の権利を行使できます。

　二条二項の問題については、先ほど申し上げましたように、原則的にはこれはセルフ・エクセキューティングのものであって、二条一項の「漸進的達成」には服さないわけです。

　ただ、先ほど申し上げたような日本国籍の者の権利状態が、十で、外国人のがゼロという場合には、問題が確かにあると思います。

健康権

芹田　健康権というのは一二条に定められている権利ですが、規約作成時の議論の中では、健康というのは、単に病気でないという状態だけではなく、環境をも含む趣旨であると理解され、合意されました。したがって、その意味で、「最高水準の身体及び精神の健康を享有する権利」というのは、権利としてはだんだんふくらんでいく内容のものだと思うわけです。

　ですから、国民がたえず健康権の主張を繰り返していく、それに従って立法府の方は、立法化義務を負うということになると思われます。一二条の権利は、そういう性格のものと思っております。文化的生活をする権利の意義にしても、そのほかにしてもA規約については、全部そうではないかと思うわけです。

教育を受ける権利

芹田　教育を受ける権利については、日本は、ご承知のとおり一部留保をしております。日本の場合においては、たとえば大学段階でも私学が非常に多く、ほとんどが私学で教育を受けているわけです。そして国としては給与の補助というのは半分にも充ちていないわけです。しかし、無償教育を導入するということにつき、将来どうするかということについてはコンセンサスが現在ない。将来どうしようかということについて現在まとまっていないから留保をしているというふうに政府は説明しているわけです。

杉井　憲法との関係ではどうなるのでしょうか。

芹田　憲法二六条は、A規約一三条によって補てんされていくと全部カバーしていくというふうな考え方ではないかと私は思っております。

川勝　では、ここで以上の芹田先生のご説明に対して、さらにご質問がございましたら、どうぞ。

小林　いまお話しのあったA規約一三条の留保の問題ですが、まあ、日本国憲法二六条について、私たち学生のころは、貧富にかかわらず修学の機会を平等に保障する規定であるという程度の説明を受けてきたわけですが、それがいろいろ進んでいって、いま最高裁の大法廷でも豊かな解釈を打ち出すようになっている中で、この一三条の内容を見ますと、特に第一項が、たとえば教育の指向性について、人格の完成及び人格の尊厳についての意識の十分な発達を指向するというふうなことを説明しており、戦前のような国策遂行の手段とか、あるいは産業界で役に立つ人をつくるのだというのと、いささか異質な指向をしていると思います。

そこで、それらの定めは、日本国憲法二六条の内容、あるいは解釈に非常に大きなものをつけ加えたのではないかと思われるのですが、その辺はどういうふうに理解したらよろしいでしょうか。

芹田　まったくそのとおりだと思っています。ですから憲法二六条、それからそのもとにできた教育関係の法規というのは、その趣旨で戦後できたものです。ところがA規約一三条一項については、日本政府は、問題にしていないので、二項、三項、まあ二項の中等、高等教育の無償のところが問題にされているわけですね。

伊藤 いまの質問の点と同じですが、この一三条一項と教育基本法を比べてみますと、とくに教育基本法の一条の目的理由と比べてみますと、基本的人権の尊重とか平和というのは、明白に違っているというふうに読み取れるわけです。そこで教育基本法なり、学習指導要領を規約に合わせて変えていかなければならないというふうに考えるべきだと思いますが、その点はいかがでしょうか。

芹田 ええ、戦争直後の平和教育だとか何とかいっていた趣旨に、この規約によって、元へ戻ったというふうに思っているんです(笑)。

教育基本法の定める教育内容は、大体ユネスコが扱ってきているのと全く同じなんです。諸国民の間の人種的、種族的、宗教的集団の理解、寛容とか、平和とか、それから基本的自由の尊重とか、これは全部ユネスコの文書にあるので、そこから引用されているのです。

A規約と憲法、国内法との関係

川勝 A規約の二条一項によりますと、A規約上の権利を漸次的に達成すべしとしており、それは、恐らく経済力とかを理由にしていると思います。そうしますと、日本のような経済大国においては、すぐ実現しなければならないということになると思います。そして社会保障関係の方は、一応整備されているわけです。とするとA規約上の権利は、すでに国内法(例・生活保護法)を介して効力を生じている。と同時に、すでに日本の生活保護法などは、A規約に基づいてつくられているというふうに解釈できるのではないでしょうか。

このように考えると、生活保護などについてはA規約の保障に達するように解釈、運用し、それが困難なときは法改正をしなければならないということになると思うのですが、現在、生活保護法の適用を見ると、A規約九条、一一条に違反し、健康に関する国内法の運用も、同規約一二条に違反しているんではないかと思われるんですが、いかがでしょうか。

芹田　国内法の細かいことはよく知らないものですから、A規約と国内法との対比関係ができないんですが、ずい分日本の場合は、A規約が国内法によって実現されておりますね。

川勝　プログラム規定である憲法二五条とこのA規約なんですけれども、たとえば二五条の最低限度というのと、A規約一一条の最高水準の意義とははっきり矛盾しているんですけれども、これは今後どういうふうになっていくのでしょうか。今後、国民年金とか生活保護なんかでも、憲法二五条を補強し、あるいはそれと同列に並ぶA規約九条、一一条に照らすと、日本の保障程度は違反だという争いが非常に出てくる可能性があると思うんですが。

芹田　それは理論的な問題にもひっかかっているんですけれども、ヨーロッパ人権条約でのヨーロッパ人権委員会、裁判所の場合についてお話ししますと、たとえば、一〇条の表現の自由については、民主的社会において必要なものには従わなければならないという制限規定が置かれております。そして、その「必要」というものについてはだれが判断するかというと、第一次的には、判断権は締約国にあるとされております。ヨーロッパ人権条約というのはA規約ではなくてB規約にあたるわけですが、A規約の実現についての国の必要性の認定は、B規約以上にそういう面でのマージン・オブ・アプリシエーション（margin of appreciation 評価の余地）が国にあるといわざるをえないのではないでしょうか。その点で、A規約の場合には、権利性というのはそんなにあるのかなと、実は疑問に思っているんです。

経済的な問題というのは、憲法二五条について、朝日訴訟ですでに言われていることですけれども、人権規約をつくるときにも非常に問題にされていたわけです。二条三項に、開発途上国の場合、国籍による内外人差別がかまわないという項目が置かれているというのも、やはりそういうふうな考慮をしたものです。

そこで、今後A規約の権利について裁判で争う場合には、同規約上は最高水準だということだから、マキシムであるわけで、ミニマムよりはもう少し上のはずで、当然、おっしゃるとおりの主張、議論ができるのではないかと、確かに思いますけれども、一般的には、かなりむずかしいと思っております。

四　自由権B規約の国内法的効力

川勝　では、次に「B規約の国内法的効力」について論を進めていただきたいと思います。

生命に対する固有の権利・死刑の廃止

笹原　今日の世界的な潮流は、死刑廃止の方向に向っているといえます。その中間的な過程で国際人権規約ができたわけで、そのときも死刑の廃止ということをうたうべしという提案もあったのですけれども、六条の規定になったわけです。

米州人権条約では死刑廃止を決めた国は、後戻りをしてはいけないという規定を設けているようですけれども、これからの国際社会の中で死刑廃止の問題がB規約六条との関連で、どういうふうに発展していくのか、大いに興味をもっているところです。

川勝　六条一項の「固有の権利云々」というのは、もちろん自動執行的な権利で、二項は、制度的保障というか、プログラム規定であって、制度的に死刑廃止の方向に向かえという義務づけをしているというふうに理解してよろしいのでしょうか。

芹田　B六条六項はそうですね。七条の「人体実験の禁止」規定は、とくに医学実験の場合にかなり問題があると思います。

この条文は、人権委員会の最初の作成段階では、一ヵ条として独立したものとして掲げられていたのですが、後に、拷問、残虐、非人道的な、もしくは品位を傷つける取扱い、あるいは刑罰を受けないというところに入れてしまったわけです。私自身としては独立させて一ヵ条として置いてもいいくらい、重要な意味を現在はもっているというふうに思っております。

思想・良心・表現の自由など

芹田　この思想・良心・表現の自由・結社の自由権などについては、一八条、一九条、二〇条、二一条、二二条に定められているのですが、一八条、それから一九条、二一条、二二条というのは、実に権利制限規定が複雑に置かれています。この点では、日本国憲法の方が、公共の福祉ということさえ入れていないわけで、もっと明確な権利保障になっているのではないかというふうに考えるわけです。

そうしますと、権利の十全性という意味では、日本国憲法の方が上だということになりますと、我々としては、この人権規約の五条二項により、人権保障が、日本国憲法より下回っているB規約よりも、日本国憲法の方を優先して運用しなければならないのです。そういう意味で、一八条などにおける権利制限規定の理解の仕方が非常に微妙な問題ではないかと思われるのです。

笹原　それに対して、政府なり、裁判所はどのような態度をとるでしょうか。

芹田　今後の問題としては、B規約一八、一九、二一、二二を根拠にして日本国憲法のこれまでの判例、あるいは法体系の中に出てきたものを逆の方向にいかないようにしていかなければならないというふうに思っているんです。

プライバシーの保障

芹田　プライバシーの保障については、憲法上規定はないわけで、その点でB規約一七条は、それを明確に規定した意義は大きいと思っているわけですが、日本国憲法一三条の幸福追求権の中に、プライバシーの権利が含まれていると解釈できないわけではないですけれども、憲法的なものとして明確に位置づけるということは、できるのではないかというふうに思っております。

公正な裁判を受ける権利

川勝　それでは、公正な裁判を受ける権利とか、被拘禁者の人権などについて、どなたか説明して下さい。

伊藤　B規約一四条は、公正な裁判を保障するため詳細な定めをしています。一項は、すべての者は裁判所の前に平等であること、何人も刑事上の罪の決定、民事上の争いについての決定のため、法律に基づき設置された、権限のある、独立の、公平な裁判所による公正な裁判を受ける権利があることを明言しています。

また、二項は刑事被告人につき、有罪の判決があるまでは「無罪と推定される権利」があることを定めています。これらの規定については、国内法上はとくに問題はないと思います。このような諸権利が、現実の裁判手続の中で、実質的に確保されているかという点になると、最近の刑事法廷のあり方を考えるとき、いろいろな問題が出てくると思います。弁護士としては、現実の法廷を人権規約の精神に沿ったものにするよう努力していく責任があると思います。

裁判手続における具体的保障

伊藤　B規約一四条三項は、すべての者は、その刑事上の罪の決定について、十分平等に保障しなければならない権利として七項目を定めています。ここでは、その各項目を挙げることは省略しますが、わが国の刑事訴訟法やその関係法規で、これらの保障を充足しているか否か問題となるものは、弁護人と被疑者の接見交通、証拠開示、被告人不在廷のままの判決、通訳と訴訟費用の四点が考えられます。

弁護人と被疑者の「接見交通」の問題（刑事訴訟法三九条）について、ある種の事件の場合は、弁護人が検察官より接見指定書の交付を受け、これを持参しないと被疑者と接見できない運用がなされていますが、このような運用は弁護人との連絡を保障した(b)号後段に抵触する疑が濃いといわざるを得ません。

弁護人が、検察官の手持証拠の閲覧を求めても、検察官がこれを拒絶した場合、裁判所が「検察官に対して手持証拠の開示」を命令することが許されるかという、いわゆる「証拠開示」の問題についてですが、最高裁の判例によると、裁判所が検察官に対し、その手持証拠の開示を命ずることができるのは、きわめて限定されています（昭四四・四・二五、二小判）。これでは、弁護人側に存在が知られていない証拠については、証拠開示命令を求めることすらできないこととなるので、このような法廷運営の実情は、(b)号の「防御の準備のために十分な」「便益を与えられる」という保障を充足しているか否か、大いに問題があるところと思います。

また、刑事訴訟法三四一条は、被告人が法廷秩序維持のため退廷を命ぜられたときは、被告人が在廷しなくても判決することができることとなっていますが、裁判長の退廷命令が不当であった場合には、(d)号の自から出席して裁判を受ける権利を奪われる結果となり、問題となる余地があると思います。

さらに、先頃問題となった「弁護人抜き裁判法案」の内容も、この保障に抵触する点がいくつかあると思います。

通訳の費用については、それが訴訟費用とされ、被告人に負担させることが原則となって（刑事訴訟費用等に関する法律二条）いますのは、(f)号の無料で通訳の援助を受ける権利の保障に抵触するおそれがあります。

川勝　続いて、勾留、被拘禁者の人権について述べて下さい。

身柄の勾留の問題

伊藤 それから、身柄の勾留についてですが、B規約九条三項には、裁判に付される者を抑留することが原則であってはならないとの趣旨の規定がありますが、この規定は、保釈の請求や、保釈請求却下決定に対する抗告の理由として大いに活用できるものではないかと思います。

被拘禁者の処置について

伊藤 B規約七条前段は、「何人も、拷問又は残虐な、非人道的若しくは品位を傷つける取扱い若しくは刑罰を受けない」と定め、すべての者が人道的に扱われなければならないことを規定していますが、さらに「自由を奪われた者」すなわち、被拘禁者については、一〇条において重ねて「人道的にかつ人間の固有の尊厳を尊重して取扱われる」旨を定めています。これは、犯罪の嫌疑その他いかなる理由による場合であっても、自由を拘束されている者の人権が護られなければならないことを強調してできたものということができると思います。

人道的取扱いの具体的内容については、規定は何も定めていませんが、これについては、国際連合の「被拘禁者処遇最低基準規則」が参考とされるべきものと思います。この規則は、条約ではないので法律的拘束力はありませんが、被拘禁者の処遇についての国際的基準ということができます。また、昨年九月から始まった国連総会には「法執行官行動綱領」が提案されると伝えられています。一方、国連人権委員会においては、「あらゆる形態の拘禁下にあるすべての人々の保護のための準則」の制定が審議されているといわれています。これらの綱領、準則も、人道的処遇の具体的内容を明らかにするものとして参考とされるべきであると思います。

国内の問題としては、政府が現在作業を進めている「監獄法の改正」に当っても、被拘禁者の人道的処遇の考え方を採用するよう、日弁連としても、大いに働きかけるべきであると思います。また、刑務所、留置所はもちろん、出入国管理令に基づく収容施設における現実の処遇についても、人権規約の求めている人道的処遇の見地から検討されなければならないものと思います。

川勝 笹原さん、代用監獄廃止との関係ではどうなんでしょうか。

笹原 「代用監獄」というのは、当事者対等主義、被告人の防御権、拷問、それによる自白の証拠能力禁止、被拘禁者の人道的処遇などの規定に反すると考えられます。今後、B規約を根拠にして、その廃止を求めていかなければならないと思います。

小林 B規約の一三条の冒頭に、適用の対象として、合法的にこの規約の締約国の領域内にいる外国人は、とあるのですが、この合法的ということを厳密に言葉どおりに解釈すると、この規約の中にこういう条項が入ることは、ほとんど無意味に等しくなってしまう感じがするんです。

それから「法律に基づいて行われた決定」によってのみ当該領域から追放することができるということですが、法律に基づいて行われた決定という言葉を、これも文字どおりに解釈いたしますと、法律であればどんな形でもよいのか、それから決定がなされていれば、どんな内容の決定でもいいということになってしまいますが、もし、そういうことであれば、規定を定めた意味が非常に空虚になってしまうと思うのですが、それから、たとえば一四条の公正な裁判のところで四項を見ますと、「少年の場合には、手続はその年齢およびその更正の促進が望ましいことを考慮したものとすると定め、これは広い意味の少年法制を定めていると思いますけれども、ここに書かれている文字そのものはいわば当り前のことであって、これを幾ら読んだって、いま大議論をやっている少年法改正是否の問題についての指針なんて全然出てこないということになってしまうような気がするんです。

結局、これを理解するには、広い意味での立法趣旨といいますか、政治的には、これをフォローする以外にないんではないかという気がするんです。どうも日本語で書かれた文献の中には、あまり実務家に身近な資料が見当らない感じがするものですから、アドバイスをいただければと思います。

芹田 日本の国際法学者は、まことに不勉強でして申しわけないことなんですけれども、この国際人権規約が採択された一九六六年のときには、国連加盟国は一二二ヵ国であったんですが、現在は一五二ヵ国です。その一二二ヵ国で国際社会の現実とか歴史から考えてきますと、一三条というのは非常に大きな意味があるのです。

というのは、ついこの間まで、まあ第二次大戦後でもそういう国はあるわけですが、外国人については、全く何の理由もなくポンと追放できたわけです。だからそういうふうな無権利状態からすると、とにかく法律に基づいてやらなくてはいけないというのは、外国人としては非常に大きな権利を得たことになるというのが、一三条の趣旨だというふうに思っているんです。

したがって、一三条については、日本の場合、むしろ五条二項の現行の法体系の中で外国人がどれだけのものをもっているのかという観点に立って、その上で、国際人権規約のもっている精神というのを生かす方向があってしかるべきではないかと思うんです。

一四条四項の少年に関する制度についても、おっしゃるとおりだと思うのですが、ただ、これも現実の国際社会を構成する一六〇近い国のうち、一九四五年の段階で国家を形成していたのは、せいぜい六〇ぐらいしかなかったわけですから、あとの一〇〇ぐらいというのは、とくに一九六〇年以降独立しておりますので、そういう国にとっては、これだけのものにしても非常に大きな意味をもっているわけなのです。

笹原　いまの小林さんのお話に関連してですが、一三条の「外国人の強制送還」とかについては、B規約の七条の規定を生かして、非人道的な、もしくは品位を傷つける扱いの禁止規定があるわけですが、これが、やはり入管行政においても用いられると思うのですが、この規定は、監獄法上の被拘禁者に限らず適用されるべきであるというふうに私は考えているのです。

ヨーロッパ人権条約なんかでも同じような規定があって、そして外国人の追放などのことについては、その規定の人権侵害だというようなことで救済を求めているようなケースがあるようですね。だから、法律があって、それに基づいていれば何でも強制送還OKであるというのは間違っていると思います。つまり、人道的に外国人を取り扱わなくてはいけないのではないかということを私は考えているんです。七条の規定などは大いに我々弁護士は活用していかなくてはいけないという感想を持っているのです。

芹田　確かにいまおっしゃったようにヨーロッパ人権条約の場合には、三条の規定は追放についていろいろ利用されていい規定ですね。

笹原　だから我々は今後この規定を用いて、せっかく国内的に効力が生じているのですから、行政訴訟などには活用すべきであるというふうに思います。受刑者などから出ている訴などにも、この規定を活用すべきであるというふうに思うんです。

芹田　接見交通権とは違いますが、一〇条は活用できますね。

五　国際人権規約の国際法的効力

川勝　では最後の項目になりますが、先生から「国際人権規約の国際法的効力」についてご説明いただいて終りにいたしたいと思います。

実施措置――国連の監視

芹田　国際的な実施措置の問題としては、通常「報告制度」があります。それから個人あるいは国家からの「申立の制度」があります。それと、広い意味の「世論からのコントロール」というのがあります。

報告というのは、公表されることによって、広い意味での国際連帯のもとにのっかった世論形成が行われるわけで、その意味で、最も大きな国際的なコントロールの制度ではないかというふうに思っております。そこで、この実施措置についてお話しいたします。

通常の条約であれば、条約違反に対しては、国家は必ず苦情を申し立てることはできるわけです。これは、国際法の大原則です。それでもなおかつ違反をやめない場合には、同じような違反をする権利があります。そうすると相手側は苦痛をこうむるからもちろん違反をやめると考えられるわけで、それはウィーン条約法条約の六〇条という形で実定法化されています。ただし、違反の中には人道的な性質の条約というのは含めてはならないということになっています。これまでのこの一般的な原則に従って、ヨーロッパ人権条約の場合には、国の中立権というのは、義務的なものとして規定されているのです。ところが、人権規約にはそれが国の中立についても任意的なものとされているのです。

そうしますと、この人権規約の実効性をどうして担保するのかということが問題になります。こんなところに外交的保護権を持ち出すことはできないので、そうすると広い意味での、先ほど申し上げた世論というのが担保しているとしか言えないわけです。国際人権規約というものは、インターナショナル・ソリダリティ（国際連帯）というものに載っかっている以上は、それが最大のよりどころだということになるわけです。

国家は、外交的保護権の場合には、主観的な権利をもっているわけですが、人権規約の場合には、国家が苦情申立権をもっているとしても、その権利というのは、その国家の主観的なものではなくて、いわば国際社会の公序を維持するための客観的な性格のものであると考えられるわけです。ヨーロッパの場合にはそういうものとして位置づけられています。

したがって日本につき九月二一日から国際人権規約が効力を持つようになったわけですが、その日以前から当事国であった、たとえばイギリスについて、九月二一日以前のイギリスの違反についても日本は苦情申立ができるわけです。そこには、相互性が働いていないからです。

新設の人権委員会に救済申立をする手続というのは、これは人権規約のヒューマンライツ・コミッティ（Human Rights Committee、人権専門委員会、規約人権委員会、自由権規約委員会等の翻訳がある）に対する申立手続ということですが、これについては「四一条の宣言」をしている国が申立権を有しているのです。

日本はまだ宣言をしておりません。日本が宣言をすれば、日本も訴えられるということにもなりますが、現実の問題としましては、日本が四一条を宣言したとしても、国際社会というのは、人権によって動いているわけではなく、通常の論理によって動いているので、日本が何らかの人権違反をしたとしても、それを理由に、他の外国が日本を訴えてくるということは考えられないと思えるのです。

ヨーロッパ人権条約の場合に国家間の申立がけっこうあります。これは、ヨーロッパ人権条約は基盤に同質性を有する締約国があり、かつヨーロッパ統一を目指して作られているからです。これに対して、国際人権規約の場合は、締約国間に普通、基本的に同質性はないという認識があるわけです。資本主義の国もあれば、社会主義の国や第三世界の国もあるわけです。もっとも、目標としての同質性は掲げられたけれども、「民主的な社会」といっても民主主義という観念についてさえ一致しているわけではないのです。

そうすると、同質性を目指しての客観的な権利、国際社会の公序を護るという意味での、そのために権利を行使して訴えを出すというようなものは、出てこない可能性が強いわけです。そこであとには、いわば外交的保護権の延長に近いものが考えられるわけですが、それが四一条の趣旨に合うかどうかは非常に疑問です。

したがって日本が四一条を宣言しなかったというのは、まだまだ中味がわからないからということと、国際社会に同質性がないということを理由に挙げているのは、そういう趣旨ではないかと思っております。

ただ、私自身は、基本的には先ほど申しましたように、人権規約上目標としては同質性を掲げていると思うので、だから現実に同質性がないとしても、人権規約の方向性というものが国際的な連帯のうえに、国際社会の向上というのを掲げていくとすれば、四一条というのは、やはり積極的に宣言していくべきであると思っているのです。

国際社会の中には、いわば二重構造（あるいは三重構造）というようなものがあり、東西の伝統的な国際社会と、それから第三世界という違った社会があるわけです。一九四五年までに国家を構成していた国々の社会については、東西の間の国際法上の議論がされます。それと第三世界があって、その上と下という言い方はいけないかもしれませんが、先進国と途上国、あるいはもう一つ下というのがあって、四一条に関しても非常にむずかしい問題を含んでいるわけです。しかし、日本の場合には、資本主義社会を構成している、いわゆる先進国グループの中における人権保障を目標にしているのであるから、その実現ということで、宣言の受諾をしていいのではないかと思うわけです。国際社会をリードする側に立つという意味では、日本は、宣言すべきだと思っております。

選択議定書の批准

芹田　B規約の選択議定書も、やはり同じようなことではないかと思っております。現実にこの選択議定書の批准をした場合には、日本国民の中から訴が出るでしょうが、しかし、何が出るかと余り恐れるようなことはないのではないかというように思えるのです。日本政府が何を恐れているのか、わからなくはないのですけれども、現実に議定書を批准しているのが、いわゆるヨーロッパ民主主義の国で、日本はヨーロッパ的な人権の観念を持っている国ですから、非常に批准しやすいと私は思っているわけであります。そういう意味からして、日本政府は、選択議定書を批准してよいのではないかと思っております。

川勝　大変長い時間ありがとうございました。（拍手）予定の時間もオーバーいたしましたので、この辺で終りにいたしたいと存じます。芹田先生、それに各委員の先生方、長時間どうもありがとうございました。とても有意義な座談会でした。

〔自由と正義三一巻一号（一九八〇）〕

17　七千人を超える指紋押捺拒否者たち――一九八五年――

一　もう一人の私

心のなかに私たちは何人の異なった自分を住まわせているでしょうか。私たちはあれこれと悩みます。私のなかで騒動がもちあがります。一人は右せよと言い、他は左せよと言い張り、はたまた第三の私は中道を行けと勧めます。二対一で結論に達したかに見えて、また緊張が続きます。人はこうして他に耳を傾けながらたくましく成長していきます。

消えいるような小さな心の声にも耳を傾けることができ、自分のなかに多くの声を育てることができるとき、人は豊かになります。そして、このことは社会にもあてはまります。社会が多様性に富み、異なるものに対して寛容であり、どんなに小さな声にも耳を傾けるとき、その社会は豊かな、おおらかな、しかも、時にきしみがあり緊張があってもこれらを乗り越えるたくましさをもった社会になります。

人が偏狭になるというのは、他者の声のみならず、自分の心のなかの声にも耳を傾けられなくなるということです。あれもこれも気に入らない。緊張にも堪え切れない。自分のまわりをすべて排除し、自分の心のなかの異なるささやきも弾圧する。これが偏狭さです。

社会も同じです。未成熟な社会ほど排他性を強くもちます。違うものを受け入れません。違いには、考えや行動のほか、言葉や宗教や人種や、性別や、いろいろあります。古来、最もはっきりしていたのが、よそ者、他国者という烙印による区別でした。

二　よそ者への態度

よそ者という言葉ほど私の嫌いな言葉はありません。これほど明確に排他性を示す言葉も少ないでしょう。しかし、この言葉は多用されてきましたし、現在でも、もちろん、使用されています。

ある社会がその社会にとってのよそ者、つまり他国者に対してどのような扱いをしてきたかを歴史的に検討すれば、次の五つの態度がみられるといわれます。

第一は、よそ者を敵とみるものです。古代にあっては、互いの関係は基本的には敵対関係ととらえられていたので、よそ者は敵であり圧殺すべき対象とみなされました。しかし、今日でも、仮想敵国を設け、武力で対峙している限り、制度的にも同じ現象がみられるのであり、スパイ取締や治安活動対象者の監視が仮想敵国民に向けられ、敵と意識されるかぎり、容易に、安易に、敵視主義へと駆りたてられてしまいます。そして、もし不幸にして対立が戦争にまで至れば、相手国民を法的に、敵国民として差別してしまいます。こうした形でこの見方は今日でも根強く残っています。

第二は、〝敵〟とはみなさないまでも、これを〝賤〟とみなすものであり、よそ者はそうした仕事にしか就くことができず、共同体のなかには容易に受け入れられなかった。現在でも、仕事に貴賤はないとはいえ、外国人労働者が最下層の肉体労働をになっているという現実は、いわゆる先進国をはじめ多くみられることである。また、多くの国が出入国管理にさいして、自国に有用な外国人には広く門戸を開いているのに対し、役に立たない者、負担になりそうな者に対しては門戸を閉ざす（たとえば、わが国の出入国管理難民認定法五条〔上陸の拒否〕一号ないし三号）のみならず、役に立たない者、負担になっている者を国外に追放する（たとえば、一九八一（昭和五六）年改正前の出入国管理令二四条〔退去強制〕四号、ハ、ニ、ホ）という法制は、法的には社会に対する危険の排除という論理のうえに組み立てられているのではあるが、潜在的に存在する他国者に対するこうした社会の心理に支えられているように思えます。

第三は、〝敵〟でもなく、〝賤〟でもなく、同じ〝人間〟とは考えるけれども、他国者は排除しようとする排外主義です。たとえば、一九八五（昭和六〇）年五月一一日、外国人登録法の指紋押捺に関連して、大阪府警外事課長が、指紋押捺が嫌なら本国に帰ればいい、と放言した旨報道されたが、これなどはそうした排外主義の典型的なあらわれということができるでしょう。子どもたちのなかには、そうした偏狭さというのが時に露骨にみられることがあるけれど、そうした偏狭さを徐々に克服して大人になっていくのが普通であるだけに、責任ある立場の人からそうした発言がなされるということは、時に燃えあがる排外主義の根強さを感じないではいられません。

三　相互主義の現実と平等主義の理想

これまでの三つの見方が感情的、心理的なものに根拠をおき、人類の発生以来、社会に、私たちの心のなかに、根を張っているのに対し、相互主義も平等主義も理性の産物です。第四の相互主義は、相互の利益の考慮を基礎にして対応しようとするものであり、近代国家が成立し、とくに一九世紀になって登場したものであり、人類の歴史からみればきわめて最近のものであるということができます。近代国家の成立によって、国籍観念が法的に明確になり、国民の政治参加、国民の軍隊が実現し、ここに国民と外国人の差が法的地位の相違として認識されるようになります。そして、国家は互いに互いの国民を保護することのなかに利益を見出し、そこに国際関係の基本的な考え方である相互主義が根づく基盤がつくられたのです。相互主義は、今日でも国際関係の一般原則であり、たとえば一九五三年の日米友好通商航海条約はこの原則の上にたち、日本とアメリカ合衆国が互いの国民に入国・在留、身体の保護、労働者保護・社会保障などを互いに保障することを定めています（詳しくは、拙著『永住者の権利』参照）。

さて最後に、平等主義は、国籍の壁を取り払い、すべての人を地域の仲間として、人間として認め合い、手を取り合って生きて行こうとする考えです。ここにはもはや、よそ者とか他国者という言葉の入り込む余地はありません。しかし、この平等主義は、外国人にも通常の私的生活を営むに必要な権利・行為能力を国民に対するのと同じように認めなければならないという意味では、つまり、私権に関する内外人平等主義の意味では、日本の一八九〇年の旧民法・人事編四条や、一九二八年の外国人の地位に関する米州条約五条が確認しているように、一九世紀末から二〇世紀初頭には、相互主義とともに確立していたが、外国人の基本的人権の保障に関しても内外人平等を貫くという意味では、第二次大戦後、しかも、きわめて最近になって緒についたばかりです。今日、平等主義は、国際人権規約のほか、欧州・米州人権条約といった人権条約の参加国のあいだで、部分的に、実現しているということができます。平等主義を根底にすえることによってはじめて、私たちは対等に、互いの〝違いのわかる〟存在になることができるのです。

四　外国人の一般的権利・義務

さて、ここまで外国人処遇の諸主義について、いわば歴史的視点も加えて考えてみましたが、こんどは視点を変えて、現行の国際法上、外国人は一般にどのような地位にあるのかを検討してみようと思います。一般的な法的地位を確認できれば、日本における具体的・特殊的問題の解明に大いに力となると思えるからです。

権利　外国人の享有する権利について国際法上一般的に確定したものはないが、すでに述べたように、外国人にも、通常の私的生活を営むに必要な権利及び行為能力は認めなければなりません。従って、生命・身体・名誉に関する人格権は当然に認めなければならないし、生活必需品を所有し取得する権利、日常生活に必要な通常の契約をする能力などは、当然外国人にも認めなければなりません。日本の民法では「外国人ハ法令又ハ条約ニ禁止アル場合ヲ除ク外私権ヲ享有ス」（二条）と宣言しています。しかし、国家的利益とか国民の重大な利益の保護という見地から一定の権利についてはは外国人に対し制限ないし禁止することも国際法上許されます。日本の場合には、日本船舶・航空機の所有権や鉱物の試掘権・採掘権（鉱業権）を外国人に認めておらず（船舶法、航空法、鉱業法）、国策遂行の特殊会社の株主となる権利あるいは不動産所有権や資本取引を制約しており（国際電電、日本航空、東北開発等の各株式会社法、外国為替及び外国貿易管理法)、また、水先案内人や公証人となる権利も外国人には認められていない(水先法、公証人法)。

なお、公法上の権利、参政権、あるいは公職につく権利も、日本の公職選挙法や外務公務員法の定めるように、国民にのみ留保し外国人を排除することも一般国際法上は認められています。ただし、この点は、のちに検討するように、日本も批准した国際人権規約は、内外人平等主義を原則としており、基本的人権のうち、いわゆる自由権と社会権については、この原則が即時的に貫徹させられるべきであり、また参政権についても、国民主権原則から国民にのみ留保される若干の権利のほかは、この原則を貫くべきであろうと考えられます。

義務　外国人は、一国の領域内に入ることにより、原則として、その国民と同じように、滞在国の管轄権のもとに服することになります。滞在国が要求すれば、外国人としての登録をしなければなりません。そして現在、多くの国が外国人登録制度を設けておりますが、日本の外国人登録制度の問題点については後に検討したく思います。また、外国人は、兵役の義務や教育の義務を除いて、国民と同様の義務を負い、一般の警察上の規則に服するのはもちろんのこと、天災、火災、暴動などにさいしても警察に協力する義務を負っているし、さらにこのような場合には、公の秩序のため、個人の自由や財産の享有を制限するような特別措置にしたがわなければならないのです。また課税に関しても、長期滞在の外国人は、国民と同じ義務を負っていますし、裁判に関しても、外交官などのように特権・免除をもつものを除けば、外国人はその国の裁判権にしたがわなければならないこととされています。

なお、外国人の入出国については、国際法は国家に外国人の入国許可を義務づけてはいないが、多くの国は慣行上入国を許しているのが通常である。この場合、国家は一定の資格と条件のもとに入国を許可し、実際にも、多くの国は、旅行その他の一時的入国と、移民のような永続的入国を区別し、前者は警察や旅券規則にしたがうことを条件に自由とし、後者は特別許可の対象としています。他方、出国は、正当な理由のある退去強制か犯罪人引渡の対象とならないかぎり、外国人に強制できません。

五　在日外国人の実態

日本において外国人というのは、法的には、日本国籍をもっていないすべての人のことを指します。そうした外国人は、日本に上陸した日から九〇日以内に外国人登録をしなければならず、また外国に帰化したりして日本国籍を離脱することにより外国人となった者や日本で生まれた者は、その日から六〇日以内に外国人登録をしなければなりません。一九八三（昭和五八）年の入国者は約一九〇万人ですが、そのほとんどの人が観光客であり、三カ月以内しか日本に滞在しておらず、翌一九八四（昭和五九）年六月末現在の外国人登録人員は八二万五、七一二人です。

一九五二（昭和二七）年四月に対日平和条約が発効し、出入国管理令に定める一定の在留資格をもって在留する一般外国人と、戦前から対日平和条約発効の日まで引き続いて在留する朝鮮人と台湾人（いわゆる在留資格なき在留者で、法一二六―二―六該当者）の総数は、「昭和二十七（一九五二）年十一月末日五七万三三一八人であったが、その後の五年ごとの推移をながめてみると、同三四年は六七万四三一五人、同三九年は六五万九七〇一人、同四四年は六九万六四〇五人、同四九年は七四万九〇九四人と漸増してきて、同五五年では七七万六〇〇〇人となっており、これを当初の数に比べると、おおよそ二〇万人増加したことになる。この間における外国人入国者が……約六〇倍以上を超える驚異的な増加を示していることに比べると、在留外国人の総数は、過去三〇年間に三五％の増加にとどまっている。その理由は大別して二つある。一つは、外国人入国者が今や年間一〇〇万人を越えているとはいえ、その内訳は観光客等がほとんどであって、これらの者は一時的に我が国に滞在したのち、国内在留者としては握されないまま順次出国していっているためであり、他の一つは、在留外国人の九〇％以上が戦前から居住していた朝鮮人、中国人等及びその子孫として我が国に定着居住している者等であって、その数は総体としては余り変わらないためである。このように在留外国人を総体的な数の概念でながめたときは、入管発足当時と三〇年後の今日との間には大差はない」（法務省入国管理局編『出入国管理の回顧と展望（昭和五五年度版）』一一七頁）。

なお、在留資格をもつ一般外国人は、一九五二（昭和二七）年にはわずか三万一、一五七人であったのが、一九八〇（昭和五五）年七月には約四・五倍の一四万一、二五六人になっていた。そして、当時の在留外国人七七万六、〇〇〇人の八五％にあたる約六六万人が韓国・朝鮮人であったのです（二番目は中国人約五万人、三番目がアメリカ人約二万人、アメリカ人以下は千人単位）。

ところで、こうした法的観念としての外国人ではなく、私たちの日常のなかでの〝外国人〟に目を移すと、そこにはまた別の顔があらわれてくる。日本社会では一般に、〝外国人〟あるいは〝ガイジン〟は、欧米系の白人のことを指すことは、よく知られていることです。私たち自身の心に尋ねてみればすぐわかることでとくに立証することもないでしょう。昭和五五年には、米・英・独・仏の人たちは約三万人でした。

日本の経済発展につれて、経済的な結びつきの強い国民の入国・在留は増加する。一九八三（昭和五八）年入国者約一九〇万人のうち、アメリカ人は約四〇万一、〇〇〇人（二一・一％）、韓国人は約二八万四、〇〇〇人（一四・九％）でした。一九八四（昭和五九）年六月末現在の外国人登録総数の八一・九％が韓国・朝鮮人であり、アメリカ人は三・二％にすぎません。一九八〇（昭和五五）年当時にくらべて、韓国・朝鮮人の比率はさがっているが、依然として八割を占めており、しかもこれらの人たちは、私たちの意識のなかで〝ガイジン〟には入らない。在日外国人の実態は、諸国にくらべてこうした二重にも三重にもいびつな構造としてとらえなければならないのです。このことは、法務省入国管理局が指摘するように、戦後一貫して変わっていないのです。

したがって、在日外国人の問題を扱う場合には、新規入国の一般外国人——このなかには当然に新規入国の韓国人が含まれる——の問題と、戦前は日本人として戦後は外国人として戦前から引き続き住んでいる者とその子孫たち——その大部分が韓国・朝鮮人——の問題とにわけて考えなければならない。前者は世界のいずれの国にも共通するものであり、前述の外国人の一般的権利・義務があてはまるのに対し、後者は日本に特殊な問題であって、まさに私たちの対応が問われているのです。

六　在日外国人の人権

国際法においては、外国人の権利・義務については従来から論じられてきましたが、そこでの権利は主に民事上の権利のことであって、滞在国の公権力との関係を問題にする公法上の権利、いわゆる公権のなかで最も基本的な権利、つまり人権については第二次大戦までほとんど語られることはありませんでした。人権の国際的保障が語られるようになったのは第二次大戦後のことであり、条約としては一九五〇年のヨーロッパ人権条約が最初です。

日本では、日本国憲法制定後まもなくの頃から、学説・判例（最高裁判所判決昭二五・一二・二八最高裁判所民事判例集四巻一二号六八三頁）によって、外国人にも人権保障が及ぶという考え方自体は支配的であったが、実際には保障をうけることは非常に少なかった。学説にしても、一九六〇年代においても、在日外国人の実態に目を向けることなく、一般的に論じられていたといっても過言ではなく、国民と外国人の法的地位の差異からする合理的差別は認められる、という抽象的結論以上には出ていなかったといえます。

ところが、一九七〇年代に入ると、国際環境の変化が日本にも大きなインパクトとなって押しよせ、七八年五月国際人権規約に署名、翌七九年六月批准、同九月発効、そして八〇年七月女子差別撤廃条約に署名（八五年六月批准、同七月発効）、八一年一〇月難民条約に加入、翌八二年一月一日発効と続き、これによって国内法の改正・整備が進められ、その過程で外国人の人権に関する論争も活発になり、今日、指紋押捺問題に世間の耳目が集まっていますが、その頂点に達しているともいえるでしょう。

人権は、周知のとおり、自由権、社会権、参政権に通常分けられますが、出発点としても到達点としても重要なのは、平等権です。ただ、最初に肝に銘じておくべきは、経験が示すように、過去には「人権」として認められなかったものが今日では「人権」として法的にとらえられるようになってきたと考えられるものが存在するということにみられるような人権の歴史的性格の認識です。一九四六年制定の現行憲法も「この憲法が日本国民に保障する基本的人権は、人類の多年にわたる自由獲得の努力の成果であ」ることを宣言（九七条）しており、一九四六年の段階で人権としてとらえられていたものが条文化されたことを明確に認めています。したがって、各々の人権がその背後に歴史を背負っているわけであり、「時代」と「社会」に応じて「新しい人権」が闘いとられてきたし、闘いとられていくのです。

ところで、日本においては、自由権規約（市民的および社会的権利に関する国際規約）と社会権規約（経済的、社会的および文化的権利に関する国際規約）とからなる国際人権規約の批准の折りには、とくに社会権規約が権利の漸進的実現を原則としているところから、内外人平等原則にもかかわらず、各種の関連国内法から「国籍」要件の撤廃をはかるための法整備を行わなかった。しかし、難民条約の批准によって社会権の領域でかなり多くの国籍要件を撤廃させ、この領域ではここ数年著しい改善がなされたと評価できるでしょう。

難民条約が国会で審議されていたとき、当時の園田直外務大臣は次のように述べました。「わが国の法律体系というものは明治にできた体系のまま進んでいる……その一番の欠点は、日本人でなければ人間でないといわんばかりの考え方で、いろいろな法律や規定がある。たとえば……国籍によっていろいろな社会保障その他年金の問題がいままでずっと差があったということも、これは国際関係からいえば、外務大臣の口からいうのは恥ずかしいぐらいの状態にあると存じます。」しかし、この嘆きを私たちはまだ嘆かなければならないのが日本の現実です。

さて、基本的人権のうち、これを自由権・社会権・参政権に分けると、国際人権規約の定める内外人平等原則——これは日本国憲法一四条を補完・補強する働きをもっています——からすれば、外国人も国民と同様に、当然に、平等に、自由権も社会権も享有することになります。

参政権については若干問題があります。それは、一九八五年現在、人類は約一七〇あるいずれかの国家に属し、国際社会が主権国家を単位に構成されており、国家は国民主権原理によりその政治の基本を方向づけているからです。したがって、参政権の場合、国民主権原理から考えて国民にのみ留保されている権利があります。政治の基本の方向づけをする権利が国民にのみあるということは、憲法制定権や国政段階の選挙権・被選挙権などは外国人にはないし、公務員にしても国会に政府委員として出席するような公職には就くことはできない。しかし、外国人も、居住の態様によっては明らかに地域の「住民」となるので、「地方自治の本旨」（憲法九二条）からすれば、その属する地方公共団体の議会の議員および長の選挙権を「住民」たる外国人に認めることは、差しつかえない、というより、今日の状況から考えれば、むしろ推奨されるべきことでしょう。諸外国には、市町村選挙における外国人の選挙権を認める憲法まで登場してきているのです（一九七八年一二月二九日発効のスペイン憲法一三条二項）。

一般論はこの程度にとどめ、いくつかの現下の問題を一瞥してみましょう。

七　いわゆる国籍条項

難民条約への加入による法改正・整備によっていくつかの国籍条項が削除され、内外人平等とされたので社会権の領域ではかなりの改善がなされた旨、先に述べました。これまで、たとえば一九六五年に日韓間で締結された在日韓国人の法的地位協定にもとづいて永住許可をうけた者が国民健康保険の被保険者になりうることとされたり（法的地位協定締結にともなう国民健康保険法施行規則の改正）、あるいは国民年金法では拠出制年金について被保険者資格者を日本国民に限定していたが、日米友好通商条約の相互主義原則から在日のアメリカ国民も国民年金法による被保険者となることとされているなど、例外的に外国人に窓が開かれてはいたのです。

しかし、国籍による排除は、在日外国人の特性から考えると、きわめて異常な面がありました。たとえば、日本は一九一〇年に朝鮮を併合したが朝鮮には徴兵制を施行しておらず、兵役法により「戸籍法ノ適用ヲ受クル者」が徴兵の対象であった（九条、二三条）。ところが、昭和一八（一九四三）年三月二日の兵役法の一部改正により「朝鮮民事令中戸籍ニ関スル規定」の適用をうける者も徴兵の対象とされ、同年八月一日から朝鮮に徴兵制が施行されたのです。朝鮮人で日本の行なった戦争に軍人・軍属として参加させられた人は、三六万五、二六三人にのぼり、うち南方各地の戦場でたおれた人々だけでも、厚生省推定で約二万人といわれ、また日本に強制連行された数十万人の朝鮮人徴用労働者の死亡者も厚生省推定で約一万人といわれています。戦傷者や、療養を必要とする人は多数にのぼると考えられますが、恩給法、戦傷病者戦没者遺族等援護法、戦傷病者特別援護法など、いずれも日本の国籍をもたない者を排除しているのです。

なかでも異常と思われるのが、一九五二（昭和二七）年四月三〇日成立の戦傷病者戦没者遺族等援護法の場合です。同法は同年四月一日に遡及して適用されましたが、そうすると対日平和条約発効日である同年四月二八日までは朝鮮人や台湾籍中国人も政府見解により日本国民であるため当然に援護法の適用をうけることとなります。そこで、外国人ではないがこれらの人を適用から排除するため、同法は「戸籍法の適用を受けない者については、当分の間、この法律を適用しない」という附則までおいたのです。この一事からも、日本の法制の〝国籍条項〟が在日韓国・朝鮮人の排除にむけられていることが推察できるように思われます。

ともあれ、難民条約の加入にともない、一九八二年一月一日から国民年金法や児童手当諸立法の各国籍条項は撤廃されました。もっとも、国籍条項の撤廃だけでは、塩見訴訟にみられるように、必ずしも十分とは言い切れませんが、多大な改善がなされたことは事実であろうと思われます。

さて、国籍条項の壁の事例で、昨今新聞等に報道されたものは、外国人の教育公務員資格問題です。国公立大学の教員については、一九八二年九月の国公立大学外国人教員任用法によって問題に決着がつけられ、私の勤務する神戸大学法学部にも外国人の助教授が一九八五年四月に誕生し、教授会に出席しています。しかし、現在問題となっているのは、国公立の小学校、中学校、高等学校の教諭等への外国人の任用です。

公立の小・中・高校教員を任命するのは、都道府県および政令指定都市の教育委員会であり、各教育委員会は毎年教員採用選考を行って必要な教員を採用しています。そのさい、在日外国人の約七割の五七万六、〇四七人（一九八四年六月末現在）が住む六大都府県（外国人の多い順に、大阪・東京・兵庫・愛知・京都・神奈川）はすべて、教員選考要項の国籍条項を撤廃し、外国人の教員免状取得者に門戸を開放している。ところが、文部省は、公立の小・中・高校の「教諭等については……外国人を任用することは認められない」と指導し、その理由として、公立の小・中・高校の「教諭については、校長の行う校務の運営に参画することにより公の意思の形成への参画に携わることを職務としていると認められ」ることをあげているのです。

元来、外国人の公務員への就任能力については、外務公務員や特別職公務員などとくに定められている場合を除けば、憲法にも法律にも、制限規定はなく、また、一般に国籍の保有が公務員就任に必要な能力要件であることを明示した法律もない。ただ、「公務員に関する当然の法理として、公権力の行使又は国家意思の形成への参画にたずさわる公務員となるためには日本国籍を必要とするものと解すべきであり、他方において、それ以外の公務員となるためには日本国籍を必要としないものと解せられる」とする昭和二八（一九五三）年三月二五日の内閣法制局の見解があるのみです。

公立の小・中・高校の「教諭」を日本国民にのみ限ろうとする文部省の指導は、この内閣法制局見解の前半部分の制約基準の拡大をはかるものです。しかし、後半部分をも考慮すれば、この制約基準は、国家公権力の行使または国家意思の形成に直接参画する職務にたずさわる公務員に日本国籍を必要とする、という内容のものと解釈するのが素直であろうと思われます。教育公務員には当然に日本国籍が要求されるとはとてもいえそうにありません。

もっとも、文部省は、公務員就任能力論だけでは分がないと思ってか、別の論も持ち出してきています。一九八五年二月八日松永文相は、衆議院予算委員会において、「国家を構成する国民を育成する教育は自国民がこれに当たるという原則があります」と答弁しています。この国民の盲目的なナショナリズムをかきたてるような論は、ある時代に強く主張されたことはありましたが、原則といえるようなものではありません。もしそうであれば、国公立教員の問題だけにとどまらず、私学の教員の問題にもなります。東大受験校としても有名な私学には単に教員のみならず、時には校長にも外国人がなっているからです。問題のすり替えには心したいものです。

八　外国人登録

外国人は、滞在国が要求すれば、外国人としての登録をしなければならず、現在、多くの国が外国人登録制度を設けています。日本も、近代的な形で外国と正式に国交を結ぶようになった幕末以降、いくつかの外国人処遇の法令を制定してきました（宮崎繁樹「戦前のわが国における外国人の処遇」国際法外交雑誌七二巻参照）。いずれも、外国人の「管理」に力点があり、外国人はできるだけ居ないにこしたことはないという発想のうえに、外国人をいわば閉じ込めることを狙っていたといってよいのではないでしょうか。現在の日本の外国人登録法も「在留外国人の公正な管理」（一条）のためのものです。外国人の「人権」の視点からは、したがって、いくつかの問題を含んでおり、とくに外国人登録証明書の常時携帯義務と指紋押捺義務が問題視されることになります。

ところで、日本の外国人登録法の母法はアメリカ移民法であり、移民法中登録関係は一九四〇年外国人登録法です。アメリカの外国人登録は、一七九八年の「外国人および治安法」によって施行されたが、同法が一八〇二年に失効し、その後一九四〇年まで新規立法は行われなかったのです。

一九四〇年外国人登録法は、アメリカ国防計画の重要な一環をなすものであり、一四歳以上の外国人はすべて登録し、かつ、指紋を押捺することを義務づけられました。外国人の数は約五〇五万人から五一五万人に上った。「一九四〇年外国人登録法は、国家非常時体制における一つの安全弁として連邦議会を通過した戦時立法」であり、連邦議会の意思は、判例が確認しているように、「この登録によってそれらの者の活動を制約し、国家安全のために連邦政府の監視下におかねばならないとしたのである。」

アメリカが外国人登録を約一五〇年ぶりに立法化した前年一九三九年に第二次大戦が始まっていたのです。

さて、戦後日本は総司令部の指示もあって一九四七年五月外国人登録令を公布施行しましたが、「台湾人のうち内務大臣の定めるもの及び朝鮮人は、この勅令の適用については、当分の間、これを外国人とみなす」旨の規定を設け、平和条約発効時までは法的には日本国籍をもつ朝鮮人、台湾人を登録対象者に含めたため、登録反対が強かったのです。また、当時日本社会は混乱しており、幽霊登録、二重登録などの不正な事態が続出した。一九五〇年六月二五日朝鮮戦争勃発、同九月アメリカ、対日講和条約締結予備交渉開始に踏みきる。翌五一年九月八日対日講和条約調印。五二年四月二八日の対日平和条約発効とともに、指紋押捺義務を定めた外国人登録法が公布され即日施行されました。朝鮮、インドシナには戦争があり、国内もまた騒然としていたのです。

反対が強く延期に延期を重ねていた指紋押捺制度も一九五五年四月二七日から実施されました。この頃を境に不正発給事件などがほぼ完全になくなりました。これは、法務省の説明では、指紋押捺制度の実施の結果であり、韓事件（東京地裁判決昭五九・八・二九）の被告・弁護側の主張では、「日本における全体的な生活状態の好転で、もはや幽霊登録や二重登録などする現実的必要がなくなり、結局これを行う者はほとんどいなくなった」からです。裁判所は法務省の説明を受け容れている節があるが、真実はいずれにもあるでしょう。国際的にも五三年、五四年と朝鮮、インドシナの休戦が成立し、五五年四月一八日には日本も参加したアジア＝アフリカ会議が開催されるなど、一挙に平和の兆しが見えたのです。

ともあれ、日本の外国人「管理」が「治安」と深く結びつけられていたことは、指紋押捺を実施できないでいた一九五三年五月二八日の参議院法務委員会における犬養法相の発言から直接にわかる。

「今の状況から申しますとこれは指紋を取らしてもらうことが一番安全なのであります。……一番大きい問題は治安でありまして、治安状況が今よりも更に悪化いたしますと、或いは少し貿易関係等で来ている人の感情を悪くしてもあえて指紋を取るという制度を採用しなければならない。従って日本の国内の治安情勢、国際関係から来る治安情勢及び国際親善といういろいろな角度から今これを充分慎重に考えているのでございます。……」

国籍別拒否者数	
韓国・朝鮮	468
米国	5
英国	1
ベルギー	1
アイルランド	1
中国	8
フランス	1
イタリア	1

ところで、指紋押捺拒否は一九八〇年九月一〇日にはじまり、八五年七月一九日現在、法務省の調査（上図参照）では、拒否者は四八六名にのぼり、指紋不押捺意向表明者は一六三名を数えます。韓国・朝鮮人が四六八名にものぼっていますが、きわめて特徴的なことは、韓国民団とか朝鮮総連といった組織ではなく、まったくの個人がまず叫びをあげたということです。指紋をとられることに深く傷つけられた

人々の叫びです。しかも、十代や二十代の人々が、自らの人権感覚により、平等を主張しているのです。

指紋押捺の強制は、プライバシーを侵害し、人間としての品位を傷つける取扱いとはならないであろうか。自由権規約違反ではないのか。自由権規約七条の「品位を傷つける取扱い」についてはなるほど先例はないが、同じ文言の欧州人権条約三条の先例に照らせば、指紋押捺の強要は主観的に「品位を傷つける」ものであり、しかも、単なる個人の主観にとどまらず、ある客観性をもって語られる（前掲拙著『永住者の権利』参照）。そして、これは、外国人と国民の法的相違による異なった取扱いとして合理性をもつとして正当化できるものではなく、ましてや国際人権規約の定める内外人平等の原則の下では異なった取扱いの根拠そのものがない、といわなければならないのではないでしょうか。

九　人権と社会

私たちの住む社会は日々に変化しています。そうした社会のなかにあって私たちは常に「人間」をみつめなければなりません。カネやモノではなく、ヒトほど興味つきないものはありません。同じであれば面白味は半減します。違うからこそ、そして、そこに違いを認め合うからこそ、生き生きと輝く人間でありうるのです。互いに緊張をもって、違いをみつめ合うなかに、人間の深さがわかり、新しいかたちをとった人間の権利にも目覚め、それに応じて愛とか正義とかいわれるものの意味も理解されるようになるのではないでしょうか。世界の国々、世界の人々に関心をもつということは、とりもなおさず、内の異なるものに目を向け、そのものとしてとらえる努力を私たちに強いるように思われてなりません。

〔参考文献〕

日高六郎・徐龍達編「大学の国際化と外国人教員」(第三文明社、東京、一九八〇)
土井たか子編『「国籍」を考える』(時事通信社、東京、一九八四)
『神奈川の韓国・朝鮮人』(公人社、東京、一九八四)

17　7千人を超える指紋押捺拒否者たち

都道府県別の指紋押捺拒否者数(押捺留保を含む)

北海道	146	滋　賀	102
青　森	48	京　都	404
岩　手	21	大　阪	1740
宮　城	50	兵　庫	344
秋　田	11	奈　良	104
山　形	3	和歌山	76
福　島	5	鳥　取	24
茨　城	65	島　根	18
栃　木	19	岡　山	158
群　馬	56	広　島	309
埼　玉	138	山　口	414
千　葉	101	徳　島	9
東　京	772	香　川	14
神奈川	377	愛　媛	51
新　潟	51	高　知	1
富　山	17	福　岡	513
石　川	34	佐　賀	37
福　井	7	長　崎	20
山　梨	1	熊　本	83
長　野	133	大　分	49
岐　阜	114	宮　崎	9
静　岡	76	鹿児島	7
愛　知	554	沖　縄	0
三　重	124	計	7409

(1985年９月末現在、朝日新聞社調べ)

『ひとさし指の自由』（社会評論社、東京、一九八四）
「特集＝指紋押捺と外国人の人権」ジュリスト八二六号（一九八四・一二・一）
「特集＝定住外国人の人権」法律時報五七巻五号（一九八五・四）
芦田健太郎編『国際人権条約・資料集（第二版）』（有信堂、東京、一九八二）

〔原題「内のなかの異邦人」『内なる国際化』（三嶺書房、東京、一九八五）所収〕

18　大震災の経験からの提唱「弱者・少数者の幸福はすべての者の幸福」――「最大多数の最大幸福」からの脱却――

一　市民とＮＧＯの「防災」国際フォーラム

一九九五年一二月一〇日、同八日から「くらし再建へ『いま』見据えて」をテーマに三日間開催され、会議場と広場に仮設住宅の住民、市民、こどもたち約二万人を集めた「市民とＮＧＯの『防災』国際フォーラム」(International People's Forum on Disaster Prevention) は、「神戸宣言」を採択して終わった。一二月一〇日は、奇しくも「すべての人民と国とが達成すべき基準として」世界人権宣言が国連総会において採択され布告された日であり、「いま人権を語ろう！」と神戸宣言は力強くアッピールされた。

このフォーラムは、「阪神大震災地元ＮＧＯ救援連絡会議」に結集するＮＧＯ諸団体・ボランティアのみならず、生活協同組合コープこうべを中心にＪＡや漁協、ライオンズ、ロータリー、青年会議所、朝鮮学校・中華同文校・カナディアンなどで構成する外国人学校協議会、民団・朝総連・華僑総会・関西国際委員会などの在日外国人団体、兵庫県国際交流協会・神戸国際協力センターなどの県・市関係団体、兵庫県医師会、ＹＭＣＡ、ＹＷＣＡ、キリスト教団体、仏教団体など、また、民間企業も巻き込んだ緩やかな組織（組織委員長：高村勣コープこうべ名誉理事長、実行委員長：芹田健太郎、事務局長：草地賢一阪神大震災地元ＮＧＯ救援連絡会議代表）で、被災音楽家集団の演奏や震災に題材をとった曲を含む音楽（室内楽、シャンソン、ジャズ、フォーク、マンドリンとギター、女性コーラス）や演劇、獅子舞、民族舞踊、子どもの詩の朗読、子どもの絵の展覧、アニメやビデオ映像、キルト展、震災関係書籍展示・販売、またバザー、ボランティアによる炊き出し、障害者グループの手芸品の販売、餅搗き大会、フリーマーケットなど、さらに主として神戸市外の仮設住宅に住む被災者による元居住地市街の見学バスツアー等、単に言葉による討論形式のいわゆるフォーラム・シンポジウムだけでなく、被災の現在を追求するべく、あらゆる表現形態を駆使して、あのときの「いま」と、それから連綿と続く我々の「今」に迫ろうとしたものであった。いわゆるフォーラム・シンポジウムは、フォーラム実行委員会が責任企画したもの（企画の中心になったのは、事務局に置かれた津村喬を長とする企画委員会）のほか、一般に公募したもの、持ち込みのものなど、さらに遺体搬送にかかわったボランティアやＮＴＴ、関西電力などの復旧に当たった人たちの語り部コーナーなど、四〇にものぼった。

神戸宣言は次のようにいう。

「私たちは阪神・淡路大震災から一年を前に一二月八日から一〇日までの三日間、神戸市内で「市民とNGOの『防災』国際フォーラム」を開催し、「くらし再建へ『いま』見据えて」をメインテーマに被災者と被災地のその時々の「いま」を語り合った。フォーラム被災地にかかわるさまざまなグループと個人が討論だけでなく、音楽、演劇、舞踊、児童画、バザーなど多彩な分野で参加した。参加者は二万人を越え、被災者のかかえる多くの複雑な課題をともに考え、解決への糸口を探った。

開会のステージで、地震当時二年生だった小学生の朗読した、「生きていて本当によかった。でも帰る家がない」という詩は、会場の人々の胸を打つと同時に、フォーラム全体の出発点ともなった。まさに地震災害は一月一七日に終わったのではなく、あれから三二八日間、毎日私たちを責め続けているのだ。これ以上、自然災害を人災としてはならない。にもかかわらず、私たち被災者はあまりにも静かに現実にたえようとしているのではないか。

希望の追求と怒りの声を高く上げよう、もっと被災の厳しい実状を声高に語ろう。外国人、高齢者、障害者、女性、子どもを核に、人々のネットワークをつくり広げよう。

私たちは力をあわせて立ち上がり、フォーラムを契機にこのことを実行していきたい。そしてまず最初に次の三点をフォーラム参加者の総意として、強く訴えたい。

①　まち復興の主体は被災者自身であり、被災者が復興の目標と過程を決めるものである。新しい私たちのまちは震災の経験を十二分に生かして、生活サイクルとくらしを営む人々の生活リズムから発想する身の丈に見合った、それでいて国内、海外と広く結び合わさったまちをつくりたい。

②　住居の再建はくらしを建て直す基本である。その実現のため国は損壊した住宅の再建に必要な資金を保障する。同時に国および自治体は、被災者がもと住んでいたまちに戻って暮らすプログラムを早急に明示し、被災者の希望を実現する具体的な方策を提示して、被災者と語り合うべきである。

③　生活の継続が困難な被災者にとっていまもっとも必要なのは、具体的な仕事や職場の確保や生活再建のための資金の用意と、医療、福祉のきめ細かな対応である。

フォーラムではまた、ボランティアやＮＧＯのこれまでの活動と今後のあり方についても、率直な意見の交換があった。ボランティアやＮＧＯは、震災一年が近づくにつれて資金と人材に限界がみえ始めている。ボランティア、ＮＧＯの重要性を認識し、社会の中に積極的に構築していかなければならない。

私たち市民は、これらのことを政府のアジア防災政策会議に提起していきたい。

被災地の私たちは、自ら「語り出す」「学ぶ」「つながる」「つくる」「決める」行動を重ね、新しい社会システムを創造していく力を養っていくことから、私たち自身の復興の道を踏みだしていくことを、強く呼びかける

一九九五年一二月一〇日

市民とNGOの「防災」国際フォーラム

この宣言は我々の気持ちを素直に現したものであり、問題点も衝いている。この宣言はフォーラムが始まる前にあらかじめ実行委員会で準備していたものではない。フォーラムが八日に始まっておよそ三五～三六のフォーラム・シンポジウム等が終わり、二人一組の大学院生の記録ボランティアたちの記録が揃ってきた第二日目の夜一〇時頃から、実行委員、企画委員等がそれら記録を読み合わせ、キーワードを拾いだし、議論を重ね、ようやく翌午前三時頃にとりあえずのまとめがなされ、それから起草担当者が起草し、それを午前九時三〇分からまた議論してまとめ、第三日目の午前の各セッションの議論も考慮して最終的に確認し、英文も作成したものである。基本的な問題意識は、震災はまだ続いている、というところにある。そして復興の主体は被災者自身であり、国際人権思想からみると平等・無差別、とくに内外人平等原則が問題であり、ついで弱者保護原則が中心となる、というのが明確な主張である。

二　「震災下」とは、いつまでか

一九九五年一月一七日未明に起きた大地震は一挙に都市生活を破壊し、人々を地獄のどん底に追いやった。これまで発表された震災被害は、九五年二月に罹災証明発行をもとにしたものであったが、被災者の申出で再調査した確定数を、神戸市は九五年一二月二二日に発表した。それによると、阪神・淡路大震災で全半壊した家屋は一二万二、五六六棟（全壊六万七、四二一棟、半壊五万五、一四五棟）であり、火災による消失面積は八一万九、二二三㎡（火災発生件数一七五件、全焼家屋六、九七五件、半焼は、半焼七三件・部分焼二六八件・ぼや七二件）である。市内全体の倒壊率（全家屋に占める全半壊家屋の割合）は三〇・八％である。区別では、最も被害の激しかったのが長田区で、全半壊二万三、八〇三棟であり、倒壊率は五七・二％にのぼる。以下家屋倒壊率は、灘区五五・五％、兵庫区五三・五％、中央区四九・六％、東灘区四九・三％などである。

警察が九五年八月に確認したいわゆる認知死者総数五、四七九名（九五年一二月二七日の兵庫県発表では六、二七九名）のうち、外国人は一七三名を数えた。これは三・一五％にあたり、外国人登録者が総人口に占める比率より若干高めである。なお、国籍別でとると、韓国・朝鮮一一一名、中国（含む台湾）四四名、ブラジル八名、ミャンマー三名、アメリカ、フィリピンが各二名、その他ペルー、オーストラリア、アルジェリアが各一名である。アジア系の比率は九二・四％で、この数字は登録外国人のなかに占める割合としては若干高めである。しかし、神戸大学は、三九名もの学生・大学院生・研究生という若い命を失い、うち七名が留学生であった。留学生の比率が異常に高いことに誰しも気づくであろう。しかも、この人たちは、アジアからの有為の留学生であった（兵庫県内留学生総数一、八九四名中死亡者は二一名であり、うち中国八名、ミャンマー二名、アルジェリア一名）。今回の大震災は、なかんずく、外国人留学生を直撃したといえよう（留学生震災文集編集委員会『忘れられない……あの日』参照）。死因は、周知の通り、八八・一％が家屋、家具等の倒壊による圧迫死と思われ、一〇・〇％が焼死（火傷死）およびその疑いのあるものであった。

ところで、九五年一月一七日以後、いくつかの時期区分が問題とされた。救命救助のための初期四八時間、二ヵ月、六ヵ月、二ヵ年。これらは、復旧対策関連の被災市街地復興特別法、激甚災害に対処するための特別の財政援助等に関する法律などによる土地区画整理、都市計画にかかわる期間、仮設住宅や炊出しにかかわる災害救助法にかかわる期間などである。避難所は八月に閉鎖されたが、まだ住み続けざるを得ない人々がいる。仮設住宅は二年間であるが、その後も住み続けざるを得ない人々がすでに見えている。これらを考えると、いったい、「震災下」とは何時までをいうのであろうか。たとえば、災害弔慰金の支給等に関する法律二条では、この法律において「災害」とは、暴風、豪雨、豪雪、洪水、高潮、地震、津波その他異常な自然現象により被害が生ずることをいう、とされ、災害の結果からこうむり続けている被害――これは我々被災者の日常的感覚であるが――の犠牲者は、災害弔慰金の対象にならないという意味では「震災下」はきわめて限定的な意味しかもち得ない。しかし、それでは、阪神・淡路大震災はもはや終ってしまったことになる。そうなのか？　そうではない。不断に続いているのである。少なくともこうした復旧・復興への「移行期」あるいは過渡期という捉え方をしなければ問題は解決しない。自助努力だけではいかんともし難いのである。こうした「移行期」を重視する考え、見方は、とくに頻発する途上国における人災・天災の災害援助との関連で、移行期援助と通常の援助（いわゆるＯＤＡ）とをリンクさせなければ、途上国の発展そのものがあり得ない、という最近の議論と奇妙に符丁の合うものである。都市直下型の大震災によってわれわれも初めてこのことを実感している。そしてこのことは、日本中に、否、世界中にぜひ知ってもらいたい点でもある。

三　内外人平等原則

さて、まず、平等原則とくに内外人平等に光をあててみよう。以下は私が座長としてかかわった「外国人県民復興会議」（政府の兵庫県南部地震現地対策本部長・兵庫県知事・神戸市長・関西領事団長および筆者の呼びかけで設置された。第一回会議は九五年二月一七日）の提言および「神戸市在住外国人問題懇話会」（座長筆者）の緊急提言やそこにおける議論を基本的には踏まえたものである。

被災外国人に対してどのような援助がなされたのであろうか。義援金の配分については、内外人平等が貫かれ、また、法的地位による区別はなされなかった。義援金の対象となる外国人について、九五年二月一五日、日本赤十字社兵庫支部は、外国人登録をしている者、留学生、外国人旅行者、その他の外国人と四者に区別したものの、義援金の配布には区別をしない方針をとった。もっとも、在留期間の切れた人や資格外活動をしている人のような不正規外国人の場合の「その他の外国人」については、証明書に関連して現場では相当の混乱があったことは否定できない。なお、外国人の未払い医療費については、九五年四月一日に設立された阪神・淡路大震災復興基金を活用し、震災に直接起因して傷病を負った外国人の医療費のうち、医療保険に加入していないことから回収不能となっている医療費については、緊急特別措置として医療機関に対して補助を行い、救命という人道的立場から被災外国人の救済が図られることとなった。

災害時の避難所として神戸市は、「地域防災計画」のなかで三六四ヵ所をあらかじめ指定している。しかし、今回の震災は被害規模が大きく、指定場所以外にも多くの市民が避難し、民間施設・公園等が事実上避難所となった。最大時で神戸市内に約六〇〇ヵ所の避難所が存在した。外国人被災者の一部は地域の外国人コミュニティー等に避難した。指定場所以外の避難所として外国人が利用した主な施設は、神戸クラブ（約二〇〇名）、カナデアン・アカデミー（約三、五〇〇名、日本人を含む）、神戸中華同文学校（約一〇〇名）、各朝鮮学校、インドソーシャルソサエティー、神戸モスク寺院、韓国民団、朝鮮総連であり、また、長田区の南駒栄公園に多くのベトナム人が避難した。避難所への救援物資の提供については各区役所から避難所に配送されたが、上記についても、関係機関等とも連絡をとり、外国人避難状況の把握や個別の要望を聞きながら、指定された避難所と同様に救援物資等が配布されるように手配された（神戸市在住外国人問題懇話会「緊急提言」参照）。個人的なボランティア経験からは、混乱のなか、交通渋滞や手違い等もあり必ずしもうまくいってなかったことも事実である。

しかし、何よりも重要と思われたことは、必要な情報がすべての人に十分に行きわたることであった。この点では、外国人は徹底した情報弱者であった。兵庫県は、九五年一月二四日から、被災した㈶兵庫県国際交流協会の仮事務所で「緊急外国人県民特別相談窓口」を開設し、英語、中国語、スペイン語、ポルトガル語での生活相談を行い、神戸市は、震災後、国際課で英語（二四時間対応）、中国語による相談を実施した。なお、県は九五年三月一五日からは、「震災復興総合相談センター」において、一般的な生活相談のほか弁護士による法律相談・社会保険労務士による労働相談を行っている。しかし、「外国人県民復興会議」の第一回会議が九五年二月一七日に開催された折りにも強く要望されたことであるが、情報は避難所などに十分に行きわたっておらず、前記四言語にハングルを加えて、生活、住宅、労働・就職、医療等の情報を内容とする情報紙を発行することとなり、九五年二月二八日から週一回発行され、各国コミュニティー、外国人学校、被災地国際交流協会、避難所などに配布された。神戸市は九五年一月二五日から随時、日本語で「こうべ地震災害対策広報」を発行し、その他、Kiss - FMによる情報提供が「Hyogo Mi Amor」でスペイン語・ポルトガル語（隔週）、「Cheer Up Hyogo」で英語によって震災関連情報が流された。この点でも、水を捜してうろうろした個人的な経験を語ることを許してもらえれば、水の情報など生活関連の情報は大変に入手が困難であった。

地震は外国人学校も直撃した。県内に外国人学校は一八校ある。うち全壊・改修不可が二校、相当程度損壊が六校にのぼった。神戸市内では朝鮮学校のほか、欧米系のマリスト国際学校が建て替えを必要としている。ところが、外国人学校は各種学校等であり、現行の激甚災害法では校舎の損壊等、災害復旧の事業の国庫補助の対象になっていない。しかし、これらの学校が阪神間に在住する外国人の教育を担っていることや、国際性を象徴する大きな要素であること等を考慮し、国庫補助の対象とすべく国の現地災害対策本部等に働きかけがなされ、その結果、九五年二月一七日、学校法人・準学校法人の設置する各種学校である外国人学校について、私立学校のいわゆる（学校教育法）一条校同様の国庫補助を行うよう、国庫補助制度の創設（補助率二分の一）が閣議決定され、校舎の修復費と応急仮設校舎の整備費が国庫補助の対象となった。もっとも、毎年人件費などの経常費補助の受けられる日本の私立学校と異なり、これらの学校は従来からかなり切り詰めた運営をしてきている。そうしたことも考慮し、九五年四月一日に設立された阪神・淡路大震災復興基金を活用し、外国人学校が日本私学振興財団の災害復旧融資を受けた場合、その償還にあたり利子補給を行うこととしたほか、応急仮設校舎建設費に対し助成（補助率八分の一）を行うことにした。さらに、追加事業として、入学金・授業料の軽減措置に対する助成、教育用備品等の復旧費補助、国庫補助対象でない外国人学校に対する災害復旧支援を行うこととした。しかし、これらは必ずしも十分なものとはいえないであろう。

四　「法と行政」のめざすところ――弱者保護――

「『（阪神・淡路大震災の）避難所で暮らす被災者は、衣食住など最低限度の生活が保障されている（だから、それ以上の金は必要なく、避難者が新たに生活保護を申請しても適用しない）』。震災取材で最も印象に残った言葉です。これは四月時点での、厚生省の正式な見解」。

これは神戸支局のある記者のコラムの言葉である。神戸には世界に誇る人工島がある。ポートアイランドの高層ビルやマンション、ホテル群から外れた一角に灰色の箱のような建物が蝟《い》集している。八ブロック、三、一〇〇戸の仮設住宅である。ここには約五、〇〇〇人が住んでいる。ここほど落差の大きいところもないであろう。

被災者には高齢者、女性が多い。障害者にとってはあまりにも危険の多い街になってしまっている。子どものなかには、いまだにショックから立ち直れないものもいる。国際人権思想といっても、結局は我々の問題である。しかし、とりあえず、世界人権宣言と国際人権規約などを較べて明らかなことは、前者が「すべての人」「何人も」という書き出しで、権利享有者を明らかにしているのに対し、後者の流れは、後に採択される人種差別撤廃条約、女子差別撤廃条約、児童の権利条約を見ても分かるように、「すべての人」とか「何人も」とかというように、一般的に権利享有者を決めるのではなく、一般化のなかでは権利を具体化できてこなかった具体的な弱者を特定して権利享有者を明確にしていることである。つまり、ここでは、最大多数の最大幸福、という命題は明確に否定されているといっても過言ではない。神戸宣言のいう「外国人、高齢者、障害者、女性、子ども」が幸福ならすべての人が幸福である、というべきである。

震災下のみならず、「法と行政」のめざすところは、必ず切り捨てられる者の生じる「最大多数の最大幸福」という強者・多数者の命題ではなくて、「弱者・少数者の幸福はすべての者の幸福」という命題である。震災このかた、このことを強く感じている。

〔ジャスティス創刊号（一九九六・一）〕

あとがき

本書に収録したものは、論文、書評、講演記録、座談会記録など、形式的にもさまざまであり、また年代的にも八〇年代と九〇年代のものが中心になってはいるが、最も古いものが一九六八年、最も新しいものが二〇〇三年というように、さまざまである。私の研究者としての出発は一九六五年の修士論文「ヨーロッパ人権委員会の活動とその性格」であるが、これは人権そのものを扱うものではなかった。その後、国際人権規約の成立の経緯を追い、六八年に同規約の翻訳さらに米州人権条約の資料紹介や論文を書き、六九年秋から二年間にわたるフランス留学に発った。この間に、本書に収録した、六八年のテヘラン会議を題材に「国連における人権問題の取扱い」を書いたが、フランスから帰国後は、勤務の関係から海洋法の研究と人権保障の研究の二兎を追う形であった。しかし、学生諸君と接しながら共に考えたことを、主として平和と人権の問題を憲法と国際法の両面から考察した『憲法と国際環境』（有信堂）を七五年に出版した。今日の私自身の基本を形作るものとなったものである。

本格的に人権保障の研究に目を向け始めたのは、一九七六年三月に国際人権規約が発効し、大阪で発効記念の基調講演を行ってからであろうか。これは「国際人権規約を知るために」として翌七七年の和島岩吉編『国際人権規約と人間解放』（解放出版社、大阪）という新書版の啓蒙書の一部となった。また、批准運動や啓蒙活動にも関わり、各種会合や研修会等に助言者や講師という形で出席し、本書に収録した七六年八月の高野山における部落解放夏期講座の基調講演、さらに、七八年一二月に『ジュリスト』の求めで「人権と国際法」（『永住者の権利』所収）、日本が批准するや、『法律時報』の求めで「国際人権規約の意義とその概要」（同じく『永住者の権利』所収）を書いた。そして、日本弁護士連合会館における座談会（本書所収）において裁判実務にかかわる諸問題を網羅的に論じた。また、日本には人権条約集がなかったし、国際人権規約の解説もなかったので、学界や実務に役立つことを願って、大胆なオレンジ色の表紙の『国際人権条約・資料集』（有信堂、東京、一九七九）を編み、『国際人権規約註解』（有信堂、東京、一九八一）を翻訳した。

不惑を迎えた八一年四月に神戸商船大学助教授から神戸大学法学部教授に転じた。八〇年代に書いた外国人に絡む諸論稿、八六年五月に東京地方裁判所に提出した「樺太残留『朝鮮人』が自由権規約第一二条四項の『自国』を日本であると主張して本邦に帰国する権利を行使することの可否についての意見」と、八八年二月に福岡地裁昭和六一年（行ウ）第一五号再入国不許可処分取消等請求事件（いわゆる崔善愛事件）で提出した永住者の再入国の自由に関する意見等は『永住者の権利』に収録し、その余のものを今回本書に収録した。年代的には八〇年代五本、九〇年代六本、二一世紀に入って二本である。

なお、一九八八年一一月には、日本弁護士連合会で転換点となったと言われる第三一回日本弁護士連合会人権擁護大会（神戸）において、人権条約の国内的効力について基調講演を行ったが、残念ながらその草稿は見つからなかった。国際人権規約追加議定書の批准運動との関係もありとくに大阪弁護士会の弁護士の方々と議論をすることが多かった。大阪のほか、東京や京都や福岡の弁護士等、現場をもつ人々からは多くのものを学んできた。これからはもう少し役立つ本格的なものを著してみたいと思うこと切である。本書に収録したものは収録順に次の通りである。表現等は、若干の修正・削除を行ったほか、基本的にはそのままとした。

最後になってしまったが、『永住者の権利』のときと同様、今回も信山社、とくに渡辺左近氏には大変お世話になった。記して感謝したい。また、泰平の世でこそ健やかに子はのびのび育つ、という。そうした中で育てられたことに感謝し、次世代に良い環境を渡したい。

1　人権保障の国際義務の成立（原題「『国際人権条約・資料集』解説」（有信堂、一九七九）所収）。

2　国際人権の意義について（山影進編『新国際秩序の構想』（南窓社、一九九四）所収）。

3　国際人権保障――ヨーロッパの視点から――（原題「ヨーロッパにおける国際人権保障」第二東京弁護士会人権擁護委員会編『国際人権と日本』（第二東京弁護士会、一九八八）所収）。

4 （書評）高野雄一著『国際社会における人権』（国際法外交雑誌（一九七八））。
5 （書評）土井たか子編『「国籍」を考える』（一九八四年三月共同通信社配信、熊本日日新聞、茨城新聞、新潟日報等に掲載）。
6 （書評）久保田洋著『実践国際人権法』（公明新聞一九八六年一二月二九日）。
7 （書評）大沼保昭著『人権、国家、文明』（国際法外交雑誌（二〇〇一））。
8 国家主権と人権（国際問題二七九号（一九八三・六））。
9 国際関係における個人の権利と「人民」の権利（国際問題三六三号（一九九〇・六））。
10 地球社会の人権論の構築――国民国家的人権論の克服――（『国際人権』創刊号（一九九〇））。
11 国連における人権問題の取扱い（国際問題一〇三号（一九六八・一〇））。
12 世界人権宣言採択の経緯と意義（国際問題四五九号（一九九八・六））。
13 日本による人権の受容と実施（原題：Japan's adoption and implementation of human rights in law and practice, *Japan and International Law - Past, Present and Future*（Kluwer Law International, The Hague, 1999）pp. 251 - 256.）（本稿のオリジナルは日本国際法学会百周年記念の国際シンポジウムで発表されたものである）。
14 東アジア人権委員会設立の提案（山手治之・香西茂編集代表『現代国際法における人権と平和』（東信堂、二〇〇三）所収）（本稿のオリジナルは、韓国ソウル国立大学法科大学の故裵教授の三回忌に同大学で英語で行われた講演である)。
15 国際人権規約の意義と批准問題——一九七六年——(原題「国際人権規約と批准の闘い」『部落解放研究第一一回全国集会討議資料』(部落解放同盟中央本部、一九七七)所収)。
16 (座談会)国際人権規約と弁護士実務(自由と正義三一巻一号(一九七九)所収)。
17 七千人を超える指紋押捺拒否者たち——一九八五年——(原題「内のなかの異邦人」『内なる国際化』(三嶺書房、一九八五)所収)。
18 大震災の経験からの提唱「弱者・少数者の幸福はすべての者の幸福」——「最大多数の最大幸福からの脱却」——(ジャスティス創刊号(一九九六・一))。

〈著者紹介〉

芹田健太郎（せりた・けんたろう）

1941年　中国（旧満州）生まれ
1963年　京都大学法学部卒業、同大学院進学（法学修士）
1966年　神戸商船大学（現神戸大学海事科学部）助手（のち同講師、助教授）
1969年　フランス政府給費留学生としてパリ大学に研修出張（1971年10月まで）
1979年　国連国際法委員会第31会期に政府オブザーバーとしてジュネーブ出張（同年８月まで）
1981年　神戸大学法学部教授
現　在　神戸大学大学院国際協力研究科兼法学研究科教授
ほかに、国際人権法学会理事長、CODE（海外災害援助市民センター）代表などを勤める。

〈主要著作〉

『憲法と国際環境』補訂版（有信堂高文社、1992）、『国際人権条約・資料集』（同・1982）、『永住者の権利』（信山社出版、1991）、『普遍的国際社会の成立と国際法』（有斐閣、1996）『島の領有と経済水域の境界画定』（有信堂高文社、1999）『亡命・難民保護の諸問題１』（北樹出版、2000）『21世紀の国際化論』（兵庫ジャーナル社、2001）『日本の領土』（中公叢書、2002）など。

地球社会の人権論

2003年（平成15年）10月１日　　第１版第１刷発行

著　者　芹田健太郎

発行者　今井　貴
　　　　渡辺左近

発行所　信山社出版

〒113-0033　東京都文京区本郷６-２-９-102
TEL　03（3818）1019
FAX　03（3818）0344

Printed in Japan

印刷・製本／松澤印刷

ISBN 4-7972-2266-2　C3332